História da saúde humana

Vamos viver cada vez mais?

Proibida a reprodução total ou parcial em qualquer mídia
sem a autorização escrita da editora.
Os infratores estão sujeitos às penas da lei.

A Editora não é responsável pelo conteúdo deste livro.
O Autor conhece os fatos narrados, pelos quais é responsável,
assim como se responsabiliza pelos juízos emitidos.

Consulte nosso catálogo completo e últimos lançamentos em **www.editoracontexto.com.br**.

Jean-David Zeitoun

História da saúde humana

Vamos viver cada vez mais?

Tradução
Patrícia Reuillard

La grande extension Copyright © Éditions Denoël, 2021

Direitos de publicação no Brasil adquiridos pela
Editora Contexto (Editora Pinsky Ltda.)

Capa
Alba Mancini

Montagem de capa e diagramação
Gustavo S. Vilas Boas

Coordenação de textos
Carla Bassanezi Pinsky

Revisão técnica
Alexander Sperlescu

Preparação de textos
Lilian Aquino

Revisão
Mariana Carvalho Teixeira

Dados Internacionais de Catalogação na Publicação (CIP)

Zeitoun, Jean-David
História da saúde humana : vamos viver cada vez mais? /
Jean-David Zeitoun ; tradução de Patrícia Reuillard. –
São Paulo : Contexto, 2022.
304 p.

Bibliografia
ISBN 978-65-5541-208-6
Título original:
La Grande Extension: Histoire de la santé humaine

1. Saúde – História 2. Expectativa de vida – História
3. Longevidade 4. Doenças – Luta contra – História
I. Título II. Reuillard, Patrícia

22-3120   CDD 613.09

Angélica Ilacqua – Bibliotecária – CRB-8/7057

Índice para catálogo sistemático:
1. Expectativa de vida – História

2022

Editora Contexto
Diretor editorial: *Jaime Pinsky*

Rua Dr. José Elias, 520 – Alto da Lapa
05083-030 – São Paulo – SP
PABX: (11) 3832 5838
contexto@editoracontexto.com.br
www.editoracontexto.com.br

Para Hélène e Alexis

Sumário

Introdução   9

A ERA MICROBIANA

Da Pré-História ao período pré-industrial:
30 anos de expectativa de vida   17

1750-1830:
uma tênue melhora na saúde   23

A imunização voluntária   35

1830-1880: a industrialização contra a saúde   45

1850-1914: os grandes avanços   65

1918-1919: a gripe espanhola mata entre
2% e 5% da população mundial   95

A ERA MÉDICA

1945-1970: a transição de modelo	117
As doenças cardiovasculares	123
O combate aos cânceres	133
1960-2020: a indústria dos medicamentos	151

AS TRÊS PROBLEMÁTICAS DA SAÚDE NO SÉCULO XXI

Viver três vezes mais. A que preço?	173
As desigualdades de saúde	189
As doenças crônicas, primeira causa mundial de óbito	201

SÉCULO XXI: O RETROCESSO

A saúde humana em retrocesso	217
O impacto do clima na saúde humana	231
As infecções emergentes	257

Conclusão   **269**

Notas   279
Bibliografia   291
Agradecimentos   301
O autor   303

Introdução

Gabrielle foi visitar seu avô de 97 anos, que está se recuperando de uma queda recente. André nasceu em 1924, ano da invenção da vacina contra o tétano. Como perdeu o pai em razão de uma falência respiratória, sequela da gripe espanhola de 1918, André foi criado principalmente pela mãe e uma tia. Graças aos cuidados dessas duas mulheres, sua infância e adolescência foram muito seguras. Teve uma pneumonia aos 29 anos, facilmente tratada com antibióticos. Ao contrário de seu pai, não teve nenhuma sequela.

André pôde levar uma vida normal. Casou-se e teve três filhos; entre eles, a mãe de Gabrielle, que nasceu em 1959. Ele fez carreira numa empresa do setor energético e gozou de sua existência sem se preocupar com a saúde. Na década de 1970, a mortalidade cardiovascular estava regredindo. Nem mesmo um câncer de próstata aos 70 anos o angustiou, e o tratamento não alterou muito sua qualidade de vida. Em compensação, quando a mãe de Gabrielle teve um câncer de mama alguns anos antes, ele ficou bem mais preocupado. Embora fosse um tumor pequeno, ela estava na casa dos 30 anos e ainda não tinha filhos. A família temia que pudesse ficar estéril com o tratamento ou que uma gravidez futura provocasse uma recidiva. Gabrielle nasceu em 1995 e cresceu com boa saúde. Em sua ficha médica, só consta uma asma alérgica persistente.

Ao visitar o avô, Gabrielle lhe conta que os seres humanos ganham um trimestre de vida por ano. Se hoje ela perguntasse aos demógrafos a idade estatisticamente provável de sua morte, alguns deles considerariam prolongar essa tendência a uma longevidade superior a 90 anos. E se fizesse a mesma pergunta aos chamados transumanistas, a resposta dispensada sobre essa expansão linear seria ainda mais otimista, certamente superior a 100 anos.

No entanto, talvez seja honesto dizer a Gabrielle que o mundo se tornou complexo demais para possibilitar qualquer previsão em um prazo tão longo. São tantas as incertezas que não é sensato equacionar a saúde mundial em um século. Acontece que é plausível que Gabrielle não viva tanto quanto o avô. Talvez nem chegue perto da idade dele.

A história da saúde não é a história da Medicina, pois apenas de 10% a 20% da saúde são determinados pela Medicina. Essa porcentagem era ainda menor nos séculos anteriores. Os outros três determinantes da saúde são o comportamento, o ambiente e a biologia – idade, sexo e genética. As histórias da Medicina centradas no atendimento à saúde não permitem uma compreensão global da melhoria da saúde humana. A história dessa melhoria é uma história de superação. Antes dos primeiros progressos, a saúde humana estava totalmente estagnada. Da Revolução Neolítica, há 12 mil anos, até meados do século XVIII, a expectativa de vida dos seres humanos ocidentais, aqueles do "mundo conhecido", não evoluíra de modo significativo. Estava paralisada na faixa dos 25-30 anos. Foi somente a partir de 1750 que o equilíbrio histórico se modificou positivamente. Vários elementos alteraram esse contexto, provocando um aumento praticamente contínuo da longevidade. Há 200 anos, as suecas detinham o recorde mundial com uma longevidade de 46 anos. Em 2019, eram as japonesas que ocupavam o primeiro lugar, com uma duração média de vida estimada em 88 anos.

Mesmo sem alcançar esse recorde, as populações dos países industrializados podem esperar viver atualmente ao menos 80 anos, e os quase centenários como André não são mais raridade. A saúde e a excelente longevidade do avô de Gabrielle se fundamentam num acúmulo de progressos que vêm de longe. Desde 1750, cada geração vive um pouco mais do que a anterior e prepara a seguinte para viver ainda mais tempo. É desses progressos que este livro trata.

O livro aborda apenas a melhora da saúde. Ele não se debruça, portanto, por toda a história que precede ao século XVIII, na qual a expectativa de vida humana estagnara globalmente. Além disso, ele se concentra bastante no Ocidente, onde os dados vitais estão mais disponíveis.

O AUMENTO CONTÍNUO DA LONGEVIDADE

Ao examinar apenas a longevidade dos seres humanos após 1750, vemos que a regularidade do aumento é surpreendente. Quando interrompida por guerras e pandemias, a longevidade retoma seu curso ascendente imediatamente após. Essa melhoria também ocasionou uma redução das desigualdades naturais entre os seres humanos, mesmo que tenham sido parcialmente substituídas pelas desigualdades sociais. Todavia, há três coisas que o padrão monótono da curva de longevidade não diz.

Primeiramente, esse aumento contínuo repousa em causas descontínuas ao longo do tempo. Conforme o período, os seres humanos precisaram recorrer a abordagens variadas para lutar contra os problemas de saúde e a morte. Assim que certas doenças eram debeladas, outras surgiam e tinham de ser tratadas com recursos diferentes.

Em segundo lugar, a extraordinária linearidade da curva poderia levar a pensar que essa ascensão foi tranquila, mas não foi o que aconteceu. Ora, em cada etapa do aumento significativo da expectativa de vida, fatores contraditórios tentavam puxar a curva para baixo enquanto outras forças a puxavam para cima. A curva nos ensina, finalmente, que a reação humana foi eficaz para perpetuar seu objetivo implícito, a longevidade para todos. As coisas se passaram como se os seres humanos, apesar de suas próprias incoerências, tivessem se tornado dependentes das melhorias de sua vida biológica e não tolerassem viver menos tempo do que seus pais.

Uma terceira informação não está contida na curva: são seus próximos pontos, isto é, a trajetória de expectativa de vida da geração de Gabrielle.

FUTURO INCERTO

Levados por raciocínios incorretos com que nos deparamos com frequência, tenderíamos a acreditar que o aumento constante da longevidade não vai mais parar. Entretanto, essa tendência se tornou incerta. Enquanto estavam ocupados com seu próprio desenvolvimento, os seres humanos recentes provocaram involuntariamente dois tipos de riscos tão grandes que são metaproblemas. Trata-se dos riscos comportamentais e ambientais. Os comportamentais correspondem ao consumo excessivo de álcool, ao tabagismo, à alimentação inadequada e ao sedentarismo. Os ambientais são os diferentes tipos de poluição e, nos últimos tempos, as mudanças climáticas, processo em andamento que não pode mais ser completamente estancado. Nem todos esses riscos são inéditos, mas a extensão de seu impacto é novidade. E eles já foram responsáveis por uma carga sanitária inimaginável, feita de mortes, doenças e infelicidade.

As causas desses riscos são sobretudo, se não exclusivamente, humanas. São sintomas que provam que as sociedades industriais produzem tanto a saúde quanto o seu oposto. Os seres humanos criaram um reservatório de doenças crônicas variadas, exemplificadas talvez pelo câncer de mama precoce da filha de André ou pela asma de Gabrielle, doença cuja frequência triplicou em 30 anos. A história familiar de Gabrielle não é, portanto, singular, pois representa os contrastes da paisagem da saúde mundial no século XXI.

Essa situação levou os seres humanos a cometer um erro estratégico: fizeram um esforço enorme para atenuar os efeitos dos riscos, mas não o suficiente para tratar os riscos em si e suas causas. Reduziram drasticamente o rendimento de suas despesas de saúde: passou a ser cada vez mais barato produzir computadores, mas cada vez mais custoso ganhar semanas de vida.

São, sobretudo, esses três fenômenos ocultos pela linearidade da curva de duração de vida que este livro vai tentar explicar: a evolução dos determinantes da saúde, o fato de a melhoria ter ocorrido por vezes à revelia dos próprios seres humanos e, por fim, o caráter pouco previsível da saúde no futuro.

A pandemia da covid-19 é uma ilustração brutal das consequências de uma manipulação excessiva do ambiente pelos seres humanos. Ainda é cedo demais para dizer se essa pandemia terá um efeito duradouro sobre a saúde e a longevidade humanas, mas seu efeito imediato é inconteste. Também é cedo demais para saber se essa pandemia mudará o mundo. A gripe espanhola não conseguiu isso, embora sua mortalidade tenha sido muito superior. Mas já é certo que o surgimento de novos patógenos, como o coronavírus SARS-CoV-2, é determinado pelas atividades humanas. Não é uma consequência do acaso, mas, uma vez mais, o perfeito sintoma do talento de nossas sociedades para produzir mais riscos do que são capazes de administrar.

Este livro não pretende ser uma prescrição que os seres humanos devam seguir, mas busca pelo menos explicar o que a História nos responde quando perguntamos como chegamos a isso. O homem provou recentemente que estava disposto a abandonar certas vantagens duramente conquistadas. Aceitando o isolamento e o fechamento das empresas, demonstrou que a saúde podia ser sua prioridade. Isso é uma verdadeira inovação em relação ao restante da História

Moderna, que teve a economia como critério determinante das decisões políticas. Pela primeira vez, a maioria dos países decidiu explicitamente asfixiar a atividade econômica e gerar perdas enormes e irrecuperáveis de dinheiro. Seu único objetivo era salvar a saúde e as vidas. Se quiserem manter a saúde como sua prioridade, em detrimento de uma certa economia, é útil que os homens compreendam o que funcionou e o que fracassou. Uma informação adequada sobre os determinantes históricos da saúde poderia ser um elemento crítico da ação pública. Ela viria compensar uma de nossas fraquezas mais problemáticas, nossa falta de imaginação.

A ERA
MICROBIANA

Da Pré-História ao período pré-industrial: 30 anos de expectativa de vida

Em geral, a saúde da maioria dos homens pré-históricos e pré-industriais foi ruim. A maioria dos *Homo sapiens* (da ordem de 999 em 1000) viveu em grande insegurança sanitária. A saúde dos seres humanos em sua forma biológica atual se estabilizou, quase sempre, na mediocridade. A boa saúde não era uma perspectiva muito provável, e o progresso, menos ainda. Os dados históricos disponíveis não fornecem informações quantitativas precisas. Porém, mesmo sendo muito difícil reconstruir estatísticas vitais seguras, acredita-se que a expectativa de vida, isto é, a duração média de vida que se pode esperar em um dado momento, variava entre 25 e 30 anos na maior parte das regiões do mundo.

Certas médias são mais enganosas do que outras, o que ocorre com esta particularmente, pois havia uma grande dispersão. Essa longevidade de 25-30 anos não informa quase nada das histórias individuais dos seres humanos pré-históricos e pré-industriais. Ela não significa que quase todo mundo morria entre 25 e 30 anos – na verdade, isso era bem raro. Essa duração média de vida é o produto matemático de uma grande variação. A mortalidade infantil era muito elevada. É provável que, pelo menos até o século XVIII, a metade das crianças morresse antes dos 10 anos. Muitas em idade muito tenra, ou seja, já no primeiro ano de vida. Essa mortalidade infantil significativa explica um fato histórico: por muito tempo, a expectativa de vida aos 15 anos era superior à expectativa ao nascer.[1] A infância era uma armadilha que retinha quase tantos seres humanos quantos deixava escapar. Uma vez passado esse Vale da Morte, as crianças podiam esperar viver um pouco mais do que sugeria a média geral.

AS TRÊS CAUSAS DE MORTALIDADE: MICRÓBIOS, SUBNUTRIÇÃO, VIOLÊNCIA

Durante a Pré-História e o período pré-industrial, ou seja, até o final do século XVIII, algumas doenças dividiam entre si o mercado humano dos problemas de saúde. Um pequeno número de causas explicava um grande número de mortes. As patologias que, hoje, são variadas e frequentes eram raras e vice-versa. Três grupos de causas parecem ter sido ultradominantes: as infecções microbianas, a subnutrição e a violência.

As infecções se comportavam de modo endêmico e epidêmico. Endêmico significa que um número bem pequeno de doenças microbianas estava constantemente presente, de modo habitual, entre as populações. Além desse estado normal, epidemias pontuais ocorriam com regularidade e acrescentavam picos de doença e de mortalidade. A gripe, a tuberculose, a varíola, a lepra, o cólera e as pestes são exemplos de infecções historicamente documentadas cuja mortalidade no passado foi significativa e cuja evolução foi, com frequência, endêmico-epidêmica. Sempre presente e, às vezes, mais ainda.

No entanto, os seres humanos pré-históricos e pré-industriais não conheciam a existência dos micróbios,[2] principalmente porque, por muito tempo, não tiveram recursos técnicos para vê-los. Acreditavam majoritariamente nos miasmas, que etimologicamente significam "ar ruim". O ar era considerado ruim, pois cheirava mal e transmitia as doenças. Pensava-se que os miasmas resultavam da decomposição de matérias. O mau cheiro, sensorialmente evidente, era seu sinal principal. Os homens pré-industriais supunham que o mal vinha "de cima", conforme atesta a etimologia de "epidemia": do grego *epi*, que quer dizer "sobre", e *demos*, "povo". Isso os levava a superestimar o risco acima deles e a subestimar o risco situado em seu nível, como aquele relacionado ao toque, por exemplo. Esse contrassenso histórico prolongado explica por que, durante milhares de anos, a humanidade pré-industrial ignorou involuntariamente um mecanismo fundamental de transmissão dos micróbios: a transmissão fecal-oral.

A segunda grande causa de saúde debilitada e de morte era a subnutrição, que também tinha um perfil endêmico-epidêmico. Era crônica, mas agravada sobretudo pelos períodos de grande fome, eles próprios influenciados pelas condições climáticas. A subnutrição não estava totalmente desvinculada do problema microbiano. Os micróbios e a carência nutricional sempre mantiveram relações biológicas que repercutem nas estatísticas, e essas relações são recíprocas. Os micróbios e a subnutrição se associam e trabalham em conjunto quando possível. Os desnutridos ficam mais vulneráveis às infecções e às suas complicações. As infecções, por sua vez, agravam a subnutrição. O conjunto aumenta a mortalidade populacional mais do que a simples sobreposição dos dois fenômenos. As infecções e a má nutrição se multiplicam ao invés de apenas se somarem.

Por fim, as violências – em especial as guerras – foram frequentemente causas significativas de mortalidade humana. Não são patologias no sentido médico, mas seu impacto sanitário foi substancial.

Um fato significativo é que a Medicina não teve efeito expressivo sobre a saúde individual e menos ainda populacional por muito tempo. Não há relação constante entre a história médica e os dados de vida ou de morte. Sempre houve expoentes em Medicina, que desenvolveram teses marcantes, verdadeiras ou falsas, mas sempre inteligentes. Hipócrates, Avicena e Ambroise Paré figuram entre os exemplos mais conhecidos. Ainda que seus trabalhos fossem brilhantes, nem mesmo seus achados geniais tiveram impacto mensurável sobre a saúde humana. Sua importância histórica é inegável, mas não deixaram vestígio estatístico. A maioria dos seres humanos vivenciou práticas médicas e cirúrgicas dramaticamente ineficazes, quando não excessivamente perigosas.

Assim, embora existam quatro determinantes da saúde, como vimos na Introdução – Medicina, Biologia, ambiente e comportamento –, apenas dois deles tiveram impacto no decorrer da Pré-História e do período pré-industrial: o ambiente e o comportamento. O ambiente era um reservatório de micróbios contra os quais não se sabia lutar, além de ser manipulado de maneira imperfeita para a extração dos recursos alimentares. Por fim, as informações históricas disponíveis mostram que os comportamentos violentos eram muito mais frequentes do que hoje, fossem violências cotidianas ou guerras – ou seja, mais uma vez um perfil endêmico-epidêmico.

JOHN GRAUNT E OS PRIMÓRDIOS DA DEMOGRAFIA

> A disponibilidade de dados populacionais e o desenvolvimento de uma abordagem reducionista, combinando as ideias baconianas e cartesianas, criaram as condições para uma etapa crucial: a aplicação do pensamento populacional aos dados de saúde.
>
> Alfredo Morabia, "Epidemiology's 350th Anniversary: 1662-2012", *Epidemiology*, 2013.

As primeiras estimativas quantitativas e sistemáticas da saúde de uma população foram feitas por John Graunt (1620-1674). Nascido em Londres, Graunt é considerado o inventor da Demografia, mas também, o que é menos conhecido, da Epidemiologia.[3] A partir de 50 anos de dados oriundos dos famosos boletins de mortalidade londrinos (*bills of mortality*), Graunt efetuou, com seu amigo William Petty, as primeiras análises estatísticas vitais. Os termos "estatísticas" e "demografia" não existiam, porém, na sua época. Os boletins de mortalidade eram semanais e emitidos em cada uma das 130 paróquias de Londres.[4] Em cada folha, havia dois tipos de dados: as cifras de mortalidade acompanhadas das causas supostas de falecimento. O que os boletins de mortalidade notificavam como causas de morte não eram, na maioria das vezes, senão sintomas ("febre", "vômitos") ou órgãos ("dentes", "estômago").

Graunt elaborou as primeiras tábuas de mortalidade, ferramenta central da análise demográfica. O produto de seu trabalho, intitulado *Natural and Political Observations Made upon the Bills of Mortality*, foi publicado em 1662. Ele partiu quase do zero, pois o material examinado estava disperso em milhares de páginas desordenadas. Após corrigir os erros de classificação, Graunt levantou uma quantidade inédita de informações: foi o primeiro a relatar que nasciam mais meninos do que meninas; mostrou que as mulheres consultavam os médicos duas vezes mais do que os homens, e que estes morriam mais, o que é recorrente na história da saúde; provou também que o crescimento demográfico de Londres se devia à imigração. Conseguiu, sobretudo, testar sua intuição de que as pestes ocorriam e matavam aleatoriamente; a constatação dessa irregularidade o levou a conceber uma origem ambiental das pestes. Notou também que a população diminuía nos anos de peste, mas que essas perdas eram compensadas por um aumento dos nascimentos nos anos seguintes.

Ele também observou algo que não esperava: fora das epidemias de peste, as causas de morte eram praticamente estáveis. Graunt descobria a endemia sem nomeá-la. Os documentos históricos sugerem que ele era fascinado pelo caráter previsível das tendências de mortalidade na escala populacional.[5] Aliás, chamava essas outras causas de morte de "doenças crônicas" (*chronical diseases*). Retrospectivamente, o erro de Graunt é irônico. Ele não podia adivinhar, mas as causas regulares de doença e de morte eram microbianas, ou seja, exatamente o contrário do que hoje se denomina doença crônica.

Esquematizando, as doenças agudas são frequentemente de origem microbiana, ao passo que a maioria das doenças crônicas não é. Aliás, os anglo-saxões as chamam de *non-communicable diseases* (doenças não transmissíveis). Graunt as considerava crônicas porque nunca desapareciam. Mas, para os pacientes, elas não tinham nada de crônico, pois eles morriam rapidamente em decorrência delas.

1750-1830: uma tênue melhora na saúde

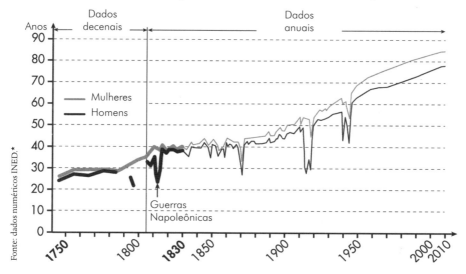

* N.T.: INED, Instituto Nacional de Estudos Demográficos, da França.

AS PRIMEIRAS REDUÇÕES
DA MORTALIDADE NA EUROPA

Foi a partir de meados do século XVIII que as coisas mudaram a ponto de melhorar a saúde, pelo menos na Europa e, depois, nos Estados Unidos. Enquanto a estagnação tinha sido a norma durante cerca de 8 mil gerações de *Homo sapiens*, a mortalidade começou a diminuir e a expectativa de vida passou a aumentar. Este primeiro período em que a sociedade ficou mais saudável (1750-1830) caracteriza-se por uma tênue melhoria. Os progressos foram desiguais, lentos e mínimos, mas reais, ainda que com retrocessos. George Rosen (1910-1977), médico americano e autor de um importante livro sobre a história da saúde pública,[1] considera o intervalo 1750-1830 um "período crucial" que estruturou o futuro da saúde global e que deixou um "legado que continua a nos afetar".

Os demógrafos estudaram dados de vários países europeus para transformá-los em informações históricas.[2] Esses dados fragmentados e heterogêneos são incertos, mas fornecem, ainda assim, uma ideia da evolução da mortalidade nesses países ao longo desse período. A abordagem dos demógrafos pode ser direta ou indireta. É direta se houver registros civis. No entanto, nem todos os países têm um sistema de registro civil na mesma época. Os países escandinavos começaram antes dos demais, e suas estatísticas são portanto mais antigas: a Finlândia em 1722, depois a Dinamarca, a Islândia e a Noruega em 1735, a Suécia em 1736.

A abordagem indireta se chama reconstituição (ou reconstrução). Na verdade, trata-se de uma correção porque, embora se baseie em dados existentes, eles não são os mais adequados. Na maioria das vezes, provêm de registros paroquiais onde eram anotados batismos, casamentos e falecimentos. A partir deles, os demógrafos tentam rastrear a mortalidade, usando a técnica de extrapolação para tirar conclusões globais. Isso foi feito para a França e a Inglaterra. Dados equivalentes não estão disponíveis para outros países europeus, como Alemanha, Itália ou Espanha, mas os dados posteriores a que se tem acesso sugerem que a mortalidade começou a diminuir mais tarde. Essa discrepância leva os demógrafos a levantar a hipótese de que os primeiros países que criaram sistemas de dados foram também os primeiros a melhorar a sua saúde: *"To measure is to know"*.[3]

A abordagem direta tem duas vantagens em relação à reconstituição: os dados têm mais qualidade e são mais amplos porque teoricamente exaustivos para um determinado país. Portanto, os resultados são mais robustos e mais gerais. As fontes paroquiais, ao contrário, são incompletas e passíveis de erros. Como seus dados permanecem locais e frágeis, os resultados são, em média, provavelmente mais incertos. A partir dessas duas fontes de dados – registros civis e registros paroquiais –, os demógrafos puderam produzir tábuas de mortalidade para todos os países citados. Assim, foi possível comparar, com prudência, a mortalidade desses países europeus no período definido por Rosen (1750-1830). A redução da mortalidade parece efetiva a partir de 1750, mas a comparação destaca duas características principais da mortalidade europeia na época: irregularidade ao longo do tempo em um mesmo país e heterogeneidade entre os países.

A irregularidade se traduz graficamente por intensas flutuações da curva. Os picos indicam crises de mortalidade causadas por fome e epidemias. A Europa era ainda um continente de crises sanitárias. Contudo, observa-se que essas crises recorrentes tendiam a se espaçar e, portanto, a ficar mais raras. Os seres humanos começaram a ter uma saúde melhor, atenuando as crises.

Por outro lado, essas crises mostravam-se diferentes de um país a outro. Eram menos graves nos mais populosos, pois a massa de seres humanos provavelmente diluía sua importância. A Inglaterra parece ter sido menos vulnerável do que a França. A Finlândia era especialmente suscetível a crises, talvez por causa do clima, chegando a perder 8% de sua população em certos anos, o que corresponderia a mais de 5 milhões de mortes por ano na França de 2021.[4] Mesmo assim, as crises começavam a se espaçar, o que já tinha um efeito matemático sobre a mortalidade. Esses mesmos países – França, Inglaterra e países escandinavos – levaram mais tempo para melhorar o regime normal de mortalidade, ou seja, a mortalidade fora dos períodos de crise, a dos períodos de remissão.

Evolução anual 1720-1920 da taxa bruta de mortalidade na França, Inglaterra, Suécia, Noruega e Finlândia

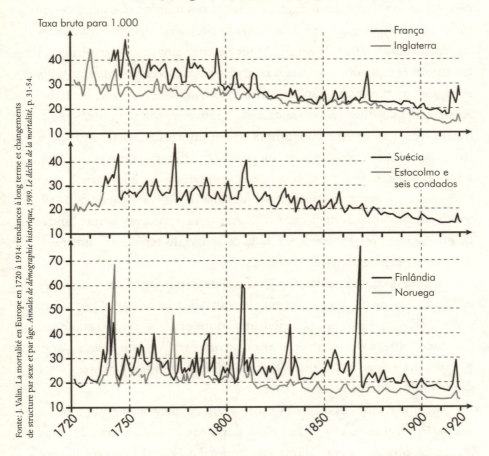

O outro traço principal do contexto europeu é a heterogeneidade. As diferenças notáveis entre países recaem tanto sobre seus níveis iniciais quanto sobre suas trajetórias. As reconstituições inglesas indicam que a mortalidade britânica em meados do século XVIII teria sido menor do que a da França. Essas estimativas sugerem que os vizinhos ingleses estavam à frente, mas essa pressuposta vantagem foi contestada por Louis Henry (1911-1991), o demógrafo que procedeu à análise francesa. Para refutar a diferença inicial de saúde entre os dois países, ele sugeriu problemas metodológicos.[5]

Segundo Henry, as estimativas inglesas tinham dois erros: não levar em conta as migrações e subestimar as mortes infantis. Primeiramente, Henry acreditava que os trabalhos ingleses haviam ignorado o terceiro indicador dos demógrafos (natalidade e mortalidade são os dois primeiros): as migrações. As pessoas que tinham deixado o país não morriam mais ali e não eram, portanto, contabilizadas. Como os dados ingleses eram locais, é possível que os movimentos das pessoas enviesassem as análises e distorcessem seus resultados. Em segundo lugar, ele considerava que esses estudos tampouco corrigiram um viés importante, o sub-registro dos sepultamentos de crianças em tenra idade. Ao excluir uma parcela da mortalidade infantil, talvez os historiadores ingleses tenham superestimado o estado de saúde do país e alimentado a crença de que era superior ao francês. Finalmente, não se pode ter certeza absoluta de que a taxa de mortalidade da Inglaterra no século XVIII era tão diferente da França.

Porém, não apenas os pontos de partida distinguiam os países, mas também a própria trajetória. A forma assumida pela redução da mortalidade variava de um país a outro: parece ter sido regular na Suécia, mas descontínua na França e na Inglaterra. Esse resumo simplificado ilustra a história da saúde mundial desde que começou a progredir. As posições de cada país nunca são definitivas. Alguns começam mais cedo, mas terminam mais tarde. Prometem de início uma saúde melhor para sua população, mas depois a penalizam. Atrasos podem ser recuperados e avanços podem ser perdidos.

AS RAÍZES DA MUDANÇA: O ILUMINISMO E A REVOLUÇÃO FRANCESA

Para progredir pela primeira vez na história, era necessário um contexto que permitisse a mudança. Esse novo contexto pode ser resumido em duas palavras: o iluminismo e a Revolução Francesa. A teoria precedeu à prática, pois a mudança precisava se tornar cognitivamente possível. O iluminismo forneceria os meios intelectuais para iniciá-la, propondo novas ideias e novos conhecimentos. A França liderava esse movimento, com os defensores dessa causa Diderot, Voltaire, d'Alembert e Rousseau. O iluminismo destacou o valor social da inteligência, a pertinência da dúvida metódica e da razão. Em um dos capítulos da *Enciclopédia*, Diderot ressaltava que a diminuição ou o crescimento de uma população são fortemente influenciados pela mortalidade infantil. Para ele, um governante que se preocupasse com um deveria necessariamente atentar para o outro. Diderot também defendeu a necessidade de um sistema público de saúde.

O outro evento que dinamizou a saúde foi a Revolução Francesa, cuja influência não foi apenas nacional. Com a visão de um norte-americano do século XX, Rosen observou que, apesar da complexidade da Europa no final do século XVIII, os países tinham algo em comum: "A mudança era aceita como inevitável". O iluminismo tornara o progresso concebível, mas a Revolução ia torná-lo desejável.

Como ocorreu a redução da mortalidade europeia após 1750? A resposta é necessariamente incerta, mas a informação histórica nos fornece fortes indícios. Pode-se resumir o que aconteceu em três pontos: um segmento populacional, um grupo de doenças e uma abordagem.

As crianças eram o segmento populacional. Os primeiros seres humanos a apresentarem uma melhora na saúde foram os mais jovens. Sua mortalidade sempre fora um fardo dramático. Os demógrafos estimaram que o risco de morte antes dos 10 anos de idade na França, em 1750, era de quase 50%.[6] Reduzindo a mortalidade infantil, os homens miraram, de modo inconsciente e quase involuntário, no problema que mais puxava a curva da longevidade para baixo. A mortalidade infantil tinha um efeito desproporcionalmente grande na duração média de vida, por razões puramente matemáticas. As médias são sensíveis aos extremos. Salvar mais crianças era logicamente a atitude mais eficiente.

O segundo ponto: a frequência das doenças microbianas diminuiu. Elas dominavam de longe a classificação das causas de doença e morte, sobretudo nas crianças. Estes dois primeiros pontos – mortalidade infantil e doenças microbianas – são bastante claros. No entanto, embora nos informem o que aconteceu, não explicam *como*.

Isso leva ao terceiro ponto, ou seja, as ações que levaram à redução da mortalidade infecciosa. É sempre difícil compreender em retrospectiva os determinantes da saúde, mas parece claro que as medidas de saúde pública foram decisivas. Os trabalhos históricos e demográficos indicam que pequenas mudanças impulsionaram a saúde após 1750: o saneamento, isto é, o tratamento do lixo, o fornecimento de água potável, uma melhor nutrição e a luta contra a varíola. Esses quatro pontos serão discutidos em detalhe mais adiante. Todas essas mudanças foram coletivas. Sua abordagem era populacional, mesmo que os benefícios recaíssem sobre os indivíduos. Simplificando um pouco, pode-se dizer que a melhora da saúde durante esse período quase não dependeu da Medicina, que praticamente não progredia. Porém, para que essas medidas públicas fossem implementadas, alguém tinha de decidir fazê-lo. A população precisava de uma política de saúde.

CRIAÇÃO DA POLÍTICA DE SAÚDE

Antes do século XVIII, a ideia de política de saúde quase não existia. Os Estados ou reis tinham apenas duas funções principais: tomar e punir.[7] Tomavam dinheiro através dos impostos, tomavam as colheitas ou até pessoas para formar os exércitos. E puniam de forma autoritária e mesmo desumana. O investimento de uma terceira função seguiu uma lógica inversa, não mais negativa, mas positiva. Ao invés de tomar, os Estados ou monarcas começaram a querer dar. Essa nova ambição de poder foi teorizada mais tarde por Michel Foucault (1926-1984), que lhe um nome: biopoder, ou biopolítica, ou seja, uma nova forma de intervenção do Estado na vida das pessoas.[8]

Como Foucault descreveu acerca do século XVIII e que será mais tarde verificado quase sistematicamente, a biopolítica é interesseira. Não visa à saúde pela saúde e funciona mais por cálculo do que por convicção. Uma das suas principais preocupações iniciais era aumentar a população para aumentar a produção. No século XVIII, os Estados procuravam se desenvolver, e a saúde precária era um empecilho.

Houve outras motivações além do crescimento econômico, mas talvez de uma forma mais pontual ou menos decisiva. O medo foi frequentemente um motivo para a ação política. O medo da revolta levou alguns governos europeus a fazer reformas em favor da saúde; o medo das epidemias, especialmente de cólera, também foi interpretado pelos historiadores como um gatilho para a ação pública. Henri Bergeron e Patrick Castel, sociólogos do Instituto de Ciências Políticas de Paris, explicam que a ambição biopolítica dos Estados modernos estava de acordo com seu projeto de melhor conhecer suas populações, mas que era também um meio de afirmar sua autoridade.[9]

A biopolítica nunca foi filosoficamente pura, o que não impediu sua eficácia. Sem intervenção política na saúde da população, provavelmente ela não poderia ter progredido da forma como ocorreu no período de 1750. O Estado precisava intervir mais para provocar uma mudança. Quase nunca houve melhoria na saúde humana sem uma política de saúde; só a ciência ou o mercado não bastam. Em cada grande mudança sanitária, constata-se uma intervenção decisiva do Estado, mesmo que ela não resolva tudo.

A CONDIÇÃO URBANA

A primeira resolução da biopolítica no século XVIII era certamente o tratamento das cidades. Ao longo da história humana até esse momento, a saúde coletiva estava ligada diretamente ao convívio. A maioria das deficiências e das enfermidades tinha a ver com a comunidade. Aliás, nessa época, a saúde pública estatal era chamada de "Medicina Social".[10] As cidades eram incubadoras de doenças e durante muito tempo registravam uma mortalidade superior à das zonas rurais (hoje é o contrário). A sujeira das cidades pré-industriais foi descrita por historiadores e escritores. Ainda não eram muito grandes, mas já eram tóxicas. Faltava tudo às moradias: a luz e a ventilação eram insuficientes, havia pouco ou nenhum sistema de esgotos, o fornecimento de água potável, pelo menos de água limpa, era um problema eterno.

As primeiras ações de saúde pública foram básicas: melhorar o abastecimento de água potável e iniciar o saneamento básico. O conceito e as medidas de saneamento não eram inéditos. Encontram-se vestígios disso no Neolítico, na Grécia e Roma antigas e na China. O modelo romano de saneamento é considerado pelos historiadores um dos mais antigos e mais elaborados. Ruínas de sistemas de esgotos e instalações de banho – o que George Rosen chama de "engenharia de saúde pública" – também foram encontradas entre os incas. Rosen ressalta que algumas cidades medievais já se baseavam num "sistema racional de higiene pública".[11] Mas a higiene urbana se desenvolveu após o Iluminismo. A insuficiência do abastecimento de água e dos sistemas de esgotos era tal que havia uma enorme margem para melhorias. Rosen estima que o abastecimento de água precedeu frequentemente a implantação dos sistemas de esgotos: conforme a cidade ou país, podia levar entre cinco e cinquenta anos entre a distribuição de água limpa e a evacuação das águas servidas. Foram feitos esforços também para melhorar a eliminação do lixo, que emanava mau cheiro, supostamente mais nocivo do que era na realidade.

Essas políticas públicas tinham uma enorme vantagem: não eram específicas. Não visavam a nenhuma doença em particular, mas atingiam involuntariamente todas as doenças de origem microbiana. Esta é uma das características da saúde pública: é geral quase que por natureza. Tem limites, mas amplos. Não se reduz a evitar um problema, mas vários, e a vantagem é tanto sanitária quanto econômica. Sendo pouco seletiva, a Medicina Social do século XVIII logo se tornava extremamente rentável: o investimento era grande, mas o benefício era muito maior.

A ironia é que as políticas públicas eram baseadas em teses amplamente falsas. A teoria dos miasmas dominava as crenças. A doutrina contagionista, que era muito menos falsa, já existia desde o século XVI, mas permanecia minoritária. Os contagionistas tinham notado que as doenças podiam passar de um doente a uma pessoa sadia por meio de um "processo vivo invisível".[12] Os anticontagionistas também tinham observado a transmissibilidade de doenças, mas acreditavam que o ambiente é que as transmitia. E o agente ambiental em que eles mais apostavam eram os miasmas. A incorreção da tese não impediu o acerto das medidas de limpeza. Mesmo errando, as políticas públicas foram eficazes. Além das medidas de higiene, o surgimento ainda tímido – mas importante – dos hospitais, a criação de dispensários, especialmente na Inglaterra, e os primeiros cuidados com a saúde mental também contribuíram para o progresso da saúde.

A origem dessa Medicina Social europeia era comum – a influência do iluminismo –, mas suas expressões variavam conforme o país. Michel Foucault descreveu bem as diferenças teóricas e práticas entre Inglaterra, Alemanha e França. Nessa época, os países ainda não imitavam uns aos outros. A concepção prussiana de saúde pública era autoritária. Os outros países de língua alemã se inspiraram nela. O termo "polícia médica" surgiu na Prússia, em 1764. Seu principal defensor foi Johann Peter Frank (1745-1821). Para ele, a agenda política era clara: o Estado deveria ser absoluto.[13] Foi influenciado pelo iluminismo, mas não compartilhava o ideal democrático da Revolução Francesa. Suas prescrições foram categóricas: estatísticas estatais, formação de médicos, controle da sua prática, medidas para alcançar um *Sistema médico completo de polícia*, título da sua obra publicada em 1779.

Na França, a Medicina Social foi orientada pelas condições das cidades. Os franceses fizeram muito esforço para melhorar o espaço. Após a Revolução Francesa, foi criado um Comitê de Salubridade por iniciativa do Dr. Joseph Guillotin, que deu seu nome à guilhotina.[14]

Finalmente, a abordagem da Inglaterra reflete sua obsessão com o produto do trabalho. A Medicina Social britânica era centrada na mão de obra. O termo *workforce* surgiu provavelmente nesse período. A saúde já era uma questão explicitamente econômica. A gestão da Medicina Social ao estilo inglês dependia mais de autoridades locais limitadas do que de um Estado nacional quase ausente. Como George Rosen afirma, a administração britânica era então "intensamente paroquial".

Desde o final do século XVIII, as condições de limpeza e de vida em muitas cidades europeias tinham melhorado. Eram variáveis e insuficientes, mas melhores do que 50 anos antes. Havia lixo demais, mas menos do que antes, não havia água potável suficiente, mas, ainda assim, mais do que antes. E os indicadores de saúde tendiam a melhorar: a mortalidade, especialmente a infantil, começava a diminuir. A Medicina não tinha avançado, mas a saúde humana tinha dado um primeiro salto.

A imunização voluntária

> A princesa, segura da utilidade desta prova, mandou inocular seus filhos: a Inglaterra seguiu seu exemplo e, desde aquele momento, no mínimo dez mil crianças de família devem assim sua vida à rainha e à lady Wortley Montaigu, e o mesmo número de meninas lhes devem sua beleza.
>
> Voltaire, *Cartas filosóficas*

TRATAR O MAL COM O MAL: A VARIOLIZAÇÃO

A varíola, também chamada de bexiga, era um desastre permanente e conhecida desde a Antiguidade. O caso mais antigo documentado é o do faraó Ramsés V, e as marcas bem visíveis em seu rosto mumificado comprovam isso. Muito contagiosa e especificamente humana, a varíola provocava sintomas virais banais, como febre e dores musculares, mas matava de 20% a 40% das pessoas contaminadas. E quando não matava, mutilava ou incapacitava, deixando marcas no rosto e podendo até provocar, mais raramente, cegueira definitiva. Sua evolução se dava num modo endêmico-epidêmico: a uma endemia já muito mortal se associavam epidemias.[1] Após o final do século XVII, ela se tornou mais agressiva. As crianças eram muito vulneráveis: o exame dos boletins de mortalidade londrinos mostra que 50% das mortes ocorriam antes dos 5 anos. Estima-se que ela foi responsável por 60 milhões de óbitos na Europa, ao longo do século XVIII. Os dados suecos sugerem que a varíola podia suprimir 10% das crianças do país por ano.

Uma abordagem inicial de luta contra a varíola foi a variolização. Duas observações tinham motivado essa prática. A primeira foi que o caráter transmissível da doença chegou a ser cogitado, e praticamente confirmado. Apesar da hegemonia da teoria dos miasmas, os contagionistas tinham a impressão de que uma pessoa com varíola podia contaminar outra. Em seguida e como para outras doenças, o fenômeno de imunidade tinha sido observado havia bastante tempo: as pessoas que tinham sobrevivido à varíola pareciam nunca recair. Frank Snowden, professor de História da Medicina em Yale, explica que essa imunidade era mais fácil de observar porque os ex-doentes eram numerosos e evidentes.[2] Era possível ver as sequelas físicas da varíola, e os sobreviventes estavam em toda a sociedade. A observação comparada era simples, o contraste era flagrante e a estatística de imunidade se tornava intuitiva.

A tentação de tratar o mal com o mal tinha surgido. Induzindo uma varíola leve por inoculação, seria possível, logicamente, prevenir a ocorrência de uma varíola grave. Já era uma compreensão da atenuação, que seria cientificamente demonstrada por Pasteur muito mais tarde. O conceito havia levado várias comunidades a recorrer ao que se chamava, portanto, de variolização ou inoculação. O raciocínio se aproximava daquele da homeopatia – *like cures like* (os semelhantes curam os semelhantes) –, mas que ainda não existia.[3] A variolização consistia em coletar material biológico, em geral o conteúdo das pústulas de um doente que não sofria de uma forma grave demais, e em expor uma pessoa não doente a esse material. Se as coisas funcionassem como esperado, a pessoa inoculada desenvolvia, por sua vez, uma varíola benigna cerca de dez dias depois e por algumas semanas. Em seguida, esperava-se que ela nunca mais adoecesse.

Os historiadores observaram que os métodos de variolização eram diversificados. O material coletado, a zona de inoculação, a duração dos procedimentos ou outros detalhes técnicos pareciam variar de uma cultura à outra. Essa variolização não padronizada era praticada pelos persas e chineses bem antes da vacinação, mas foi preciso esperar o século XVIII para que surgisse na Europa. Lady Mary Wortley Montagu (1689-1762) deu o primeiro impulso. Seu irmão morrera de varíola em 1713. Lady Montagu era bela, mas ficara fisicamente marcada pela doença, à qual sobrevivera em 1715. No ano seguinte, ela acompanhava seu marido à Turquia, onde ele fora nomeado embaixador. Desde 1717, ela se interessou ativamente pela variolização, que chamava de "enxerto" (*engrafting*). Em março de 1718, mandou variolizar seu filho em Constantinopla, sem complicações maiores e com um claro efeito protetor. Lady Montagu era inteligente, carismática e influente. Tornou-se militante da variolização, além de ser feminista. De volta à Inglaterra em 1721, levou o rei George I a se interessar pelo processo também. Em agosto, uma experimentação não ética foi feita em alguns condenados à morte. Propuseram-lhes um acordo simples: submeter-se à variolização em troca da libertação se sobrevivessem. O procedimento foi feito em seis ou sete deles. Todos estavam vivos (e imunizados) ao final de algumas semanas e foram agraciados. A variolização acabou sendo recomendada a toda a população. Lady Montagu conseguiu, então, convencer a princesa de Gales a variolizar suas duas filhas em 1722. Esse evento foi decisivo para que a variolização fosse aceita. A midiatização da vacinação dos líderes políticos ou de suas famílias se tornou um grande clássico.

A prática ganhou rapidamente a Europa e até os Estados Unidos. Sabe-se que a Itália, os Países Baixos, a Suécia e a Rússia adotaram a variolização. Benjamin Franklin e Thomas Jefferson se posicionaram a favor. Depois de hesitar muito, ao que parece, George Washington ordenou a variolização do exército. Segundo Snowden, a variolização era "a primeira estratégia aparentemente eficaz a ser adotada contra uma doença epidêmica desde as medidas contra a peste no Renascimento".[4] A variolização havia reduzido drasticamente as mortes por infecção. Na França, foi preciso esperar mais tempo, apesar da militância de Voltaire, que também sobrevivera à varíola. O matemático Daniel Bernouilli (1700-1782) tinha proposto modelos que demonstravam as vantagens estatísticas populacionais em massificar a variolização,[5] mas foi somente quando Luís XV morreu, em 1774, que se variolizou às pressas Luís XVI e seus irmãos.

Logo que a variolização começou a se disseminar, ela sofreu críticas que se baseavam em argumentos errôneos ou em medos infundados. Mas certos pontos levantados eram legítimos. Essa associação entre verdadeiro e falso iria se tornar um traço característico da oposição às vacinas e aos tratamentos ativamente preventivos. Alguns fatos reais – às vezes minimizados desajeitadamente pelos cientistas – são recuperados e submetidos a um raciocínio falacioso, ou são mesclados a fatos inventados para construir uma argumentação antivacina. Essa mistura que combina um pouco de verdade e muito de mentira foi desde o início utilizada contra a variolização.

É bem verdade que, apesar de sua eficácia, a variolização comportava dois riscos reais para o variolizado e para a população. O variolizado podia desenvolver uma forma não suficientemente atenuada da doença, que poderia ser grave ou até mesmo mortal. Os historiadores estimam que esse risco era de 1% a 5%. Isso significa que a variolização, mesmo não sendo totalmente segura – nenhum tratamento o é, a não ser os inativos –, permanecia 4 a 20 vezes menos perigosa do que a própria varíola. Entretanto, os acidentes não eram suficientemente raros para torná-la consensual. O segundo risco era populacional. Os variolizados eram contagiosos e podiam transmitir seu vírus inoculado. Uma forma atenuada da doença continuava a circular e podia voltar a ser virulenta. Na Inglaterra e na França, esses dois riscos justificaram medidas parlamentares para evitar a variolização na cidade e para reservar sua prática ao campo.

EFEITO MASSIVO DA VACINAÇÃO CONTRA A VARÍOLA

Edward Jenner (1749-1823) era um médico do interior. Como muitos outros, ele sabia da existência de uma doença animal próxima da varíola, que os ingleses chamavam de *cowpox* (a varíola se denomina *smallpox*). Na França, falava-se de *picote* (bicada) ou de *vaccine*, pois vinha da vaca, *vacca* em latim. A *vaccine*, tipo de varíola benigna, caracterizava-se por pústulas no úbere do animal. Enquanto a varíola era tão somente humana, a *vaccine* era em geral bovina, mas não exclusivamente – podia ser transmitida aos homens. Os que faziam a ordenha podiam ser infectados e apresentar pústulas nas mãos e braços, ou seja, nas zonas de contato. Parece que se curavam sem apresentar sequelas. Segundo a observação popular, quem tivesse sido infectado pela *vaccine* ficava protegido da varíola. Vários documentos que atestam esse privilégio circulavam desde os anos 1760 na Inglaterra e fora dela. As pústulas de uma imunizavam contra as complicações da outra. É o fenômeno de imunização cruzada, hoje bem conhecido.

A imunidade cruzada está relacionada a uma reação cruzada. Os anticorpos desenvolvidos contra um agente patogênico podem não ser totalmente específicos. Se um outro agente patogênico tem um antígeno idêntico ou apenas similar, os anticorpos o reconhecerão. Ora, o ser vivo é conservador e produz mais imitação do que inovação. O reconhecimento é falseado pela semelhança, que amplia a proteção dos indivíduos. O sistema imunológico é enganado, mas sai ganhando. Sabe-se hoje que o vírus da varíola e o do *cowpox* pertencem à mesma família. São os *orthopoxvirus*. A gripe é outro exemplo em que opera a imunidade cruzada, o que explica por que os seres humanos ficam protegidos por longo prazo contra o vírus apesar de suas mutações frequentes.

Jenner já praticava a variolização quando se interessou pelo *cowpox*. À observação do senso comum, ele acrescentou duas fases fundamentais: uma observação sofisticada e uma experimentação gradual. Começou descrevendo detalhadamente o *cowpox* nos humanos, coletando as histórias pessoais de um grande número de pacientes. Essa primeira fase permitiu que confirmasse seu caráter benigno e seu efeito imunizante contra a varíola. Depois de observar por muito tempo, Jenner decidiu intervir. O experimento se desenvolveu em duas etapas: primeiro, procedeu à variolização de pessoas que tinham sido naturalmente contaminadas pelo *cowpox*, em geral as que tinham contato com vacas. Mesmo que a variolização provocasse efeitos secundários visíveis, elas não apresentavam sintomas durante o experimento. Nenhum efeito negativo era observado, o que reforçava a tese de uma imunidade cruzada entre *cowpox* e varíola.

Após coletar muitas informações convergentes, Jenner passou à etapa seguinte. Ele havia demonstrado que o *cowpox* parecia tão eficaz quanto a variolização e que era mais seguro. Essa busca do melhor equilíbrio entre efeitos positivos e negativos de um tratamento é um princípio eterno da Medicina. A avaliação dos medicamentos e dos dispositivos médicos sempre repousa nesse equilíbrio.[6] Mas Jenner precisava ainda tornar sua ideia praticável. Fez então novo experimento para tentar gerar uma imunidade a partir de material humano e não animal.

Em 14 de maio de 1796, ele extraiu uma pústula da mão de Sarah Nelmes, uma camponesa com *cowpox*, e inoculou no jovem James Phipps, de 8 anos, por meio de uma incisão no braço. Observou apenas uma reação local e uma reação geral de pouca importância. Respeitou um período de latência antes de proceder a duas tentativas de transmissão da varíola no pequeno James, e nenhuma doença foi observada. O menino fora imunizado contra a varíola graças a um procedimento seguro e exequível. Jenner tinha vencido.[7] O tratamento era eficaz, sem riscos e relativamente prático.

Ele tentou publicar seu trabalho e o submeteu a uma revista científica, que o rejeitou, considerando que tinha pouca sustentação. Jenner esperou dois anos para reproduzir o procedimento em cerca de 15 pessoas, de braço humano a braço humano. Essa espera foi sem dúvida motivada por uma certa prudência. Ainda no século XXI, os testes clínicos farmacêuticos de fase 1 são feitos assim. Quando um produto novo é administrado em um ser humano pela primeira vez, é preciso esperar, assim como Jenner fez (mas menos de dois anos). Os resultados dessa série foram constantemente positivos, e nenhum dos indivíduos contraía a varíola. Jenner publicou seu trabalho em 1798: *An Inquiry into the Causes and Effects of the Variolae Vaccinae, a Disease Discovered in some of the Western Counties of England, Particularly Gloucestershire, and Known by the Name of the Cow Pox*. Não se sabe exatamente que vírus ele utilizou, mas ele havia inventado e nomeado a vacina (a substância) e a vacinação (o procedimento).

Jenner era também um visionário. Havia considerado, desde 1801, a possibilidade de erradicação da varíola pela vacinação: "A aniquilação da varíola, o flagelo mais mortal da espécie humana, deve ser o resultado final dessa prática".[8] Na verdade, foi preciso esperar mais de 150 anos para que isso acontecesse. Como se viu, a vantagem maior da vacinação sobre a variolização era sua segurança. Os dois riscos da variolização praticamente inexistiam com a vacinação. O procedimento de Jenner não tinha nem efeito tóxico nem potencial epidêmico. Por isso e também porque ele soubera ser um bom lobista – convertera o papa, Napoleão e Jefferson –, a adoção da vacinação foi rápida e ampla. Na França, Napoleão a impôs ao exército em 1805, embora só tenha se difundido amplamente a partir de 1820. Tornou-se obrigatória em várias regiões da Alemanha em 1807; na Dinamarca, em 1810; na Suécia, em 1816. Todavia, seu percurso não foi totalmente linear.

Como quase toda nova tecnologia, principalmente a médica, a vacinação encontrou oposições que atrasaram sua difusão e diminuíram seu impacto. E, como quase sempre, essas oposições partiam de problemas técnicos reais, cuja percepção era exagerada ou desviada. Mais uma vez, tratava-se da mistura de verdadeiro e falso que torna a adesão mais difícil. A vacina de Jenner tinha três limites, encontrados ainda hoje nas vacinas ou medicamentos: sua eficácia nunca é total, tampouco sua segurança, e às vezes existem problemas práticos ou de acesso.

Primeiramente, a eficácia. Ela era evidente, mas variável. A vacina não protegia 100%, nem para sempre. Cerca de dez anos após as primeiras vacinações, o efeito protetor começava a diminuir. Os primeiros casos de varíola em pessoas vacinadas foram observados e publicados. Aliás, a população constatava por si mesma que a varíola não havia desaparecido. Em segundo lugar, a falta de assepsia causava complicações. Uma punção efetuada em uma pele não desinfectada podia transmitir doenças microbianas ou a própria varíola. Casos de sífilis vacinal foram relatados, o que provocava um efeito negativo. Em terceiro lugar, a escassez de vacinas era recorrente. Não se sabia conservar o material vacinal. O período durante o qual as pústulas produziam material não excedia uma dezena de dias. Era preciso, então, aproveitar esse intervalo de tempo para puncionar o máximo possível e vacinar o maior número de pessoas. Essa logística era complexa e nem sempre funcionava.

Essas dificuldades reais atenuavam o benefício maciço da vacinação, mesmo sem questioná-la. Entretanto, alguns de seus opositores deram provas de má-fé. Dentre eles, os que praticavam a variolização viam evidentemente a vacina como um concorrente. Outras resistências tinham a ver com riscos imaginários. Os movimentos antivacinas na Europa e nos Estados Unidos já eram muito importantes no século XIX. Os antivacinas surgiram com as vacinas; seu repertório de argumentos é antigo e não varia: suspeitam de complôs do governo, criticam o caráter antinatural das vacinas, imaginam riscos inexistentes ou exageram os que existem.

Assim, a adoção da vacinação no século XIX não foi regular. Era difícil seguir a cobertura vacinal, pois as estatísticas eram malfeitas. Contudo, os historiadores acreditam que ela era maior nas cidades do que no campo, embora cerca de 90% dos franceses vivessem no meio rural. Os camponeses eram menos expostos e, portanto, menos sensíveis aos problemas infecciosos. Em contrapartida, preocupavam-se constantemente com as colheitas, o que levava a cobertura vacinal a ser, em média, proporcional aos rendimentos agrícolas: se fossem bons, os camponeses se prestavam mais facilmente ao procedimento de saúde pública. Nos anos ruins, ao contrário, era mais difícil convencê-los.

O espaço mental de preocupação não era infinito. Os seres humanos provavelmente sempre compararam os diferentes riscos que corriam. Essa é uma das razões do gradiente social de saúde: quando a preocupação com a economia é grande, ela esmaga a inquietação sanitária. Os ansiosos econômicos se preocupam menos com sua saúde, e vice-versa. Também se observou que a vacinação diminuía durante os conflitos, como em 1814, na campanha da França.* Mas as epidemias de todo tipo

---

* N.T.: Referência à Sexta Coalização de países europeus contra a França, nas Guerras Napoleônicas.

reforçam a adesão às vacinas. Foi o que aconteceu após as epidemias de cólera, de 1832 e 1856, e também após a de varíola de 1870.

Apesar de seus limites e de sua inconstância, a vacinação contra a varíola teve um efeito sanitário populacional maciço. No início do século XIX, ou seja, antes do desenvolvimento da vacinação, os picos epidêmicos de varíola ocorriam a cada 7 ou 8 anos e atingiam entre 50 mil e 80 mil crianças na França. Estima-se que, no final do século, esses picos continuavam a se reproduzir, mas não atingiam mais do que 25 mil crianças, ou seja, uma divisão pela metade ou por um terço. Essa cifra continuou diminuindo até chegar a algumas dezenas somente, quando a vacinação passou a ser obrigatória em 1902. Mas a vacinação não diminuiu só a frequência da doença, também atenuou sua gravidade. Assim, a letalidade da varíola, isto é, a porcentagem de pessoas mortas em relação a todos os infectados, foi quase dividida por dois entre o início e o fim do século XIX. Os historiadores calculam que ela passou de 15-20% a 8-10%.

Esses resultados haviam sido alcançados com uma vacina ativa contra um único agente patogênico, o vírus da varíola. Depois de Jenner, esperou-se mais de 80 anos por uma nova vacina eficaz contra outra doença humana, a raiva. Nesse ínterim, somente uma vacina veterinária havia surgido, desenvolvida por Louis Willems (1822-1907), médico belga[9] que se interessara pelas epidemias de doenças pulmonares que atingiam o gado bovino, pois sua fazenda tinha sido afetada. Por analogia com a prevenção da varíola, Willems recolheu em vários momentos secreções pulmonares de vacas doentes para administrá-las em outras vacas. Infelizmente para ele e para as primeiras vacas, essas reinjeções se revelaram fatais para os animais "vacinados". Foi somente quando ele teve a ideia de introduzir o material na ponta do rabo dos animais que a técnica se mostrou ao mesmo tempo segura e eficaz (as razões disso ainda não foram elucidadas). Willems publicou suas experiências em 1853. Ele não é conhecido na França, mas sua cidade natal, Hasselt, ergueu uma estátua em sua homenagem.

1830-1880:
a industrialização
contra a saúde

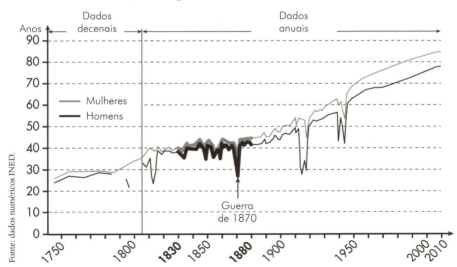

Evolução da expectativa de vida ao nascer na França

O SURGIMENTO DA HIGIENE

A difusão da vacinação não foi o único elemento decisivo da virada sanitária do século XIX. Os outros esforços empreendidos para tornar o ambiente da população menos microbiano prosseguiram e até se intensificaram. A Medicina Social continuou, mas mudou de nome. Começou-se a falar de higiene, de higiene pública ou de higienismo. Segundo o próprio médico Littré, em seu dicionário da época, a higiene pública é "o conjunto dos conhecimentos que asseguram a saúde das populações consideradas globalmente". Parece claro que ainda aqui, sobretudo após 1820, a França exerceu uma liderança intelectual graças a alguns expoentes da causa. Louis René Villermé (1782-1863) foi certamente o mais importante.

Villermé nasceu perto de Paris, filho de um magistrado.[1] Começou estudando cirurgia com Guillaume Dupuytren, célebre anatomista e cirurgião militar. Villermé se tornou também cirurgião do exército e serviu sob o comando de Napoleão. Depois que defendeu sua tese, clinicou durante quatro anos. Aos 36 anos, deixou a clínica para se dedicar à pesquisa epidemiológica. Seus trabalhos resultaram em três contribuições significativas.

Primeiramente, ele estudou a saúde de pessoas encarceradas para demonstrar, sem surpresa, que ela era bastante ruim, embora pudesse melhorar conforme as condições de detenção. Em segundo lugar, e isso é o mais conhecido, ele ressaltou a ligação entre pobreza e mortalidade. Por esse motivo, é considerado um dos inventores da Epidemiologia Social, ciência que estuda os efeitos dos fatores sociais sobre a saúde das populações. Esse trabalho foi feito em Paris e publicado entre 1822 e 1830.[2] Entre 1817 e 1826, Villermé coletou dados e estimativas de mortalidade em cada um dos 12 distritos de Paris da época. Acredita-se que cerca de dois terços das pessoas morriam em casa (hoje, essa razão é invertida nos países industrializados). Ele cruzou esses resultados com a densidade populacional, calculada com rigor; havia excluído os jardins privados e os pátios internos, que não são espaços habitados, e juntado as informações para que fossem consistentes. Por fim, coletou vários tipos de dados fiscais para calcular a renda.

Ao final desse trabalho monumental, Villermé provou estatisticamente a ligação entre pobreza e mortalidade. Era uma das primeiras demonstrações da existência de um gradiente social de mortalidade. Ele estabeleceu, desse modo, a lei que leva às vezes seu nome, segundo a qual a renda prediz a mortalidade. Com poucas exceções que detalharemos mais adiante, essa ligação foi encontrada em quase todas as situações em que foi pesquisada. Engels a observou em Manchester, em meados do século XIX,[3] bem como Virchow, na Silésia (reino da Prússia), no mesmo período.[4] Uma nova análise efetuada por Chantal Julia e Alain-Jacques Valleron confirmou a exatidão das conclusões de Villermé.[5]

Nesse meio-tempo, Villermé cofundou uma revista científica, em 1829, os *Annales d'hygiène publique et de médecine légale* (a morte estava sempre por perto). Seu terceiro trabalho mais importante foi uma encomenda. A Academia das Ciências Morais e Políticas questionou-o, em 1834, sobre a saúde dos operários a fim de avaliar o impacto da transição industrial. Assim, ele publicou, em 1840, o *Tableau de l'état physique et moral des ouvriers employés dans les manufactures de coton, de laine et de soie* (Quadro do estado físico e moral dos operários nas manufaturas de algodão, lã e seda). Trata-se, novamente, do primeiro relatório conhecido sobre as condições de trabalho. A seguir, Villermé será imitado por Chadwick no contexto do Movimento Sanitário. Esse relatório de 1840 originará as primeiras leis sobre o trabalho das crianças na França. O limite de idade foi então fixado em 8 anos.

A ESCOLA DE MEDICINA DE PARIS
E O DESENVOLVIMENTO DOS HOSPITAIS

> No início do século XIX, os médicos descreveram o que, durante séculos, permanecera abaixo do limiar do visível e do enunciável.
>
> Michel Foucault, *O nascimento da clínica*, 1963.

Entre 1794, ano de sua inauguração, e 1848, a Escola de Medicina de Paris vai se impor como uma referência intelectual e fazer de Paris a capital da Medicina da Europa, até do mundo. Snowden fala de "revolução conceitual" na compreensão das doenças e mesmo de "revolução da epistemologia médica". A Escola de Medicina de Paris promoveu um progresso inédito no conhecimento das causas dos problemas de saúde, mas também mudou a formação dos médicos. Antes dela, eles se formavam principalmente pela leitura, e a aprendizagem se dava a partir dos textos. Snowden fala de "Medicina de biblioteca". Passando do papel ao trabalho de campo, a Escola transformou a formação dos médicos. Os residentes dos hospitais, cujo estatuto foi criado em 1802, eram os únicos a exercer em turno integral no hospital; os outros médicos ficavam apenas um dia ou um turno.

Snowden explica que três ingredientes decidiram a criação da Escola: uma instituição (o hospital), uma filosofia (o iluminismo) e um estado de espírito (o da Revolução Francesa).

Já existiam hospitais antes da Escola de Medicina de Paris. A Santa Casa de Misericórdia de Paris (Hôtel-Dieu), no largo da igreja Notre-Dame, havia sido fundada em 651, o que faz dela o hospital mais antigo em atividade na Europa nos dias de hoje. Mas os hospitais na França e, portanto, em Paris, não eram lugares onde se tratavam os doentes. Neles eram amontoados acima de tudo os pobres, principalmente os problemáticos, os cidadãos muito velhos e dependentes, assim como os órfãos. Não se oferecia um tratamento médico, pois não se tinha recursos. A decrepitude e a sujeira dos hospitais eram inimagináveis. A decência humana não era um objetivo buscado, e vários pacientes podiam compartilhar o mesmo leito. O governo de 1793, consciente dessa decadência, levou à votação um decreto para proibir mais de uma pessoa por leito e para estabelecer uma distância de um metro entre dois leitos. Com a Escola de Medicina de Paris, o hospital mudou de função para se tornar o lugar em que as doenças são estudadas e os médicos, formados. É o nascimento da clínica no sentido atribuído por Michel Foucault. Vários hospitais foram criados, como o Hôpital de la Pitié, ou o Hôpital de la Charité, que não existe mais. Segundo George Rosen, havia 30 hospitais em Paris em 1830.

O segundo elemento que contribuiu para o prestígio da Escola de Medicina de Paris era de ordem filosófica: tratava-se do iluminismo. O desejo de promover o conhecimento era geral e o ceticismo intelectual era um de seus mecanismos, ao questionar a autoridade. Nesse caso, isso significava questionar os dogmas médicos, quase todos falsos. Outro componente do iluminismo era a orientação empírica: para aprender, era preciso se basear na observação e não em teorias desvinculadas dos dados reais.

O terceiro elemento, igualmente cognitivo, era o espírito revolucionário. O que se buscava, na época, era não somente a aprendizagem, mas também o questionamento dos privilégios estabelecidos. No século XVIII, a formação dos médicos era marcada pelos privilégios. A estes, a Escola de Medicina de Paris preferiu o mérito, o que incitou cada um a trabalhar para buscar o seu lugar ao sol e levou todos a progredirem.

Para além dessas evoluções gerais, várias mudanças práticas caracterizaram a Escola de Paris, permitindo-lhe um desempenho superior a qualquer comunidade médica da época. Primeiramente, os serviços hospitalares foram agrupados por especialidade. A especialização possibilitava um estudo mais aprofundado das doenças. Surgiram, então, a Anatomopatologia e a Patologia Clínica; a primeira fazia parte da segunda. Bichat (1771-1802), depois Laennec

(1781-1826) foram seus principais expoentes, assim como Bretonneau (1778-1862) e Trousseau (1801-1867). Todos eles legaram seu nome a hospitais. A Anatomopatologia é o estudo direto dos tecidos doentes. A Patologia Clínica tinha como objetivo principal relacionar os sintomas (a clínica) às lesões (a anatomia). A observação era o meio e começava pelo exame do paciente vivo no quarto de hospital: devia-se coletar os sinais, descrevê-los de modo mais detalhado possível e organizá-los. A observação prosseguia após a morte do paciente. As autópsias foram sistematizadas e eram chamadas de "verificações". Os mortos eram dissecados para estudar seus tecidos patológicos e tentar relacioná-los aos sintomas.

Laennec explicou que a lesão e o sintoma são as faces interna e externa de um mesmo problema que se chama doença. Ele se interessou especialmente pelas afecções pulmonares, sobretudo a tuberculose, que acabou provocando sua morte de tanto se expor a ela. A Patologia Clínica permitiu a ampliação do repertório das doenças, mostrando que vários organismos podiam se encontrar por trás de sintomas semelhantes. O corpo dispõe de um vocabulário limitado para expressar seus problemas. O estudo anatomopatológico revelou a diversidade das afecções, e a Patologia Clínica possibilitou uma classificação mais exata das doenças. Segundo Roger Dachez, autor e professor de História da Medicina na Universidade Paris Diderot, "esse modelo definitivo nunca mais será modificado".[6]

Dois outros elementos se revelaram estruturantes: a construção de uma comunidade e o nascimento da Biologia Médica. Antes da Escola de Medicina de Paris, os pesquisadores e os médicos trabalhavam de modo relativamente isolado e não compartilhavam os conhecimentos de forma muito organizada. A Escola de Paris constituiu uma comunidade médica propícia à disseminação dos conhecimentos, com revistas médicas e congressos como os dois principais meios de divulgação e de trocas. Por fim, após a Patologia Clínica, a Biologia Médica – ciência do ser vivo aplicada à Medicina – auxiliaria a compreender melhor pela quantificação. Impulsionada inicialmente por François

Magendie (1783-1855), ela iria avaliar o funcionamento e as disfunções do corpo humano, medindo-os pelo método experimental e nos laboratórios. Continuou se desenvolvendo na segunda metade do século XIX graças a Claude Bernard (1813-1878), aluno de Magendie.

Os médicos da Escola de Paris aprenderam muito. Passaram a reconhecer e a compreender melhor as doenças. Estabelecendo as bases do reconhecimento e da compreensão, sua influência foi enorme a longo prazo. A maioria dessas bases é válida até hoje. O diagnóstico clínico continua eficaz, mesmo sendo muitas vezes aprofundado por exames complementares. A Anatomopatologia ainda é praticada rotineiramente, embora tenha se sofisticado. Poderíamos esperar que essa produção sem precedentes de conhecimentos sobre as doenças humanas melhorasse a saúde dos contemporâneos. É impossível demonstrá-lo, mas é provável que isso não tenha acontecido.

Na realidade, os progressos terapêuticos foram mínimos. Por um lado, porque não havia medicamentos nessa época. Por outro, porque faltava também a vontade de tratar. O tratamento não parece ter sido a prioridade dos principais médicos parisienses. É como se estivessem tão ocupados observando que se esqueciam de tratar os pacientes. O hospital era um lugar de pesquisa e de formação, mas o atendimento era secundário. A ausência de impacto começava a aparecer. Os médicos estrangeiros que vinham a Paris julgavam antiética a investigação dos organismos sem projeto terapêutico. Snowden afirma que essa foi uma das causas da perda de influência da Escola de Medicina de Paris. Por conseguinte, a sequência da história da saúde iria se escrever em outras paragens, na Inglaterra. Mas era preciso que algo desencadeasse um movimento do outro lado do canal da Mancha. Ao deteriorar gravemente e a olhos vistos a saúde dos ingleses, a Revolução Industrial acionaria essa reação.

A INDUSTRIALIZAÇÃO E A URBANIZAÇÃO DETERIORAM A SAÚDE GERAL

> O "quebra-cabeças do crescimento industrial precoce" indica que, no início do crescimento econômico moderno, o progresso não era uniforme em todas as dimensões da existência humana. Raramente o é. Sob certos aspectos, os homens e as mulheres do início da era industrial eram menos afortunados que seus pais.
>
> John Komlos, 1998.

A industrialização e a urbanização são dois fatos históricos indissociáveis: o nascimento da indústria provocou o crescimento das cidades. Industrializando-se, a Europa, e depois os Estados Unidos, encheram suas cidades de pessoas vindas do campo. E essas cidades cresceram de modo brutal. Essa transição entre o fim do Iluminismo e o início do Movimento Sanitário deteriorou a saúde da população, que estava começando a melhorar. Esse golpe foi tanto perceptível pelos observadores quanto mensurável pelos analistas, mas acabou levando a progressos. Essa degradação da saúde desencadeou o Movimento Sanitário, que iria influenciar positivamente e de modo global a saúde de todas as pessoas da era industrial até hoje.

Aperfeiçoando a máquina a vapor, o engenheiro escocês James Watt lançou a Primeira Revolução Industrial, que começou na Inglaterra, entre 1770 e 1780. O país foi rapidamente visto como a usina do mundo. A industrialização se espalhou em seguida para o continente europeu e para a América do Norte. A França e os Estados Unidos aderiram, seguidos por Países Baixos, Suécia e Alemanha. Os últimos a fazer a transição foram a Austrália e o Japão. Os historiadores consideram que, na França, a Revolução Industrial começou em 1830, tomando impulso durante o Segundo Império, isto é, após 1852. Na Alemanha, isso se deu a partir de 1850.

Para fazer as máquinas funcionarem, precisava-se de uma matéria-prima, o carvão, considerado na época uma formidável fonte de energia. As emissões de CO_2, que ainda não eram conhecidas, estavam longe de ser uma preocupação. As primeiras fábricas foram instaladas perto das minas de carvão para facilitar. É razoável pensar que isso foi o nascimento do que se chamaria muito mais tarde de sociedade "termoindustrial", ou seja, uma economia industrial baseada em energias fósseis. Os primeiros setores desenvolvidos foram a tecelagem e a metalurgia. A Primeira Revolução Industrial transformou o trabalho. De manual, lento e caro, ele evoluiu e se dividiu em tarefas efetuadas por máquinas, de modo mais rápido e barato. Porém, para cuidar das máquinas, ainda eram necessárias pessoas, e é aqui que a Demografia entra. As fábricas eram frequentemente implantadas nas cidades. O mercado de trabalho, maciçamente rural, pois agrícola até então, passou a ser urbano e industrial. Os camponeses se transformaram em operários. Como foi a primeira a se industrializar, a Inglaterra era de longe o país mais industrializado, com mais da metade da população vivendo em cidades em meados do século XIX.

Porém, nem as fábricas nem as cidades eram boas para a saúde. A industrialização degradava a saúde das pessoas de modo direto ou indireto. Diretamente, devido ao ambiente de trabalho que ela impunha: as fábricas eram lugares perigosos, pois eram poluídas e expunham os operários a acidentes físicos. As condições de trabalho eram muito pouco regulamentadas. A saúde dos operários era muito mais vulnerável do que a dos agricultores. A mortalidade no trabalho era desmedidamente alta.

O pior impacto da industrialização foi colateral, e indireto, nas cidades, cujo desenvolvimento não era nem regulado nem mesmo controlado. As cidades não tinham autor, somente atores que nelas viviam. Elas não absorveram bem o impacto do seu crescimento, e os padrões de vida urbana eram muito ruins. Criando usinas patogênicas, a industrialização era nociva para seus próprios trabalhadores. Forçando o crescimento de cidades tóxicas, ela penalizava também suas famílias.

As cidades neoindustriais apresentavam três grandes problemas, que exerciam juntos um efeito antissaúde: eram sujas, densas e pobres. A sujeira já existia, mas havia começado a se atenuar graças à influência das políticas públicas descritas anteriormente. A densidade era nova, resultado do afluxo de trabalhadores e de suas famílias. A pobreza também existia antes, mas se exacerbou. Foi no início do século XIX que o termo *pauperismo* surgiu para designar a pobreza em massa. A restrição malthusiana era uma realidade das cidades neoindustriais europeias: seus habitantes eram numerosos demais em relação aos recursos. Eles não tinham nem dinheiro nem espaço suficientes.

Todos os sentidos podiam ser agredidos nas cidades neoindustriais, mas o principal afetado era o olfato. O mau cheiro era a norma. Em *Le miasme et la jonquille: l'odorat et l'imaginaire social (XVIIIe-XIXe siècles)* (O miasma e o junquilho: o olfato e o imaginário social (séculos XVIII-XIX)), o historiador Alain Corbin explica que os seres humanos passaram a tolerar cada vez menos o mau cheiro à medida que ele aumentava nas cidades em crescimento. O estresse olfativo estava por toda parte: a urina, as águas estagnadas, os animais mortos e quase todos os componentes das cidades contribuíam para a mistura de emanações agressivas. Alguns cientistas haviam concebido um olfatômetro para medir os odores. Tentavam correlacioná-los ao surgimento de doenças, o que reforçou erroneamente a crença na teoria dos miasmas.

Um ambiente assim não podia ser inofensivo. A sujeira ressurgente criou mais micróbios e, portanto, mais infecções. A densidade facilitou sua circulação, que engendrou epidemias ou níveis elevados de endemia. A pobreza era uma causa de subnutrição geral, o que fragilizou ainda mais as populações. As cidades neoindustriais da Europa tiveram um crescimento patológico em todos os sentidos da palavra, para si mesmas e para seus habitantes. Os historiadores descreveram bem as epidemias de cólera ou de outras formas de diarreia. Também detalharam os danos da catapora e da escarlatina, mesmo que as duas fossem frequentemente confundidas. Sabe-se que habitantes dessas cidades eram quase todos magros. As crianças eram particularmente vulneráveis ao risco infeccioso e ao risco nutricional. Ambos se associaram regularmente ao longo da história da saúde humana, e a Primeira Revolução Industrial propiciou isso.

A Filosofia e a literatura salientaram esse retrocesso sanitário, isto é, esse movimento de recuo da saúde. O poeta William Blake falava das "sombrias usinas satânicas". Para Karl Marx, o capital se caracterizava por sua indiferença em relação à saúde ou à duração de vida do trabalhador. Friedrich Engels deplorava o trabalho das crianças, o dano ambiental, os salários miseráveis e a saúde deteriorada da Manchester do século XIX. Charles Dickens descreveu o East End de Londres povoado por pobres. Seu realismo se tornou um tema literário em si.

Simon Szreter, historiador em Cambridge, resume a relação entre industrialização e saúde com o acrônimo dos 4D em inglês: *disruption, deprivation, disease, death*. Ruptura, privação, doença e morte. Seus trabalhos confirmaram que os primeiros efeitos da Primeira Revolução Industrial foram ambivalentes para uma minoria e negativos para grande parte da população.[7] Enquanto a saúde de um pequeno grupo, nos bairros ricos, se beneficiou, a maioria da população sofreu com suas consequências, ao menos inicialmente. O próprio termo "revolução" já dizia algo da violência do fenômeno.

A ECONOMIA INDUSTRIAL SUPLANTA A SAÚDE HUMANA

O que os historiadores descreveram e os escritores contaram, os demógrafos mediram. O exame dos indicadores básicos de saúde confirma uma deterioração não totalmente geral, mas cuja tendência é clara. Com a industrialização, a mortalidade nacional aumentou com frequência, e a mortalidade nas cidades subiu quase sistematicamente. Os pesquisadores demonstraram a simultaneidade da transição industrial e do retrocesso sanitário. Essa correspondência reforça o vínculo causal entre as duas, mesmo que não o demonstre totalmente. Na

Inglaterra, por exemplo, a industrialização foi sinônimo de uma estagnação da mortalidade até 1820. A França teria sido menos atingida: acredita-se que, após ter diminuído até 1845, a mortalidade se manteve no mesmo nível durante 40 anos aproximadamente, o que corresponde mais uma vez, com uma pequena variação, à industrialização e à urbanização nesse país. Essa estagnação coincide com baixas mínimas de mortalidade em certas faixas etárias, compensadas por altas em outras. O aumento da mortalidade infantil entre 1850 e 1870 exerceu uma tração particularmente agressiva sobre a média. Não havia muita diferença entre a saúde das mulheres e a dos homens. Elas trabalhavam em condições igualmente ruins e é possível que, em certos lugares e períodos, sua saúde tenha ficado até mesmo mais deteriorada. É somente no final do século XIX que as diferenças sanitárias de gênero se tornam substanciais a favor das mulheres. Sua vantagem sanitária será mais um fato do século XX do que do XIX, como veremos.

Entretanto, não é apenas a mortalidade que nos informa sobre os problemas de saúde de uma população. As características físicas, como a altura, também fornecem indicações. Vários fatores determinam a altura dos seres humanos. A genética tem um grande peso, mas cerca de 20% da altura fica por conta das circunstâncias externas. Esses 20% podem então nos dizer quais são as condições de vida das pessoas em cada época. Praticando a Antropometria – a mensuração do corpo dos seres humanos –, historiadores demonstraram que vários países haviam observado uma diminuição da altura média de sua população com a industrialização.[8] A altura média dos homens ingleses em 1800 foi estimada em aproximadamente 1,69 m. Em 1850, ela diminuíra quase 4 cm. Os historiadores avaliaram em 2,5 cm a perda média de altura dos homens alemães durante a transição industrial. Uma baixa estatura média é quase sempre sinal de problemas de saúde, pois revela um estado nutricional falho. Esses dados ósseos funcionam como arquivos biológicos que nos informam sobre a saúde esquelética das pessoas de outras épocas. Quando as sociedades agrícolas se tornaram industriais, amplos segmentos de população viram seu físico declinar, e os seres humanos neoindustriais encolheram. Esse retrocesso da estatura humana já havia sido detectado com relação à Revolução Agrícola Neolítica, ainda que com dados mais fragmentários.

Porém, nem todas as industrializações foram iguais. Algumas tiveram mais impacto sanitário do que outras. Por exemplo, a França, a Suécia e os Países Baixos parecem ter sido menos vulneráveis à transição. Os trabalhos dos historiadores sugeriram que três fatores parcialmente interdependentes poderiam ter influenciado a população. O primeiro diz respeito à cronologia da transição industrial em relação à teoria dos germes. Os países que se industrializaram bem antes do reconhecimento dos micróbios pagaram um alto preço em termos de saúde. Foi evidentemente o que ocorreu com a Inglaterra. Os historiadores falam em "penalidade biológica". Em segundo lugar, a extensão da urbanização associada era um fator crítico. Mais do que a própria industrialização, a urbanização foi nefasta. Em terceiro lugar, a alimentação era igualmente determinante.[9] As populações mais bem nutridas resistiram melhor às múltiplas agressões da transição. Sem dúvida, houve também outros fatores, como o tipo de industrialização ou o perfil geográfico dos países. Aqueles com uma superfície maior, como os Estados Unidos, tiravam vantagem disso. As densidades populacionais eram menores, as terras disponíveis para a agricultura eram maiores e mais diversificadas, o que aumentava a possibilidade de escolher as mais adequadas. Diminuía, assim, a quantidade necessária de trabalho.

O economista David Weir, especialista em políticas públicas da Universidade de Michigan, estudou o caso da França.[10] Ele tentou compreender por que esse país havia absorvido relativamente melhor o impacto da industrialização mesmo sendo um dos primeiros a realizar essa transição. Weir estimou que vários elementos propiciaram esse resultado mais favorável: por um lado, o crescimento urbano francês era mais lento, sobretudo comparado ao da Inglaterra; por outro, o consumo de carne – bastante associado ao aumento de estatura e à redução da mortalidade – era significativo nas cidades francesas. Por fim, Weir presumiu que a baixa precoce da fecundidade durante a transição pôde melhorar o investimento parental junto aos filhos. Quando os pais tinham menos filhos, provavelmente cuidavam melhor deles.

A Revolução Industrial ilustra as relações perpetuamente tensas entre a economia e a saúde, cuja influência é mútua. A relação é relativamente simples numa direção: a boa saúde favorece o crescimento econômico. Mas a economia tem, em contrapartida, um impacto positivo sobre a saúde? A resposta é complexa e parece depender da perspectiva temporal, ou seja, ela não é mesma conforme se examina um dado momento ou se avalia a saúde ao longo do tempo. Transversalmente, isto é, em um instante t, é frequente que a economia funcione em detrimento da saúde humana. Os economistas criaram um termo: externalidades negativas. São as consequências negativas – não apenas sanitárias, mas também ambientais, por exemplo – do crescimento econômico tal como concebido. Essas externalidades negativas passam por um certo número de fatores, como a poluição, os acidentes de trânsito ou os modos de vida que a economia dissemina nos países industrializados (superalimentação e sedentarismo). Há pouco tempo, economistas mostraram que, além de uma alta de suicídios, frequentemente observada de modo um pouco descompassado, as crises econômicas eram muitas vezes associadas a uma melhora da saúde geral.[11] Essa tensão entre economia e saúde explica a dificuldade em criar políticas eficazes de saúde. É delicado, para os dirigentes, escolher entre uma e outra, mesmo quando isso é necessário.

A longo prazo, a resposta é mais sutil. O desenvolvimento econômico contribuiu enormemente para a melhora da saúde mundial, mesmo que de forma desigual. Desde o século XIX, e mais ainda no século XX, como veremos, a economia permitiu medidas públicas com efeitos massivos, bem como tratamentos médicos individualmente eficazes. Porém, isso não impede que a longo prazo a atividade econômica também gere externalidades negativas que reduzem seu potencial pró-saúde.

A Revolução Industrial é um bom exemplo histórico do caráter dinâmico da saúde populacional. A saúde não é um estado estável. Embora seja corrente falar de estado de saúde, ela deve ser concebida mais como um processo do que como um estado. Esse processo é determinado tanto por fatores de empuxo (que a empurram para cima) quanto por fatores de tração (que a puxam para baixo). A saúde é constantemente submetida a forças contrárias, que são determinantes positivos e negativos. O resultado depende do balanço aritmético entre empuxos e trações. Isso é fato em escala individual e em escala populacional. E é também de modo transversal, ou seja, em um determinado momento, ou longitudinal, no decorrer do tempo. A evolução dos determinantes e o resultado de sua interação traçam as curvas de mortalidade ou de expectativa de vida. Somente mudam os termos da equação, mas não seu princípio. Entre meados do século XVIII e a transição industrial, o tratamento das cidades, a luta contra a varíola e, sem dúvida, uma melhor alimentação haviam sido fatores de empuxo, que culminaram em uma prolongação da saúde: redução da mortalidade e aumento da longevidade média. Com a industrialização, alguns países modificaram essa vantagem e retomaram uma matemática nula ou negativa.

A Revolução Industrial traçou então uma curva de saúde em J. Ela forneceu os meios para empurrá-la para cima ao preço de uma deterioração inicial. A princípio, a industrialização e a urbanização mais destruíram do que propiciaram saúde. Os historiadores qualificaram de *Hungry Forties* esses 40 anos que devoraram seres humanos e que os consumiram mais do que a média. Para George Rosen, não há dúvida quanto à inversão dos progressos sanitários durante esse período. Os ganhos de saúde populacional lentamente adquiridos após 1750 foram perdidos por causa das fábricas e das cidades. Como a Inglaterra foi a primeira a se industrializar, foi a primeira a adoecer, mas também a primeira a reagir.

EDWIN CHADWICK E O MOVIMENTO SANITÁRIO: ELIMINAR A SUJEIRA PARA MELHORAR A SAÚDE... E A ECONOMIA

Para transformar a ideia sanitária em Movimento Sanitário, era necessário um grande líder, que foi Edwin Chadwick (1800-1890). Ele utilizou as teses desenvolvidas em Paris, no início do século XIX, para aplicá-las em seu país nas décadas de 1830 e 1840. O impacto do Movimento Sanitário inglês se espalhou em seguida para o continente europeu e para os Estados Unidos, da segunda metade do século XIX até a Primeira Guerra Mundial. Chadwick, que era advogado em Manchester, poderia ser incluído no longo panteão dos leigos que melhoraram a saúde da população. Por sorte, ele compreendia francês e havia lido Villermé. Parece que se admirava com os dados que este coletara e com os métodos de análise que publicara. Assim como Villermé, ele acreditava no determinante ambiental da saúde, mas, diferentemente dele, classificava o clima em segundo lugar, depois do ambiente mais imediato. Para ele, a causa principal dos problemas de saúde era a sujeira.

Durante sua carreira, Chadwick procedeu em duas etapas: primeiro, a pobreza e, depois, a saúde. Chadwick nascera na Inglaterra pouco após a industrialização e com certeza observara seus efeitos sobre o estado da população. Aliás, Manchester era a primeira cidade industrial do país, conhecida por sua produção de algodão. Estima-se que, entre 1800 e 1840, a população das principais cidades inglesas duplicou ou triplicou. No mesmo período, a taxa de mortalidade nessas cidades quase dobrou. Essa correspondência indica uma causalidade. As cidades haviam se desenvolvido de qualquer jeito, sem governo local para regulá-las. As cidades inglesas neoindustriais não eram organizadas, não havia projeto.

Chadwick não se limitou a constatar a pobreza na Inglaterra, ele também criticou a organização do Estado social. A primeira *Poor Law*, solicitada por Elisabeth I, datava de 1601. Chadwick considerava perverso o sistema que ela criara, pois mantinha os pobres miseráveis e desmoralizados e penalizava os ricos. Ele trabalhou então por uma solução. Em 1834, a lei que elaborara foi homologada pelo Parlamento inglês; chamava-se *New Poor Law*. As epidemias de cólera de 1832 e 1833 sem dúvida contribuíram para o apoio político que a lei angariou, pois tinham mais uma vez chamado a atenção para as condições das cidades. A *New Poor Law* acreditava no mercado. Seu objetivo era reduzir a taxa de pobreza e, para isso, estabelecia dois meios: primeiro, aumentar o poder do Estado e centralizá-lo; depois, fazer com que a ajuda social fosse considerada vergonhosa para que a recebessem apenas aqueles que precisassem desesperadamente dela. Chadwick queria tratar a pobreza, mas sem empatia. Sua doutrina era dissuasiva e seus instrumentos eram as casas de trabalho (*workhouses*), onde se cumpriam tarefas degradantes por um mínimo de renda. Dickens criticou a *New Poor Law* e as casas de trabalho em *Oliver Twist*. Para ele, essas casas não eram refúgios, mas quase prisões. A única coisa que propunham era um trabalho duro em troca de poder continuar vivendo, e somente na casa. Os bens eram vendidos, as famílias, separadas e as crianças, maltratadas. Os ingleses as evitavam, exceto os mais vulneráveis.

Depois de cuidar da pobreza, Chadwick usou sua notoriedade para se concentrar na saúde. Ele ouvira falar das enquetes sanitárias feitas na França. Reempregou seus métodos para seu relatório sobre a saúde dos ingleses. Antes de propor uma lei, Chadwick julgava necessário compartilhar publicamente o problema do modo mais cru possível, para convencer de sua necessidade. Realizou um trabalho monumental de coleta de dados sobre a saúde dos ingleses. A descrição era implacável, mostrando de modo inesperado que a doença e a sujeira estavam espalhadas em toda a Inglaterra e não somente nas grandes cidades. O relatório final foi publicado em 1842 e era claro: as doenças comuns, todas de origem microbiana – mas sem que se soubesse disso – estavam relacionadas à sujeira e às suas causas. Os culpados eram o escoamento insuficiente das águas, a falta de água potável, a inexistência de um sistema de coleta de lixo no entorno das casas. Chadwick descrevia os danos da tuberculose, da varíola, da escarlatina e do cólera, relacionando-os ao estado de sujeira das cidades. Esse *Relatório Sanitário* é um documento fundamental da história da saúde pública. Foi também um *best-seller*. Antes dele, os ingleses percebiam o problema, mas não avaliavam sua extensão.

Ao se examinar os documentos históricos, fica claro mais uma vez que Chadwick agia mais por cálculo do que por convicção. Ele não parecia querer saúde para todos. Por exemplo, interessava-se nitidamente mais pelos homens jovens ou de meia idade, pois eram os principais agentes produtivos. As mulheres, as crianças e os idosos não eram uma preocupação do *Relatório Sanitário*. Com o Movimento Sanitário, Chadwick perseguia ainda um outro interesse econômico: um trabalhador morto deixava mulher e filhos, que custavam caro ao país.

O *Relatório Sanitário* de Chadwick era incrivelmente descritivo, mas pouco prescritivo. Ele dizia o que não funcionava, mas não o que se devia fazer. Era um diagnóstico sem receita. A prescrição viria logo depois. Seu trabalho não teve uma, mas quatro consequências, das quais Chadwick sempre participou: a criação de uma comissão em 1843; duas leis em 1846 e 1848, atribuindo às cidades o poder de proceder à sua limpeza; e, finalmente, a criação do Conselho Geral da Saúde, em 1848, que faria propostas de saúde pública e as colocaria em prática. As cidades inglesas passaram a ser mais saudáveis, melhoraram o sistema de esgotos, o abastecimento de água potável e evitaram o acúmulo de lixo no entorno das casas quase definitivamente. Esse Movimento Sanitário durou até a Primeira Guerra Mundial e transformou a vida dos ingleses, sobretudo ao criar conscientização e conhecimento sobre a saúde. Impediu que tivessem cólera, que continuava presente na Itália ou na Espanha no final do século XIX. A mudança podia ser vista e, mais ainda, sentida. O mau cheiro que caracterizara as cidades neoindustriais se tornou raro ou mais tolerável.

Ao passo que, na Alemanha, Virchow procurava levar em conta todos os determinantes da saúde, em particular os determinantes sociais – a pobreza, as condições de trabalho, a alimentação –, Chadwick e seu médico conselheiro Southwood Smith estavam interessados apenas no tratamento da sujeira. Segundo Snowden,

Chadwick era contra a regulamentação do trabalho nas fábricas, a regulação do tempo de trabalho em geral, a legislação sobre o trabalho infantil, os sindicatos e as greves. Ele era o inverso de seu contemporâneo Karl Marx.

Snowden também ressalta que o Movimento Sanitário afetou de modo desproporcional a vida das mulheres. Não era essa a intenção de Chadwick. As mulheres sempre foram responsáveis pela vida doméstica, mas essa responsabilidade aumentou muito então. Agora elas tinham mais recursos cognitivos para exercer as tarefas que lhes eram atribuídas e podiam proteger melhor sua família, educando as crianças para os cuidados de higiene e limpando melhor a casa. Snowden vê nisso uma ampliação das responsabilidades sociais das mulheres, o que foi reconhecido na época.

O papel do Conselho Geral da Saúde foi determinante, mas teve muitos adversários políticos, sempre com os mesmo pretextos. Em nome da defesa da liberdade e da propriedade, os oponentes tentavam principalmente proteger interesses particulares e minoritários. Em 1854, o Parlamento inglês não votou a renovação da lei (*Public Health Act*), e o Conselho Geral da Saúde foi, de certo modo, dissolvido. Edwin Chadwick tinha 54 anos. Estava cansado e foi deixado de lado.

Como quase todas as grandes mudanças, o Movimento Sanitário não foi um processo breve nem contínuo. A História pode evocar certas datas pontuais, como a votação de uma lei, mas na prática esse movimento durou várias décadas. Sua duração ilustra igualmente as dificuldades encontradas pelos defensores da saúde, que sempre têm opositores perseguindo, oficialmente, objetivos nobres, como a liberdade ou o direito. Essas boas intenções servem de justificativa para defender interesses particulares compreensíveis, mas contrários ao interesse comum. Em matéria de legislação, as grandes reformas são precedidas, com frequência, de pequenas leis cujo efeito é insignificante, mas que servem para marcar um ponto simbólico. Essas leis menores agem como um trampolim para a lei seguinte, mais ambiciosa. Até mesmo as grandes leis ficam parcialmente neutralizadas pelas alianças políticas.

O Movimento Sanitário foi bastante particular, mas ilustra um outro fato repetitivo que tange à sociologia: os seres humanos são incompetentes para antecipar os problemas, mas melhores para reagir. A reação humana é um traço histórico recorrente que explica muito do processo de melhoria da saúde. É como se fôssemos cognitivamente aptos para nos defender, mas não para prever. Aliás, os empuxos ocorrem frequentemente após as trações. São concebidos para contrariá-las e são, muitas vezes, eficazes, mas com um pouco de atraso. O Movimento Sanitário é um bom exemplo disso. Ele iria finalmente conseguir desinfectar as cidades europeias, mas não instantaneamente nem sozinho. Outros traumas e outros desbravadores seriam necessários. O cólera e John Snow iriam marcar uma nova época.

1850-1914:
os grandes avanços

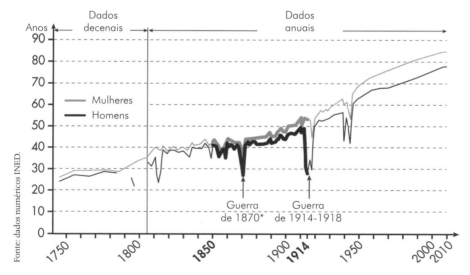

Evolução da expectativa de vida ao nascer na França

* N.T.: Referência à Guerra Franco-Prussiana (1870-1871), que opôs a França a um conjunto de Estados germânicos liderados pela Prússia.

COMO JOHN SNOW CONSEGUIU
DETER A TRANSMISSÃO DO CÓLERA

A história de John Snow é superconhecida. Para muitos autores, não é Graunt, mas Snow quem deve ser considerado o pai da Epidemiologia. Ele nasceu em 1813, em uma família pobre. Estudou Medicina e se especializou em anestesia. Depois, interessou-se pelo cólera, doença diarreica com mortalidade elevada e descrita desde a Antiguidade. Encontram-se referências ao cólera em textos sânscritos datados de 2.500 a.C.

A mortalidade do cólera não está diretamente ligada à infecção, pois as pessoas infectadas não morrem de septicemia, mas de desidratação extrema devido à diarreia e aos vômitos. Os pacientes desidratam e não conseguem compensar as perdas de líquido porque vomitam. A diarreia do cólera talvez seja a mais forte de todas as diarreias.

Na época de Snow, cerca de metade dos indivíduos contaminados morria de cólera, principalmente os mais frágeis, como as crianças e idosos. O cólera evoluía por epidemias e até por pandemias. Snow vivera a epidemia de Londres de 1831 e não acreditava na teoria dos miasmas. Suas pesquisas em anestesia o haviam levado a estudar os gases inalados, o que explicava seu ceticismo. Para ele, o cólera não vinha nem do mau cheiro nem de algo presente no ar, mas, antes, de um elemento que passasse pela boca e fosse ingerido, já que os pacientes tinham diarreia e vomitavam. Como era uma manifestação do sistema digestivo, Snow supunha que o agente patogênico era nele alojado. Foi assim que levantou a hipótese de uma água contaminada por fezes ou vômitos em circulação nos esgotos.

Snow desenvolveu o conceito de vínculo fecal-oral, o que o distinguia dos contagionistas da época. Estes duvidavam dos miasmas e acreditavam no contágio direto pelo toque ou pela inalação. A contaminação direta existe, mas não é o modelo dominante do cólera. Snow supusera que o contágio era indireto. Ele publicara um primeiro artigo em 1849 para expor sua teoria, mas os médicos de então pensavam que sua pista era falsa, pois a maioria continuava aderindo à crença de um contágio respiratório pelos miasmas atmosféricos. Snow pôde testar sua teoria durante a epidemia seguinte, em 1854. Seu método inicial pode ser resumido em uma palavra: a cartografia. Isso não era novidade, visto que as topografias médicas existiam desde o século XVIII. Villermé havia cartografado Paris e Chadwick, mapeado a saúde dos ingleses. Mas a História notabilizou o procedimento de Snow durante essa epidemia.

Ele notou, de início, que os pacientes moravam com frequência perto das fontes de água da cidade, o que soava como uma primeira observação comprobatória. Em seguida, registrou que 500 óbitos haviam ocorrido em 10 dias – "ataques fatais", como ele chamava – ao redor da fonte de Broad Street, no bairro do Soho, ao lado de onde ele morava. Para reforçar esses dados, coletou informações hospitalares e do registro civil, determinando, assim, as datas de início das doenças e se as pessoas acometidas iam buscar água na fonte de Broad Street. Visitou a casa de mais de 650 londrinos que morreram de cólera para avaliar de onde vinha a água de cada uma delas. A fim de eliminar outras causas, verificou se pessoas que não tinham tido cólera bebiam dessa fonte. Estudou, por exemplo, o caso de um presídio perto do Soho, onde quase nenhum dos 535 detentos ficou doente, e verificou que o estabelecimento tinha seu próprio poço e comprava água em outro lugar.

Após coletar dados suficientes que, segundo ele, comprovavam sua tese, Snow se reuniu com os dirigentes municipais para oferecer sua explicação. Apesar da reticência que demonstraram, ele conseguiu convencê-los a fazer um teste, fechando a fonte de Broad Street. Era a primeira vez que seguiam seu conselho, e a torneira da fonte foi retirada para impedir a extração de água. A epidemia estancou quase imediatamente, e os moradores que haviam abandonado o bairro começaram a voltar. Hoje em dia, sabe-se que a epidemia já havia começado a diminuir.

Snow havia concebido um processo epidemiológico total, começando por uma observação seguida de uma experimentação: a primeira revela um sinal e a segunda o confirma.

Apesar do resultado, nem todos se convenceram e Snow não foi apoiado. A *Lancet* o criticou e o Parlamento o atacou. John Simon (1816-1904), higienista-chefe do governo, chamado de médico-rei, plagiou seus dados para interpretá-los como miasmas. Snow continuou trabalhando e perseguindo cada caso de cólera para ligá-lo retrospectivamente à fonte de Broad Street. Os funcionários públicos da época julgaram, todavia, que ele não provara grande coisa e que seus trabalhos eram no máximo uma "sugestão". Foi preciso esperar quase 30 anos para que Robert Koch evidenciasse a bactéria responsável pelo cólera, *Vibrio cholerae*. Snow não havia tentado identificar o agente responsável, mas conseguira bloquear a transmissão. No século XXI, ainda acontece de o controle das epidemias não passar necessariamente pela identificação de seu micróbio. Primeiro se busca compreender o modo de transmissão. Isso ocorreu com o cólera e também com a febre tifoide, a febre amarela, a aids e a SRAS (síndrome respiratória aguda severa, ligada ao SARS-CoV-1). Snow valorizou um método empregado ainda hoje para buscar as fontes e as causas das doenças. Ele morreu alguns anos mais tarde sem ter conseguido adesão à sua teoria dos germes em substituição à dos miasmas.

A ciência epidemiológica mitificou Snow, mas os historiadores diminuíram sua importância. Eles mostraram que o contexto – sempre necessário – não lhe era tão desfavorável.[1] Primeiramente, o Movimento Sanitário já havia começado graças a Chadwick e suas equipes. Em segundo lugar, a teoria dos germes não estava provada, mas começava a ser menos rejeitada. Desde os anos 1830, pensava-se que o cólera pudesse ser uma doença microbiana transmitida pela água. Em terceiro lugar, Snow não estava tão sozinho: sabe-se que um religioso, o reverendo Henry Whitehead, o ajudou muito. Em quarto lugar, tampouco o método era novidade. Admitia-se cada vez mais a contribuição da Epidemiologia à compreensão das doenças e, em particular, de sua transmissão. Louis-François Benoiston de Châteauneuf (1776-1856), pesquisador francês que conhecia Villermé, publicara, em 1834, seu *Rapport sur la marche et les effets du choléra morbus dans Paris et les communes rurales du département de la Seine: année 1832* (Relatório sobre a evolução e os efeitos do cólera-morbo em Paris e nos municípios rurais do departamento do Sena). Aproximadamente duzentas páginas de análise epidemiológica sobre o cólera em Paris, disponíveis nos arquivos abertos da Biblioteca Nacional francesa. Além disso, a cartografia era uma prática ainda mais antiga. Por fim, fechamentos de fontes já haviam sido descritos. Em 1849, o conselho sanitário da cidade de Saint Louis, no Missouri, havia mandado fechar fontes para estancar uma epidemia de cólera. No ano seguinte, a epidemia de Salford, na Inglaterra, foi tratada desse modo.

Esses elementos sugerem que Snow era um produto de seu tempo que havia se adiantado um pouco. Alguns afirmaram que ele não era apenas um inovador, mas também um agregador, visto que havia amealhado conhecimentos, métodos e pessoas para proceder à sua demonstração. Sua história ilustra a construção da ciência médica, que funciona frequentemente por acúmulo de conhecimentos sucessivos, que são como tijolos. Alguns são ruins e penalizam a construção posterior, outros são menos importantes, mas permitem que os melhores encontrem seu lugar. Muitas vezes, a História dominante é simplificada por ser idealizada, mas, na verdade, aqueles que se destacam não atuam num vácuo social. Eles não trabalham a partir de nada, mas se tornam pioneiros porque têm a habilidade e a sorte de assentar o tijolo adequado na hora certa.

O IMPACTO NUTRICIONAL: OUTRO FATOR NÃO MÉDICO

O saneamento e a água potável haviam livrado o ambiente das cidades de um grande número de germes, mas não de todos. Essa limpeza não teria bastado se as pessoas não soubessem se defender dos germes residuais. Essa defesa mais adequada lhes foi fornecida pela melhoria de seu estado nutricional. Provavelmente, o estado de nutrição dos seres humanos melhorou desde a metade do século

XVIII, com benefícios tangíveis no final do século. Depois disso, ele se deteriorou nitidamente de novo durante a industrialização e o desenvolvimento das cidades, com um impacto físico e sanitário quase certo em muitos lugares. Em seguida, retomou sua progressão quase linear até o século XX.

Esse papel primordial da nutrição foi estudado por inúmeros autores, mas um dos seus maiores defensores foi um médico inglês do século XX: Thomas McKeown (1912-1988). Não se sabe exatamente que problemas McKeown tinha com a Medicina, mas ele se empenhou em valorizar o papel dos fatores não médicos na prolongação da saúde. A carreira de McKeown foi essencialmente como professor de Medicina Social na Universidade de Birmingham.[2] Seu nome é associado a uma tese geral sobre o papel ou, antes, sobre o não papel da Medicina na redução da mortalidade. Em resumo, ele formulou que o crescimento da população no século XVIII e sobretudo no XIX tinha muito pouca ligação com a Medicina e a saúde pública, mas muito mais com as condições de vida, elas próprias resultado do progresso econômico. Ele acentuou o papel da alimentação e, portanto, da nutrição, principalmente no final de sua vida. Suas teses são um exemplo de trabalhos que tiveram e ainda têm influência, ao passo que a maioria de suas conclusões foi refutada em seguida a partir de bases empíricas.

Com o colega R. G. Brown, McKeown publicou um primeiro artigo de pesquisa sobre o impacto da Medicina sobre o crescimento da população inglesa no século XVIII.[3] Depois de voltar sua análise para as causas de menor mortalidade, eles tentaram provar que a Medicina não podia ser considerada como determinante. No século XVIII, não havia nem medicamentos eficazes nem cirurgia segura. McKeown também duvidava do impacto real da variolização sobre a saúde populacional, embora reconhecesse o poder da vacinação após a invenção de Jenner. Entretanto, para McKeown, a vacinação não explicava o crescimento demográfico global, que ele estudava com Brown. Desse modo, inferiu que as causas do crescimento demográfico deviam ser buscadas em outro lugar.

Em outro artigo, McKeown examinou os óbitos por doença microbiana no século XIX – tuberculose, febre tifoide, escarlatina, difteria ou pneumonias.[4] As curvas eram sistematicamente descendentes. Ele observou, de início, que a maior parte do declínio de mortalidade fora alcançada antes da chegada dos tratamentos. Além disso, assinalou que a trajetória não se modificara significativamente com as intervenções médicas. A inclinação da mortalidade não baixava mais do que antes após a invenção de um novo tratamento. Os grafos de McKeown ficaram célebres, pois eram visualmente muito eloquentes.

Por exemplo, três quartos da queda de mortalidade por tuberculose precediam à descoberta da estreptomicina, importante antibiótico histórico contra essa bactéria, utilizado ainda hoje. McKeown concluiu, mais uma vez, que a Medicina não contribuíra muito para a redução da mortalidade nem dessa doença microbiana nem de outras. Também desqualificou parcialmente as medidas de saúde pública. Segundo ele, estas reduziam particularmente o risco de doença ligada à água, como o cólera, mas seu efeito sobre a mortalidade geral era pequeno.

História da saúde humana

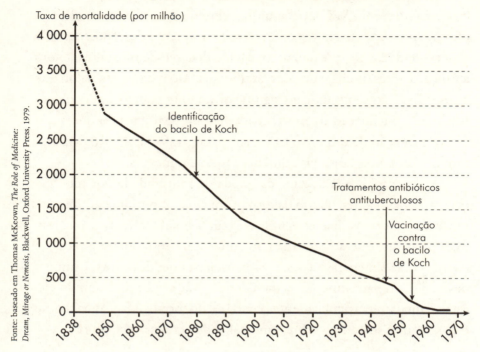

O gráfico ilustra o declínio, praticamente constante e linear, da mortalidade ligada à tuberculose entre 1838 e 1970. McKeown mostra que esse declínio parece ocorrer independentemente dos progressos biomédicos. Por um lado, porque antecede à descoberta do próprio bacilo de Koch e de tratamentos e vacinas; por outro, porque a curva não parece ser modificada por esses progressos. Esses dados confirmam as teses de McKeown de que a Medicina teve um papel marginal na melhora da saúde no século XIX. Na prática, os progressos biomédicos influíram, contudo, na diminuição de mortalidade por tuberculose, associados a outros fatores.

Foi um pouco mais tarde que ele afirmou que a influência dos progressos alimentares havia sido predominante[5] e era uma consequência da melhoria da agricultura e do desenvolvimento econômico. Ele julgava que esse melhor estado nutricional auxiliava os organismos a se defenderem melhor das doenças, o que às vezes é verdade, mas nem sempre. Suas teses provocaram uma grande polêmica na comunidade científica, mas também foram resgatadas por outros protagonistas. Primeiro, pelos adeptos da contracultura, que contestavam qualquer autoridade, inclusive a dos médicos. McKeown lhes oferecia involuntariamente uma caução científica. Depois, os governos ou candidatos políticos liberais, que buscavam desobrigar o Estado de cuidar da saúde.

Porém, McKeown estava parcialmente errado. Foi contestado e refutado em vida e após sua morte. Cometera erros graves, que deveriam ter fragilizado suas conclusões e torná-lo mais prudente.[6] Por exemplo, vários historiadores e demógrafos observaram que, após 1750, as pessoas se casavam mais jovens na Inglaterra, o que sugeria que os primeiros crescimentos demográficos estavam também relacionados a um aumento da fecundidade, e não somente a uma redução da mortalidade como afirmava McKeown. O impacto estatístico da variolização e os efeitos populacionais do desenvolvimento dos hospitais foram reabilitados.[7] Vários médicos criticaram a falta de especialização clínica de McKeown, deficiência que o teria levado a classificar erroneamente certos diagnósticos e a adulterar suas análises. Enfim, os historiadores revalorizaram o papel das políticas públicas no aumento da expectativa de vida no século XIX. Simon Szreter foi, certamente, um dos maiores críticos dos trabalhos e conclusões de McKeown.[8]

Thomas McKeown não foi nem o primeiro nem o único a destacar a ineficácia da Medicina antes do século XX. Mas talvez tenha sido o que foi mais longe nessa crítica. Ele estava errado ao negar a importância da saúde pública e ao acreditar demais na mão invisível do crescimento econômico, mas foi influente, pois tinha estilo e suas posições eram provocadoras. Estava certo ao sustentar que as condições materiais de vida – entre elas, a alimentação – são determinantes importantes da saúde da população. Como escreveu um editorialista, ele fez boas perguntas mesmo que nem sempre tenha dado as melhores respostas.[9]

Robert Fogel (1926-2013) fora influenciado por McKeown. Nascido em Nova York, Fogel se tornou professor de economia; trabalhou em Boston, mas sobretudo em Chicago. A partir de 1978, ele se interessou pela mortalidade americana. Conheceu McKeown em um colóquio célebre, ocorrido na Villa Serbelloni, em Belagio, Itália. Fogel buscou determinar o papel histórico da nutrição na diminuição de mortalidade na Europa, mas não abordou o problema da mesma maneira que McKeown.[10] Para tentar isolar o efeito da nutrição, ele havia procedido por eliminação, tentando descartar a Medicina, o saneamento e a atenuação natural das doenças, e concluíra que a nutrição era determinante. Fogel quis avaliar diretamente o impacto da nutrição, estudando a altura. Examinou 300 anos de dados[11] e descreveu, por sua vez, como os homens pré-industriais haviam conseguido crescer de modo praticamente contínuo ou no mínimo regular. É verdade que eles eram relativamente baixos, causa e consequência de saúde precária. Quando as condições melhoraram, a altura maior se tornou uma causa e uma consequência de saúde melhor. As pessoas passaram de uma situação de *"feedback* negativo" a uma de *"feedback* positivo".

Essa transição de *feedback* é um grande clássico da melhoria da saúde humana. É um traço repetitivo que marca a passagem da estagnação à progressão. Em situação de *feedback* negativo, os componentes de um sistema se comunicam para manter seu equilíbrio. O exemplo do termostato ilustra isso bem: se a temperatura sobe, o aquecimento baixa e vice-versa. Assim, quando a saúde da população estava mediocremente estável, as diferentes causas de doença e de fragilidade se mantinham mutuamente para perpetuar o nível histórico. Quando o *feedback* se torna positivo, o inverso acontece. As causas da melhora levam a uma saúde melhor, que se torna, por sua vez, uma causa de maior resiliência, e assim por diante. O *feedback* negativo tende à conservação, ao passo que o positivo visa à melhoria. Ele próprio se dinamiza.

O aumento nutricional funcionou como um *feedback* positivo até o século XX. Para completar seu raciocínio, Fogel correlacionou também a altura com a mortalidade a fim de observar uma evolução paralela. Quando a altura diminuiu durante a industrialização, a mortalidade aumentou. Quando a altura tornou a aumentar, principalmente graças aos efeitos do Movimento Sanitário, a mortalidade voltou a diminuir. Seus trabalhos, como outros antes dele, confirmaram que a altura é um marcador de saúde. Após vários anos de pesquisa, ele concluiu, em 1986, que 40% da redução da mortalidade inglesa observada entre 1800 e 1980 estavam relacionados à melhora nutricional.[12]

Fogel continuou desenvolvendo sua análise da trajetória física dos seres humanos. Para explicar a rápida escalada de tamanho e de estatura, ele indicava que "a interação entre a capacidade dos seres humanos para controlar o ambiente e para criar inovações tecnológicas criou uma forma única de desenvolvimento fisiológico, bem mais rápida do que o conceito tradicional da evolução darwinista".[13] Manipulando o ambiente e inventando tecnologias, o homem conseguiu sair do corredor da evolução para acelerar seu próprio crescimento. Segundo Fogel, a disponibilidade das calorias era – e isso é admitido – um determinante maior desse crescimento humano. O empuxo físico era de origem humana e seus efeitos eram humanos.

Em seu segundo livro, Fogel insistia também sobre um traço fascinante do progresso fisiológico nutricional, ou seja, seu caráter transmissível: "A saúde e a nutrição de uma geração contribuem, através das mães e da experiência dos bebês e das crianças, para a força, a saúde e a longevidade das gerações seguintes. Simultaneamente, a saúde e a longevidade ampliadas permitem a cada um dos membros da geração seguinte trabalhar mais e mais tempo para criar os recursos que, por sua vez, podem ser empregados para auxiliar as gerações seguintes a prosperar."[14]

Contudo, Fogel era um economista e, logicamente, concluiu de suas pesquisas antropométricas e nutricionais que essa evolução fisiológica única na história teve consequências econômicas. Recebeu o Prêmio Nobel de Economia em 1993. O comitê do Nobel justificou sua escolha pelos trabalhos que ele desenvolveu sobre a indústria ferroviária e o papel econômico da escravidão, mas, no discurso de agradecimento, Fogel ressaltou seus resultados sobre o vínculo entre nutrição e crescimento econômico.

A TEORIA DOS GERMES

A teoria dos germes reconhece a existência dos micróbios, afirmando que micróbios específicos causam doenças específicas. Ela é um dos fatos mais importantes da história da Medicina, da saúde e, sem dúvida, da história em geral. Seu impacto foi total e definitivo e afetou o planeta inteiro para sempre. Ela transformou a compreensão da saúde e da doença e suscitou medidas públicas mais inteligentes para as populações, assim como soluções clínicas mais eficazes para os pacientes. Também mudou o modo como os seres humanos vivem e veem o mundo.

Como toda grande teoria, a dos germes não foi um achado e não se construiu a partir do nada. Não se deve a uma única pessoa e não se impôs brutalmente. Essa teoria preexistiu longamente sem ser admitida, antes de vir à tona, apesar de resistências obstinadas. Foi necessário um contexto amplo e oportunidades para que houvesse uma aceleração do conhecimento no final do século XIX.

Esquematizando, pode-se enumerar ao menos quatro elementos contextuais, entre ganhadores e perdedores, que prepararam o terreno. É impossível quantificar seus aportes, mas todos parecem ter sido determinantes. Em seguida, foram três os vencedores – Pasteur, Koch e Lister – que estabeleceram a teoria dos germes de um modo que não pudesse mais ser razoavelmente refutada.[15]

Primeiro elemento contextual, desde o século XVI, os contagionistas estavam convencidos de que as doenças eram causadas por "entidades vivas transferíveis".[16] Acreditando nos miasmas ambientais, os anticontagionistas eram hegemônicos, mas os contagionistas continuaram existindo. Depois, os pioneiros da Escola de Medicina de Paris deduziram duas características essenciais e novas das doenças humanas: seu caráter local e sua especificidade. Antes da Escola de Paris, as teorias de Hipócrates e de Galeno concebiam as doenças como desordens globais ou desequilíbrios gerais entre os humores do corpo. Os pioneiros da Escola abalaram esse modelo errôneo. Para eles, as doenças eram inicialmente lesões regionais, que afetavam um ou alguns órgãos antes de repercutir eventualmente em todo o corpo. Essa mudança de ponto de vista foi fundamental. As doenças podiam se generalizar, mas eram de início locais. A seguir, os pioneiros parisienses demonstraram que as doenças eram específicas, isto é, uma não podia se transformar em outra, crença muito habitual. Isso queria dizer que elas estavam ligadas a causas que as determinavam fortemente. Estes dois novos conceitos – localidade e especificidade – foram primordiais para tornar plausível a causalidade pelos germes.

Depois disso, os trabalhos de Claude Bernard valorizaram o laboratório. Seu objetivo obsessivo era poder concluir que uma diferença de resultado entre duas experiências se devia a uma diferença de intervenção, já que todo o resto era igual. Os estudos feitos no hospital não permitiam esse controle das condições. Outro grande achado de Bernard: as doenças não são apenas específicas, também são dinâmicas. Elas se desenvolvem. Esses progressos se deram não mais no hospital, mas no laboratório, e foi nele que aconteceram os maiores atos da teoria dos germes.

Por fim, antes dos vencedores, existem em geral os perdedores. Dois deles demonstraram seriamente a necessidade de algo de patogênico, mas não alcançaram o reconhecimento: Snow, com o cólera, e Semmelweis (1818-1865). Ignaz Semmelweis era um médico húngaro que trabalhava na Áustria, em um Serviço de Obstetrícia de Viena. Uma das complicações após o parto era a febre puerperal, devido a uma infecção bacteriana do útero, frequentemente mortal. Semmelweis observara diferenças flagrantes de taxas de infecção entre as duas unidades de seu Serviço.[17] Naquela em que os partos eram feitos por obstetras e estudantes de Medicina, havia cerca de 18% de infecções puerperais. Na unidade onde atuavam as parteiras, essa taxa não passava de 3%. Semmelweis suspeitara que a diferença estava relacionada às autópsias que os médicos praticavam de manhã antes de fazer o parto das mulheres à tarde, sem lavarem as mãos entre as duas atividades. Sua hipótese foi reforçada quando um colega se feriu durante uma autópsia e morreu logo depois de uma infecção que se assemelhava às febres das parturientes.

Então, ele impôs aos médicos uma higiene das mãos, o que fez a taxa de infecção cair a níveis similares nas duas unidades, em torno de 2%. Apesar dessa prova estatística, Semmelweis não foi felicitado. Seu chefe, Johann Klein, o desqualificou: "O que são estas coisinhas, estas partículas que nenhum olho consegue ver? É ridículo! As coisinhas do Dr. Semmelweis só existem na imaginação dele!".[18] Semmelweis deixou o Serviço e voltou para a Hungria, onde continuou aplicando seu achado em outras unidades de Obstetrícia, com resultados estatisticamente comprobatórios. As versões históricas hesitam, mas parece claro que ele morreu em condições miseráveis de isolamento e de depressão.

A principal diferença entre Snow e Semmelweis dizia respeito à escala de estudos. Snow era epidemiologista e Semmelweis, clínico. Quanto ao resto, ambos provaram com dados científicos que devia haver obrigatoriamente algo que causasse a doença estudada, o cólera em um caso, as infecções pós-parto no outro. Mas o drama deles foi não conseguir provar materialmente isso. Céline escreveu em sua tese de Medicina sobre Semmelweis: "Ele ia tocar os micróbios sem vê-los."[19] As provas estatísticas não bastaram para que vencessem. Apesar da força de seus métodos, não convenceram. As pessoas queriam ver, e os meios técnicos não possibilitavam tornar visíveis ou mesmo perceptíveis os micróbios, que deviam forçosamente existir. Os miasmas, ao contrário, mesmo vagamente definidos, pareciam reais porque estavam intrinsecamente ligados ao mau cheiro que qualquer um podia sentir.

A GENIALIDADE DE LOUIS PASTEUR

Louis Pasteur, um intelectual da experimentação e o segundo pioneiro da vacinação humana, foi um dos primeiros a revelar os micróbios. Sua vida pode ser dividida esquematicamente em vários episódios, cada um com um traço de genialidade, ligados por uma evolução coerente: a biologia, a saúde animal, a imunidade animal e a imunidade humana. Nascido em 1822, na região do Jura, leste da

França, Pasteur entrou na Escola Normal de Paris, instituição superior especializada em Letras e Ciências, depois de prestar o concurso por duas vezes, e se tornou preparador de laboratório químico. Depois de defender sua tese em 1847, seus primeiros trabalhos o levaram a descobrir que certas moléculas existem de duas formas diferentes, mas simétricas. São os isômeros, compostos que têm a mesma fórmula química, mas uma estrutura diferente e até recíproca: são duas moléculas que se olham e que, ao se olhar, têm a impressão de ver a si mesmas. Essas moléculas são como a mão direita e a esquerda. Pasteur observara que somente uma das formas – e não ambas – podia ser vista nas plantas e nos animais, isto é, nos seres vivos. Deduziu disso que a orientação molecular era um critério de demarcação entre o mundo animado e o inanimado. Essa primeira descoberta pode parecer abstrata e longínqua, mas anunciou a entrada não premeditada de Pasteur na Biologia.

Em 1849, ele foi para a Universidade de Estrasburgo e, em 1854, para a Faculdade de Ciências de Lille, da qual se tornou o decano. Essa transferência concretizou a virada da Química para a Biologia. Foi atuando como consultor na agricultura e na indústria que Pasteur começou a demonstrar a existência dos micróbios. Estudando duas bebidas, leite e vinho,[20] ele se interessou pela fermentação e tratou do tema durante 20 anos. Os processos de fermentação já eram conhecidos, mas se pensava que eram de origem *química*. Pasteur demonstrou que se tratava, na verdade, de processos *biológicos* causados por bactérias. A fermentação lática tornava o leite impróprio e a fermentação acética deixava o vinho acre. Pasteur assumiu a direção da Escola Normal em 1857. Repertoriou, então, os diferentes tipos de fermentação; conseguiu observar ao microscópio as primeiras bactérias e, depois, cultivá-las em laboratório. Por fim, fez experimentos para encontrar soluções. Aquecendo o leite ou o vinho, podia-se destruir as bactérias sem alterar o sabor das bebidas. Esse tratamento foi denominado pasteurização. Acredita-se que Pasteur, já nesse período, tenha levantado a hipótese de que haveria vínculo entre os micróbios identificados e as doenças humanas, confirmada apenas mais tarde.

Nesse meio-tempo, continuou sua virada para a Biologia por ocasião de uma controvérsia com um de seus contemporâneos, Félix Archimède Pouchet, que defendia a tese da geração espontânea. Ainda que fosse muito crente, Pasteur não acreditava na geração espontânea, pois isso contradizia o determinismo. A Academia das Ciências decidiu por uma competição entre Pasteur e Pouchet por meio de uma série de experiências implacáveis. Pasteur demonstrou que a geração espontânea não existia e que germes eram necessários no começo para se ter germes no fim. O ser vivo não vinha do nada. Ele estava criando a Microbiologia.

O período de 1865-1870 foi particularmente importante na vida de Pasteur,[21] pois marcou sua segunda virada, para a saúde animal. Foi outra indústria[22] que o levou a isso, a da seda. O primeiro animal estudado foi logicamente o bicho-da-seda. Os industriais que haviam chamado Pasteur tinham problemas recorrentes de produção por razões que não entendiam e que não sabiam evitar ou tratar. Ele se instalou temporariamente em Alais – que depois passou a se chamar Alès – para estudar a produção dos bichos-da-seda. Graças às suas observações ao microscópio, compreendeu que, na verdade, duas doenças diferentes atacavam as criações de bichos-da-seda, a pebrina e a diarreia do bicho-da-seda (*flâcherie*). Essas doenças eram causadas por dois micróbios diferentes, o que só se soube mais tarde.[23] Pasteur conseguiu descobrir um meio de selecionar os insetos para descartar os casos infectados.

Em 1867, Pasteur deixou a direção-geral da Escola Normal por causa de um conflito com estudantes que o consideravam rígido demais. Escreveu ao imperador Napoleão III para pedir financiamento para um laboratório de pesquisa na Escola. O imperador aceitou e a construção começou já em 1868. Em 19 de outubro, Pasteur não se sentiu bem e percebeu formigamentos na metade esquerda do corpo. Ainda assim, foi a uma reunião na Academia das Ciências. Voltou em seguida para casa e se deitou sem jantar. Durante a noite, teve uma hemorragia cerebral massiva e ficou instantaneamente hemiplégico à esquerda, não podendo mais falar. Ele tinha 45 anos. Sua mulher e seu chefe, e também amigo íntimo, Pierre-Augustin Bertin, o ajudaram enormemente na convalescença. Primeiro, recobrou a fala e depois a capacidade de pensar. O restante do corpo levou mais tempo para se recuperar, mas ele nunca recobrou o controle da mão esquerda, deficiência que pode ser vista nos retratos posteriores.

Retomou seus trabalhos sobre os micróbios assim que pôde. Para os historiadores, na década de 1870, a teoria dos germes se impôs nitidamente. Pasteur havia desenvolvido um método impecável que funcionava em três tempos para cada agente microbiano: isolar, cultivar e reproduzir. Começava observando ao microscópio um novo micróbio, geralmente uma bactéria. Depois, conseguia cultivá-lo com mais ou menos dificuldade. Por fim, ele o inoculava em animais para reproduzir a doença e demonstrar novamente a validade do modelo da especificidade: *um micróbio – uma doença*.

Foi durante essa mesma década que Pasteur deu a terceira virada de sua carreira, a da imunidade animal.[24] Como muitos outros, ele refletira sobre o fenômeno descrito da imunidade. A variolização e a vacinação inventada por Jenner já eram baseadas na imunidade, que Pasteur chamava de "não recorrência". Mas imunizar um ser vivo sem lhe causar danos era um desafio. Jenner havia tratado esse problema recorrendo a uma doença próxima da varíola, porém benigna e que, por sorte, produzia uma imunidade cruzada. Pasteur buscou algo diferente. Ele precisava atenuar os micróbios, mas não sabia como fazer isso e várias de suas tentativas fracassaram. Nessa época, interessava-se pelo cólera das galinhas. Soube-se então que ele era causado por uma bactéria que foi, aliás, denominada *Pasteurella*. O cólera das galinhas não era um problema para os seres humanos, mas provocava nos galináceos uma diarreia que lembrava o cólera humano e que os matava em dois dias no máximo. A História conta que a sorte sorriu para Pasteur. Por razões pouco claras, mas que parecem conter uma dose de acaso, Pasteur observou, em 1879, que certas cepas do cólera das galinhas não provocavam mais a doença. Ao que parece, tinham sido deixadas sem querer no laboratório no auge do verão, e essa latência no calor as teria alterado um pouco, ou seja, atenuado, conservando seu potencial imunogênico. Pasteur seguiu sua lógica e, depois de constatar a falta de efeito patogênico dessa cepa, administrou nas mesmas galinhas uma nova cepa fresca, normalmente virulenta. Para fazer um experimento comparativo, essa mesma cepa virulenta foi inoculada em uma outra amostra de galinhas não imunizadas, que ele chamou de "galinhas novas".[25] A conclusão foi evidente: as galinhas expostas à cepa atenuada por descuido não ficaram doentes, haviam sido imunizadas. Pasteur dizia que eram "refratárias". As galinhas não expostas contraíram o cólera e não sobreviveram. Ele então descobriu os dois conceitos essenciais: a atenuação e a não recorrência. A cepa atenuada não havia provocado a doença, mas sim uma imunidade que explicava a não recorrência. Pasteur verificou, no processo, que a virulência não era uma propriedade fixa, mas que podia se modificar.

Depois desse episódio, ocorreu outro que faz parte do mesmo capítulo sobre a imunidade animal. Paralelamente, Pasteur também se interessava pelo antraz, também denominado doença do carvão. Trata-se de uma infecção bacteriana que atinge os bovinos e os carneiros e que quase não existe mais. Podia destruir rebanhos inteiros; suas diferentes denominações estão relacionadas ao sangue negro observado nos animais mortos. A contagiosidade por transfusão havia sido demonstrada, mas Pasteur fora mais longe, isolando a bactéria, em 1877, e provando a possibilidade de uma transmissão alimentar. Um pouco antes, na Alemanha, Robert Koch também havia caracterizado a mesma bactéria. Pasteur começou os trâmites com a Sociedade de Agricultura de Melun para desenvolver uma vacina contra o antraz e depois replicou seu método de experimentação comparada. Em maio de 1881, durante a experiência pública de Pouilly-le-Fort, na região de Seine-et-Marne, ele vacinou cerca de 20 carneiros e algumas vacas com bactérias atenuadas do antraz. Alguns dias mais tarde, inoculou nesses animais, assim como em outro grupo comparável, mas não pré-tratado, uma cepa não atenuada de antraz. Em 2 de junho de 1881, diante de uma multidão e de jornalistas, o contraste foi imenso. Todos os animais pré-tratados estavam vivos e sem doença, enquanto todos os outros haviam morrido ou estavam muito doentes.

A experiência de Pouilly-le-Fort coincidiu mais ou menos com uma fase de achados em série. Um grande número de bactérias foi descoberto por vários laboratórios europeus: estafilococo e estreptococo pelo próprio Pasteur (1878-1879); gonococo, agente responsável pela blenorragia ou "pingadeira", por Albert Neisser; salmonela, que causa a febre tifoide (1880); a bactéria do cólera por Koch (1882-1883). Nesse meio-tempo, despertava a noção de uma nova disciplina: a Microbiologia. Ela transformava a visão das doenças humanas e era clara para muitos dos contemporâneos. Charles-Emmanuel Sédillot, cirurgião militar francês, propôs o nome "micróbio", contração etimológica de *microvie* (microvida). Littré validou o termo e o registrou em seu *Dictionnaire de la médecine*, em 1886.

Após Pouilly-le-Fort, Pasteur estava pronto para sua quarta e última virada, a imunidade humana, isto é, a vacinação humana. Na década de 1880, fez pesquisas sobre a raiva, uma doença animal reconhecida desde a Antiguidade. Ela provocava sintomas de agitação incontrolável que evoluíam rapidamente para a morte. O quadro produzido era particularmente chocante, e a raiva sempre provocou medo. Quando a doença era transmitida aos seres humanos, geralmente por mordida ou arranhão, gerava sinais clínicos semelhantes. Constantemente, a doença progredia para o coma e o óbito. A morte era traumatizante para quem a observasse.

A raiva era uma doença difícil de estudar e Pasteur não havia conseguido identificar seu micróbio, já que era causada por vírus e não bactéria. Os vírus não poderiam ser observados pelos microscópios ópticos que ele tinha, só são visíveis ao microscópio eletrônico.[26] Com seu colega Émile Roux, Pasteur investigou o sistema nervoso central, ou seja, o cérebro e a medula espinhal dos animais doentes. Eles achavam que era ali que o micróbio se instalava, considerando os sintomas da doença. Trabalharam em cães, mas também em coelhos para que fosse menos perigoso e mais exequível. Ainda assim, tinham uma arma de fogo no laboratório para que, se um deles fosse mordido, o outro o abatesse para lhe evitar os sofrimentos da doença. Conseguiram perpetuar a raiva, transmitindo-a de cão a coelho e, depois, de coelho a coelho. Essa transferência entre animais os levou a encurtar e depois a estabilizar a fase de incubação para sete dias. Obtiveram, assim, um vírus de virulência estável.

Para tentar atenuá-lo, Pasteur e Roux expuseram as medulas animais a fim de secá-las. Esses fragmentos eram guardados em frascos onde o ar ficava seco devido ao potássio. Isso funcionava muito bem e de modo proporcional ao grau de desidratação. Quanto mais tempo as medulas ficavam em alta temperatura, mais secavam e menos virulento se tornava o micróbio. Pasteur e Roux fizeram ensaios vacinais em animais para validar sucessivamente a atenuação e não recorrência. Em primeiro lugar, os animais que eram inoculados com medula ressequida não ficavam doentes. Em segundo, quando recebiam medula cada vez menos seca, até mesmo fresca, tampouco adoeciam. Estavam imunizados de fato.

Pasteur estava animado com esses avanços, mas preocupado com seus limites; dava-se conta de que seu método de produção era complicado e pouco compatível com a Epidemiologia da raiva. As necessidades de uma vacinação nunca seriam programáveis, pois as mordidas não podiam ser previstas e necessitavam de uma intervenção urgente. Ora, o processo que inventara precisava ser perpetuamente repetido para conservar um estoque disponível de vírus. Para ele, "o método dificilmente se prestaria a uma aplicação imediata, condição requerida entretanto pelo que há de acidental e de imprevisto nas mordidas rábicas".[27] O imprevisto aconteceu em 6 de julho de 1885.

Três pessoas apareceram em seu laboratório. Um dono de armazém, Théodore Vonné, o menino Joseph Meister e sua mãe, todos da Alsácia. O cão de Vonné havia mordido o dono, depois fugira e mordera gravemente a criança. Vonné matara o cão, que foi autopsiado. Seu estômago estava cheio de feno e de madeira, o que parecia confirmar que estava com raiva. Vonné não tinha sido seriamente mordido, os dentes do cachorro não atravessaram sua camisa. Pasteur considerou que ele não corria risco de ter sido contaminado pelo vírus da raiva e permitiu que voltasse para a Alsácia. Ao contrário, o caso do menino Joseph Meister era mais preocupante. Como tinha uma sessão de trabalho na Academia naquele mesmo dia, Pasteur conversou com dois colegas médicos, que examinaram Joseph imediatamente e, dada a extensão dos ferimentos, concluíram que o risco era grande. Como escreveu Pasteur, "como a morte daquela criança parecia inevitável, eu me decidi, não sem vivas e cruéis inquietações, pode-se imaginar, a tentar em Joseph Meister o método que funcionara constantemente com os cães". O dilema ético levou Émile Roux a abandoná-lo. Fazia meses que eles hesitavam em passar a ensaios humanos sem se decidir.

Na noite de 6 de julho, a primeira dose de vacina foi injetada no menino por um dos dois colegas da Academia, visto que, não sendo médico, Pasteur não tinha o direito de proceder à vacinação. A dose injetada continha a medula de um coelho morto que estava secando havia 15 dias. Seguiram-se 12 outras injeções de vacina, cada vez menos virulentas, em uma dezena de dias. A última injeção foi feita com medula fresca e virulenta, para forçar ao máximo a prova do teste vacinal. Paralelamente, Pasteur administrou os mesmos lotes de vacina em coelhos diferentes a cada vez, e isso sempre com um racional comparativo, para reforçar a prova. Ele observou o que esperava, ou seja, que os primeiros lotes de vacina eram suficientemente atenuados para não desencadear raiva, mas que os últimos eram muito pouco atenuados, já que os animais adoeceram, ao contrário de Joseph Meister, que nunca desenvolveu a doença. O sigilo do assunto foi mantido por alguns meses.

No outono do mesmo ano, Pasteur encontrou seu segundo caso. Um camponês de 15 anos, Jean-Baptiste Jupille, apresentou-se em seu laboratório depois de ter sido gravemente mordido. Como escreveu Pasteur, "vendo um cachorro com aspecto suspeito, de grande porte, precipitar-se contra um grupo de seis de seus amigos, todos menores do que ele, [ele] se postou, com um chicote, diante do animal. O cão pegou Jupille na mão esquerda. Este o derrubou, mantendo-se em cima do cão, abriu sua boca com a mão direita para poder soltar a esquerda, levou várias novas mordidas e, com a corda de seu chicote, amarrou o focinho e, com um de seus tamancos, bateu nele".[28] Pasteur refez a vacinação terapêutica e Jupille sobreviveu. Foi então que comunicou sua invenção e, logo em seguida, teve de atender uma afluência de casos de mordidas. Em outubro de 1886, 2.490 pacientes haviam sido vacinados em seu laboratório. Como as suas dependências não atendiam mais às demandas, foi inaugurado em novembro de 1888 o Instituto Pasteur. Ele foi dirigido por Pasteur até sua morte em 28 de setembro de 1895. Quando adulto, Joseph Meister foi guarda do Instituto. Suicidou-se em 1940 para não assistir à entrada dos alemães em Paris.

Pasteur não inventou o conceito de contágio, pois os contagionistas já existiam desde o século anterior, até mesmo antes. Também não inventou os germes, um certo Antoni van Leeuwenhoek os havia observado ao microscópio no século XVII. Tampouco concebeu o conceito de especificidade, que veio da Escola de Medicina de Paris, antes dele. Mas "confirmou o papel dos micróbios em doenças específicas e concebeu uma metodologia de experimentação".[29] Ele é um dos principais inventores da Microbiologia e da Imunologia. Desenvolveu vacinas preventivas e até uma vacina terapêutica contra a raiva. O detalhe é que a teoria imunológica de Pasteur era falsa: ele acreditava que os micróbios atenuados extraíam do hospedeiro substâncias vitais para eles, ou seja, que esvaziavam seu "alimento". Ao acreditar no ressecamento dos nutrientes dos agentes patogênicos, ele tinha uma concepção passiva da imunidade, não a vendo como o fenômeno ativo que, no entanto, ela é.

ROBERT KOCH, O OUTRO GIGANTE

Robert Koch complementou a teoria dos germes depois de Pasteur, e apresentou em um estilo diferente. Koch nasceu em 1843, no noroeste da Alemanha, em território mineiro.[30] Seus pais tiveram 13 filhos, o que explica por que não tinham muito tempo. Por isso, Koch foi criado principalmente por um tio, que era fotógrafo, levando-o a se apaixonar pela fotografia, bem como a se interessar pelas Ciências Naturais, sobretudo a Arqueologia. Sua carreira científica possibilitaria mais tarde que unisse suas duas paixões, via obsessão pela pesquisa e visualização dos micróbios. Koch estudou Medicina. Durante a Guerra de 1870 contra a França, foi reformado devido à miopia, mas se engajou voluntariamente como médico do Exército. Em 1872, ao final do conflito, ele se instalou como médico em Wollstein, uma cidadezinha de 3 mil habitantes na Silésia. Foi a partir de 1875 que se interessou mais especificamente pela ciência microbiana. Sua mulher lhe dera seu primeiro microscópio. Koch estudou três doenças em especial: o antraz, a tuberculose e o cólera.

Koch foi impelido para o antraz porque ficara sensibilizado com a devastação do gado pela doença. A bactéria do antraz era um pouco mais fácil de identificar, pois é particularmente grande. Não dispondo de laboratório, ele trabalhava em casa. Durante uma epidemia de antraz que atingira uma fazenda perto de Wollstein, ele examinou ao microscópio o sangue de uma ovelha doente, o que lhe permitiu ver as bactérias e fazer sua captação visual. Koch fez as primeiras fotos de germes da história. Em seguida, observou as formas "esporuladas", isto é, aquelas que entraram em fase estática, que permite que sobrevivam em meio externo e não somente no interior dos animais. Essa descoberta era fundamental, pois são as formas esporuladas que explicam que a doença seja sobretudo de transmissão indireta. Foi comendo a grama do solo[31] que as vacas mais frequentemente adoeceram, e não pelo contágio direto entre elas.

Após observar, Koch fez experimentos. Ele inoculou as bactérias, em sua forma habitual ou esporulada, em séries de animais, coelhos e camundongos, que adoeciam e morriam. Examinou seu sangue ou tecido para confirmar a presença invariante da mesma bactéria, o que provava cada vez mais que este era o agente da doença. Também introduziu tecido infectado no olho de um coelho e logo observou que as bactérias podiam se multiplicar no interior; o animal morreu bem rápido. Koch publicou seu trabalho sobre o antraz em 1876. Em pouquíssimo tempo, havia conseguido elaborar métodos de observação e de cultura bacteriana – por retirada de líquido ocular – e compreendido o ciclo de vida do antraz, que chamou de *Bacillus anthracis*.

Koch permaneceu em Wollstein mais alguns anos; depois assumiu um posto em Berlim como diretor de uma equipe de pesquisa sobre os micróbios. Foi lá que começou a estudar a tuberculose, também chamada de "peste branca". Era provavelmente a primeira causa de mortalidade, responsável por cerca de um óbito a cada sete.[32] Hipócrates a havia descrito em 460 a.C. Acredita-se até mesmo que ela existia desde o Neolítico, pois múmias egípcias apresentam traços de formas ósseas de tuberculose. Além de seu grande impacto epidemiológico, havia um problema de classificação em relação à doença: ela existia sob formas muito diferentes, inclusive em um mesmo órgão. Não se sabia se essas formas podiam ou não estar ligadas ao mesmo agente patogênico. Já se suspeitava, quase com certeza, do caráter transmissível da tuberculose, e até tinham sido implementadas medidas de isolamento social que começavam a surtir efeito, embora insuficiente.

A bactéria era muito difícil de isolar e cultivar. Porém, ao estudar amostras coletadas de pacientes da Santa Casa de Misericórdia de Berlim, Koch acabou vendo as bactérias tuberculosas. Paralelamente, confirmou sua ausência em não doentes. Também observou uma relação entre a quantidade de bactérias e a importância das lesões (os tubérculos), o que reforçava a hipótese de causalidade entre o bacilo e a doença. Após essa fase de observação, que Koch considerava encorajadora mas insuficiente, ele fez mais experimentos. Conseguiu cultivar as bactérias, ainda que seu crescimento fosse difícil e lento. Depois de administrar lotes de bactérias em 217 animais, Koch constatou que os 217 desenvolveram tubérculos. Também notou o que estava esperando: existia uma relação dose-efeito – quanto mais bactérias, mais ou maiores lesões. Ele confirmou igualmente que a bactéria estava presente nas diferentes formas clínicas da doença, o que permitiu relacioná-las. Por fim, identificou os bacilos tuberculosos no cuspe e validou seu caráter infectante, pois este também induzia a doença. Era a fonte de transmissão, que iria definir a prevenção comunitária da doença.[33]

Koch comunicou todos os seus achados em uma conferência, em março de 1882, e em uma publicação algumas semanas depois.[34] Ele havia reunido mais de duzentas amostras de cultura microbiológica. O reconhecimento internacional foi imediato. Koch deixaria seu nome ao bacilo da tuberculose. Fizera uma demonstração completa, relatando a totalidade de suas observações e experimentações. Essa avalanche de dados se associou à proposta de uma teoria: os postulados de Koch definiam o método para provar a causalidade entre um agente patogênico e uma doença.[35] O alcance de seus postulados ultrapassou o caso da tuberculose. Hoje se sabe que eles perderam sua validade, mas não seu entendimento.

Koch realizaria sua última façanha com o cólera asiático. Uma epidemia internacional se desencadeou em 1883, e ele foi para a Índia com suas equipes. Conseguiram isolar a bactéria e provar que ela era responsável pela doença a partir de dados epidemiológicos.

Como frequentemente acontece entre dois gigantes, o relacionamento de Koch e Pasteur era complicado. Dizem que foi cordial no início, mas depois se deteriorou. Koch era conhecido por sua rigidez nas relações com os outros. Quando Pasteur produziu uma vacina contra o antraz, Koch pediu para examinar uma amostra. Devido a um erro de manipulação, essa amostra não continha apenas a bactéria atenuada, mas também uma outra espécie. Ele publicou uma crítica e desafiou Pasteur a provar a eficácia de sua vacina na Alemanha. E escreveu: "Até agora, o trabalho de Pasteur sobre o antraz não levou a nada". Mais tarde, durante um congresso em Genebra, Pasteur defendeu sua abordagem. Koch tomou a palavra e respondeu: "Quando vi no programa que *Monsieur* Pasteur[36] iria falar hoje sobre a atenuação dos vírus, fiz questão de assistir à sua conferência, esperando aprender algo de novo sobre esse tema tão interessante. Devo confessar que fiquei decepcionado, pois não há nada de novo no discurso que *Monsieur* Pasteur acaba de fazer. Não julgo útil responder aqui aos ataques que ele fez contra mim... Reservarei minha resposta às páginas dos jornais médicos." Pior ainda, em outro momento: "Pasteur não é médico, e não se pode esperar dele boas avaliações a propósito dos processos patológicos e dos sintomas de uma doença".[37]

É difícil saber se essa animosidade entre os dois pesquisadores teve mais efeitos negativos ou positivos. Ela foi prejudicial quando atrasou o reconhecimento dos achados. Mas certamente também os estimulou, se é que precisavam disso. Tinham diferenças de abordagem e de doutrina. Pasteur era 20 anos mais velho, não era médico, mas químico, e tinha um interesse amplo pela ciência microbiana. Koch era médico, e suas pesquisas se concentravam mais nas causas microbianas das doenças. Pasteur estudou os mecanismos das infecções;[38] Koch se sobressaiu cultivando as bactérias. Pasteur trabalhou para proteger os seres humanos, imunizando-os individualmente. Koch preferiu deixar a comunidade segura por meio da higiene. O químico se fez clínico, e o clínico se transformou em especialista em saúde pública.

O alcance histórico dos trabalhos de Koch foi imenso. Em 30 anos, ele influenciou para sempre a cultura dos micróbios, a desinfecção e a esterilização. Injetou genialidade experimental na Medicina e na ciência microbiana, genialidade de que ainda nos servimos. Seu rigor obsessivo é evidente quando se examinam seus trabalhos. Os métodos valorizados por Koch – a comparação, a eliminação dos vieses, a replicação – permanecem totalmente válidos. Também cometeu erros notáveis,[39] mas que não tiram o valor de seus trabalhos. Recebeu o Nobel de Fisiologia e de Medicina em 1905.

JOSEPH LISTER, O CIRURGIÃO LIMPO

Joseph Lister foi o terceiro defensor da teoria dos germes. Pasteur era químico, Koch era médico e Lister, cirurgião. Praticava em Edimburgo. Um primeiro problema inerente à cirurgia tinha sido seriamente atenuado em 1846: a invenção da anestesia. Seu desdobramento rápido havia mudado três coisas nas salas de cirurgia: primeiramente, as operações passaram a ser silenciosas, pois os pacientes pararam de gritar; em segundo lugar, o tempo se dilatara, pois os cirurgiões não precisavam mais se apressar para fazer as intervenções; por fim, algumas operações antes desconsideradas tornaram-se possíveis. Isso ampliou o rol de cirurgias. Mas um segundo problema crítico permanecia intacto: as infecções pós-operatórias.[40] Os cirurgiões sabiam operar e as intervenções eram efetuadas corretamente, mas a fase pós-operatória era associada a uma taxa dramaticamente alta de infecções mortais, principalmente infecções de feridas e de cicatrizes, a tal ponto que a cirurgia era reservada apenas aos casos urgentes e graves. Um professor de Edimburgo, Sir James Simpson (1811-1870), havia declarado: "O homem deitado sobre a mesa de operação em um de nossos hospitais cirúrgicos fica exposto a mais risco de morte do que um soldado inglês no campo de Waterloo."[41] Alguns estudos haviam até mesmo mostrado que as taxas de infecção pós-operatória eram bem maiores quando as intervenções eram praticadas no hospital do que em casa. Esse efeito negativo específico no hospital era chamado de "hospitalismo". Hoje em dia, chamamos de "iatrogenia".

Lister conhecia os trabalhos de Pasteur. Seus achados o haviam convencido de que as infecções pós-operatórias não vinham do interior do paciente, como se acreditava, mas do exterior, ou seja, de algo que estivesse no ar. Desenvolveu a antissepsia durante a década de 1860, utilizando o fenol como agente. Quatro elementos de sua prática cirúrgica eram impregnados de fenol: suas mãos, seus instrumentos, o ar do local e a ferida. Antes de operar, Lister tratava as mãos com fenol, esterilizava os instrumentos com fenol, colocava-o sobre as feridas e pulverizava fenol no ar. Os resultados foram evidentes e imediatos, dividindo por três a mortalidade pós-operatória. Como Semmelweis, ele encontrou resistências, mas era sem dúvida mais bem preparado mentalmente e perseverou. Duas razões principais levavam os cirurgiões a rejeitar as inovações de Lister. A primeira era ideológica: não acreditavam ou não queriam acreditar. A segunda é que a antissepsia era um incômodo para os cirurgiões: o fenol pulverizado no ar provocava tosse e os procedimentos de esterilização tomavam tempo. As estatísticas, contudo, acabaram convencendo.[42] As taxas de sobrevivência sistematicamente melhores com a antissepsia venceram as resistências. Assim, a cirurgia pôde se desenvolver e não ficar mais reservada apenas às emergências.

UMA REVOLUÇÃO

O reconhecimento da teoria dos germes teve impacto imensamente positivo sobre a saúde. Sua aplicação permitiu tratamentos antes impossíveis ou inimagináveis. As políticas públicas se reforçaram, tornando-se mais inteligentes. As ideias propostas pela teoria dos germes diferiam daquelas da teoria da sujeira que guiara o Movimento Sanitário. Mas as medidas que ela justificava iam na mesma direção. As moradias – reconhecidas como fonte de riscos – se modernizaram; os banheiros e lavabos passaram a ser lavados; as campanhas de informação ao grande público se intensificaram; as pessoas pararam de cuspir em público, cobriam o rosto quando tossiam e lavavam as mãos. A teoria dos germes também mudou o teor dos estudos de Medicina. Ela destacou a posição dos médicos na sociedade e fez a prática clínica evoluir, incluindo novas medidas, como a tomada de temperatura, ou novos exames, como os realizados com a utilização do microscópio.

A vacinação pôde começar sua história bem-sucedida, que segue até hoje. Logo após Pasteur, ocorreu uma virada significativa. As bases teóricas de Pasteur que diziam respeito à atenuação dos germes eram falsas. Ele não compreendia o que as vacinas faziam. Jenner e ele fizeram descobertas geniais, mas de modo empírico, isto é, pela observação. Na última década do século XIX, o desenvolvimento das vacinas começou a ser *racional* e não apenas *empírico*.[43] Um conhecimento qualificado foi produzido por centros de pesquisa na França, na Inglaterra, na Alemanha e nos Estados Unidos. As descobertas mais importantes diziam respeito aos métodos de inativação das bactérias e à descoberta das toxinas bacterianas. Depois, veio a produção de antitoxinas ou a compreensão de que o soro de pacientes imunes continha substâncias – na verdade, anticorpos – que inibiam as toxinas e a replicação bacteriana. Vacinas celulares inativadas com a tifoide, o cólera e a peste puderam então ser desenvolvidas antes do final do século XIX.

No entanto, Frank Snowden destaca brilhantemente dois efeitos negativos da teoria dos germes. O primeiro é que ela involuntariamente estimulou as campanhas de saúde pública a serem *verticais*, dirigidas a um micróbio específico. Inversamente, ela levou ao abandono das ações *horizontais*, aquelas com alcance global por se voltarem às origens sociais dos problemas de saúde: pobreza, alimentação, moradia. Snowden lembra que o Movimento Sanitário já havia desviado a atenção geral das causas sociais. A teoria dos germes diminuiu também o campo visual das ações públicas. O segundo efeito negativo está ligado à ética. Os trabalhos de pesquisa recorreram a um número elevado de animais, que certamente sofreram na grande maioria das vezes. Não havia regulação, nem mesmo princípios éticos que enquadrassem os experimentos. A regulação da pesquisa animal só se desenvolveria em meados do século XX.

Apesar dessas falhas, o processo de melhoria da saúde humana avançou, expresso por uma alta constante da longevidade até a Primeira Guerra Mundial. É impossível quantificar o peso exato das medidas públicas e das vacinas no aumento da expectativa de vida na Europa. Mas é fato incontestes que o efeito da teoria dos germes foi enorme. Ela acelerou a transição epidemiológica que reprimiu as doenças infecciosas e salvou um número incalculável de crianças da morte precoce. No final do século XIX, as infecções causavam cerca de 30% das mortes. No fim do século XX, essa taxa caiu para 4%. Os progressos possibilitados pela teoria dos germes fizeram mais pela saúde e pela longevidade humanas do que qualquer outra inovação médica. A teoria dos germes mudou definitivamente a concepção do mundo e o modo de vida das pessoas.

1918-1919: a gripe espanhola mata entre 2% e 5% da população mundial

No início de 1918, o mundo esperava que o quinto ano de guerra fosse o derradeiro. Após a Revolução Russa (1917), os soviéticos haviam rapidamente solicitado o armistício. O presidente americano Woodrow Wilson propôs um plano de paz já em janeiro de 1918. As ofensivas alemãs continuavam, mas pareciam ter menos impacto. O conflito já havia feito mais de 15 milhões de mortos.

Em 1918, pressentia-se que a Primeira Guerra Mundial ia terminar. Em compensação, não se suspeitava que uma pandemia jamais vista iria causar duas a cinco vezes mais mortes em cinco vezes menos de tempo. Não se podia suspeitar disso porque não era possível: as pandemias sempre foram imprevisíveis. Mesmo que sejam determinadas por fatores precisos, elas não anunciam que vão chegar, pois não sabem fazê-lo. O surgimento é seu único método, e a surpresa é seu efeito invariante.

Os vírus da gripe são geralmente ambientais. Uma quantidade enorme deles circula em torno dos seres humanos, mas nem sempre os atacam. Eles se alojam em seu reservatório natural, isto é, os bilhões de pássaros selvagens que podem ser aves aquáticas ou limícolas. As pandemias são causadas por um mecanismo chamado de rearranjo: a combinação de dois vírus gripais em uma mesma célula para produzir um novo. É impossível antecipar o lugar e o momento em que ocorrerá o próximo rearranjo pandêmico. As epidemias de gripe são sazonais, portanto, regulares, mas as pandemias são irregulares.

O SURGIMENTO

No início de 1918, a gripe exercia sua atividade invernal em proporções habituais e ninguém prestava atenção a ela. Os acontecimentos ligados à Primeira Guerra certamente diluíam essa percepção. Eles captavam as inquietações ou criavam esperanças que abafavam as outras preocupações eventuais. Sabe-se em que momento a pandemia de gripe espanhola[1] se tornou visível, mas não se sabe exatamente quando nem onde tudo começou. Sabe-se muito sobre seu crescimento, mas pouco sobre seu nascimento. Os historiadores continuam debatendo sobre a data e o lugar.

Antes que a pandemia se tornasse evidente, o que se sabe é que aconteceu... alguma coisa. No inverno e primavera que precederam à "grande gripe", várias pequenas epidemias se manifestaram brevemente.[2] Esses surtos eram compatíveis com surtos de gripe, mas não se tem certeza, pois os elementos clínicos não são específicos. Muitos desses surtos tiveram uma evolução particularmente explosiva, o que é perturbador quando se conhece a sequência. Eles apareceram brutalmente e não duraram muito tempo. Sua mortalidade era baixa, eram geograficamente limitados e não pareceram se propagar, o que contradiz em parte a ideia de que tinham relação com a pandemia futura. Se um ou vários desses surtos estavam ligados ao vírus influenza A da gripe espanhola, o que é possível, não se sabe por que a pandemia não surgiu nesse momento, quando as condições climáticas eram mais favoráveis.

Três são os candidatos ao título de local inicial do surto: a China, a cidade de Haskell, no estado norte-americano de Kansas, e Étaples-sur-Mer, na região francesa de Pas-de-Calais. Esses três candidatos compartilham uma relação com animais selvagens. A epidemia de ebola, em 1995, e a pandemia de covid-19 também foram desencadeadas pela proximidade com animais. John Barry (nascido em 1947), historiador mundialmente reconhecido e especialista em gripe espanhola, escreveu um livro de referência sobre o tema.[3] Barry desqualifica as hipóteses chinesa e francesa. Para ele, vários trabalhos confirmam a existência de uma disseminação do vírus nos Estados Unidos antes de sua expansão europeia.[4] Esses trabalhos indicam o contágio de um campo militar a outro, depois, nas cidades e, por fim, na Europa. A cronologia parece confirmar o surgimento nos Estados Unidos, que precede o crescimento mundial. As tropas americanas teriam sido o vetor principal.

Resta então a questão do local preciso de surgimento. Vários depoimentos e estudos mencionam o caso do campo militar de Funston, no Kansas, mas Barry não o vê como fonte primária de disseminação. Foi principalmente o condado de Haskell, igualmente no Kansas, mas a cerca de 500 km de Funston, que chamou sua atenção. Pode-se imaginar o grau de ruralidade de um condado no Kansas nessa época, e Barry confirma isso. As pessoas criavam galinhas, gado, porcos. Loring Miner era médico ali e atuava frequentemente com seu filho, também médico. O historiador ressalta o rigor científico de ambos. Em janeiro e fevereiro de 1918, eles observaram uma epidemia que se assemelhava à gripe, mas muito mais forte do que o habitual. Os pacientes mais resistentes, jovens e com boa saúde, eram afetados pela infecção, que evoluía para pneumonia em seguida e se revelava muitas vezes mortal. Após uma fase de agravamento, a epidemia se extinguiu bruscamente. Miner avisou as autoridades, que publicaram um alerta alguns meses mais tarde.

Barry considera que Haskell é "o primeiro exemplo documentado no mundo de uma epidemia de gripe tão inabitual que um médico avisou as autoridades sanitárias". Ele estabeleceu explicitamente Haskell como o foco de surgimento da grande gripe, argumentando que, se Haskell não for considerado, não se tem nada mais a propor. Poder-se-ia objetar que a falta de provas não é a prova da falta. Porém, ele retraça o percurso viral até o campo militar de Funston. Esse campo alojava dezenas de milhares de militares, muitos dos quais adoeceram após o surto de Haskell. Era também uma base a partir da qual as tropas se espalhavam. Primeiro, para outros campos americanos, onde surtos foram declarados, e depois para a Europa. O porto de Brest, mais importante local de desembarque americano, foi o endereço seguinte do vírus influenza. O roteiro de Barry é incerto, mas se sustenta e não há outro melhor até agora. Nunca se poderá ter certeza da origem da grande gripe, mas algo realmente aconteceu no Kansas no início de 1918. Os indícios históricos e epidemiológicos disponíveis sugerem seriamente que este pode ter sido o lugar em que se originou o vírus da gripe espanhola. É possível que jamais seja possível saber com certeza onde e quando a epidemia se criou.

UMA PRIMEIRA ONDA PLANETÁRIA INCRIVELMENTE VIOLENTA

Conhece-se mais e melhor o que veio depois: uma pandemia terrivelmente brutal, cujo ciclo de vida durou três estações – verão, outono e inverno. O fato de uma pandemia comportar várias ondas não era inédito, já havia acontecido com a pandemia de gripe de 1889. Os arquivos convergem para estimar que a primeira onda da gripe espanhola começou em junho ou julho de 1918. Quando se examina sua emergência em escala global, sua fisionomia é flagrante: é a de uma explosão geral.[5] Após sair da fase incerta e indetectável, a gripe espanhola surgiu por toda parte ao mesmo tempo. O mapa-múndi de julho de 1918 parece um ataque coordenado. O vírus surge em vários países, ainda que já estivesse presente e se propagasse sem que ninguém percebesse.

Os documentos históricos não são os únicos a permitir retraçar *a posteriori* esse desencadeamento. Também pode-se analisar os resíduos epidemiológicos, ou seja, o excesso de mortalidade por afecção respiratória. Esses dados puderam ser reconstruídos. Medindo os óbitos a mais por doença pulmonar, as ondas são observadas com relativa certeza. O acompanhamento desse indicador país por país confirma que a pandemia apareceu mundialmente perto de julho de 1918. Essa sincronização sugere mais uma vez que o vírus influenza A responsável por ela já havia viajado. Independentemente de seu local de nascimento, ele se disseminara por toda parte. É certo que havia causado infecções e mortes, mas em proporções insuficientes para chamar a atenção. E como essas mortes não eram atípicas – as gripes sempre se parecem com gripes –, não foram percebidas como uma anomalia. Somente quando a mortalidade ultrapassou claramente os patamares habituais, a pandemia foi reconhecida. Acontece que esse fenômeno foi praticamente mundial no mesmo momento.

Essa primeira onda atingiu mais a Europa e alguns outros países. Mas sua intensidade foi fraca e sua mortalidade, média. Talvez essa benignidade relativa estivesse relacionada à sazonalidade, hostil à gripe no verão. Para a maioria dos doentes, a gripe espanhola foi uma gripe qualquer, nem diferente nem mais grave do que o habitual. Eles apresentavam sintomas similares: os vírus gripais sempre produziram quadros clínicos invariantes. A maioria das pessoas que contraiu o vírus de 1918 teve apenas uma experiência corriqueira de alguns dias. Para elas, a cura foi espontânea e sem sequelas. As pessoas falavam da "febre de três dias". Apenas uma fração minoritária dos pacientes morria, em uma proporção marginal, mas muito superior ao padrão histórico das gripes.[6] As populações das grandes cidades foram mais atingidas nessa primeira onda, que não foi a pior. A Europa do Norte – a Escandinávia, o norte da Alemanha e a Inglaterra – foi particularmente afetada. Muitas cidades inglesas sofreram mais intensamente essa primeira fase. Os historiadores e epidemiologistas não compreendem por que Paris foi quase poupada, apesar da intensa circulação humana entre ela e essas mesmas cidades inglesas. De modo geral, a França não foi muito atingida nessa primeira onda.

UMA SEGUNDA ONDA AINDA MAIS MORTÍFERA

No final do verão de 1918, a diminuição da gripe foi muito nítida e o pico ficou para trás. Sem dúvida, acreditou-se que a primeira onda tinha ficado no passado. Poucas pessoas compreenderam o fenômeno, algumas nem mesmo se deram conta.

Quando os alemães recuam claramente diante do marechal Foch, as pessoas começam a acreditar cada vez mais no fim do conflito. Os estudiosos dizem com frequência que a guerra fez 18 milhões de mortos, mas que a paz contribuiu para os mortos da gripe espanhola. Muitos soldados contaminados levaram o vírus para casa. Transmitiram a influenza à família e ao entorno. É claro que o fim próximo da guerra era um grande motivo de festas e de encontros. O caso do desfile de Filadélfia é um dos mais marcantes.

Uma manifestação havia sido programada para apoiar o último esforço de guerra. Era, sobretudo, um desfile para levantar fundos, os famosos *war bonds* ou *Liberty Bonds*. O Tesouro americano queria financiar a última parte do conflito. Os dirigentes da Filadélfia sabiam que a Europa fora mais atingida do que os Estados Unidos pela primeira onda da gripe e que uma possível nova onda estava chegando. Um caso de gripe já havia sido registrado na cidade em 17 de setembro de 1918. O desfile deveria ocorrer no dia 28 daquele mês. Os funcionários municipais afirmavam que a propagação viral entre os civis era improvável, apesar dos alertas. As autoridades de saúde tentaram limitar os riscos do evento. Foram criadas campanhas de prevenção;[7] por exemplo, recomendou-se aos participantes não tossir e não cuspir no dia do evento. O desfile aconteceu, é claro. Os depoimentos relatam que as pessoas pareciam felizes. Alguns dias mais tarde, caíram doentes; passadas algumas semanas, estavam apavoradas. Nesse meio-tempo, decidiu-se, em 3 de outubro, por um isolamento local, mas era tarde demais. A cidade da Filadélfia havia precipitado sua entrada na segunda onda, que levaria ao menos 10 mil habitantes. O desfile de 28 de setembro ficou célebre por ter sido um enorme início de foco de uma epidemia.

Para John Barry, o negacionismo das autoridades municipais da Filadélfia reflete a campanha federal sobre a gripe espanhola nos Estados Unidos. Em sua opinião, esta era a estratégia típica a ser evitada.[8] Barry compara essa campanha àquela da Primeira Guerra Mundial.

Resumindo, as autoridades alternavam entre duas atitudes igualmente tóxicas: calar-se ou mentir.

Dentre os que não diziam nada, estava o presidente Wilson, que não fez nenhuma declaração pública sobre a pandemia no outono de 1918. Um de seus conselheiros o prevenira em um memorando de que a maioria dos cidadãos era "mentalmente criança". Na lista daqueles que não disseram a verdade, encontrava-se o *Surgeon General*:* "Não há motivo para alerta se forem tomadas as precauções adequadas". Embora a onda do outono estivesse ascendendo continuamente, as autoridades anunciavam a cada dia que o pico fora alcançado e que a situação estava sob controle. Segundo Barry, a falta de sinceridade das autoridades e dos líderes políticos teve, evidentemente, o efeito contrário do que eles esperavam, ou seja, provocou pavor e perda de confiança. As pessoas se baseavam nos boatos ou na sua imaginação. A estabilidade de toda a sociedade se encontrava fragilizada em razão da falta de informação ou de informação verdadeira.

Essa segunda onda da gripe espanhola, no outono, foi a mais fatal. Ela concentrou um máximo de mortes em um mínimo de tempo. Quase tudo aconteceu em dois meses, entre o início de outubro e o fim de novembro. Os trabalhos históricos e epidemiológicos confirmam que, em todos os países para os quais se dispõe de dados, foi a onda de outono que mais contribuiu para o balanço total da grande gripe. No entanto, foi durante a segunda onda que o armistício foi assinado. Talvez o balanço fosse ainda mais dramático se não tivesse havido a primeira onda. De fato, a fase estival da pandemia havia provavelmente criado um pouco de imunidade e, portanto, de proteção. Segundo John Barry e Cécile Viboud,[9] esse efeito imunizante iria de 35% a quase 100% para contrair a doença e 50% a 90% para a mortalidade. Essas taxas são comparáveis à imunidade vacinal atual. Os autores observaram diferenças significativas de infecção e de mortalidade entre as tropas

---

* N.T.: o *Surgeon General of the United States* é o encarregado estadunidense da saúde pública, nomeado pelo presidente da República.

sazonais e os novos recrutas e levantam a hipótese de que, ao fazer parte do contingente permanente do exército, as tropas sazonais foram expostas já na primeira onda. Por essa razão, teriam sido menos atingidas na segunda, com menos casos e menos óbitos.

Como se isso não bastasse, a segunda onda foi seguida rapidamente de uma terceira, entre o inverno de 1918 e a primavera de 1919. É possível que o vírus tenha sofrido mutações nesse meio-tempo e se tornado menos virulento. Uma mutação atenuada poderia explicar por que essa terceira onda foi menos severa, mesmo ocorrendo no inverno.

UMA PANDEMIA ATÍPICA

A gripe espanhola não foi apenas imensamente mortífera, mas também foi atípica. Duas características principais a distinguiram das outras pandemias de gripe: sua relação com a idade e sua patogenicidade. A primeira anomalia dessa pandemia diz respeito à população de risco. A maioria das epidemias de gripe, sejam pandêmicas ou não, desenha uma mortalidade em U conforme a faixa etária. Os seres humanos muito jovens e muitos idosos compõem a maioria dos óbitos. São os lados dos U. Entre os dois, as pessoas jovens e de meia-idade podem ser infectadas, mas quase nunca morrem.

A mortalidade da gripe espanhola, de acordo com a idade, não foi em U. Ela formou um W, acrescentando aos picos de início e de fim de vida um terceiro pico de mortalidade entre 20 e 40 anos.[10] Essa suscetibilidade dos adultos jovens e de meia-idade nunca havia sido observada em nenhuma epidemia de gripe; tampouco foi registrada depois. É uma exceção de 1918. Além disso, o pico dos idosos foi menor do que se poderia esperar. As causas dessa singularidade alfabética ainda são discutidas, sem conclusão definitiva.

O W poderia ter várias explicações. Para as pessoas de 20-40 anos, alguns especialistas evocaram uma resposta molecular autoimune exacerbada que os anglo-saxões chamam de "tempestade de citocinas".[11] Essas reações imunológicas em cadeia são provocadas pelo vírus, mas prosseguem sem ele. Levam a inúmeras desregulações e falhas de órgãos, que muitas vezes matam os pacientes. Outra possibilidade não concorrente também é de natureza imunológica. Trata-se da eventual proteção conferida por outras epidemias de gripe. A mortalidade menor do que o esperado para os idosos em 1918 poderia estar ligada a uma exposição datando do século XIX a certos vírus gripais bastante semelhantes ao vírus da gripe espanhola. Por fim, alguns mencionaram a atividade diferenciada das pessoas da faixa etária de 20-40 anos: elas eram levadas a circular e, portanto, a se expor mais, frequentando locais fechados, onde a transmissão microbiana é facilitada. Deve-se observar, por fim, que as crianças de 5 a 14 anos, que formam a faixa etária historicamente menos vulnerável à mortalidade gripal, registrou quatro a cinco vezes mais óbitos do que durante a pandemia de 1889. Esses elementos todos demonstram o caráter particularmente patogênico do vírus influenza A de 1918.

A segunda particularidade da gripe espanhola diz respeito, evidentemente, à sua patogenicidade. Conhecem-se suas causas terminais, mas não as causas fundamentais. Não foi o vírus influenza A que matou diretamente as pessoas em 1918. Sabe-se hoje que a maioria dos pacientes morreu de superinfecção bacteriana e não da infecção gripal. As superinfecções bacterianas de doenças respiratórias são fenômenos bem conhecidos e até clássicos. Uma bronquite viral pode se tornar bacteriana, assim como uma pneumonia viral também pode se tornar bacteriana, o que é mais grave. As bactérias responsáveis pela superinfecção não vêm de fora, mas do próprio paciente. São pneumococos, estreptococos e estafilococos que carregamos normalmente em nós, em nossa nasofaringe.[12] Esses germes superinfectam certas patologias pulmonares virais por razões mal compreendidas. A mortalidade da gripe espanhola foi na verdade causada por essa complicação. Essas três bacteriazinhas provocaram dezenas de milhões de mortes em alguns meses.

As autópsias de pacientes mortos após infecção pelo vírus influenza trazem indícios claros de superinfecção bacteriana. Analisando ao microscópio fragmentos extraídos de pulmões de pacientes, os anatomopatologistas observaram dois tipos de lesões. Por um lado, alterações *virais*, sob a forma de lesões dos alvéolos pulmonares que os deixavam permeáveis aos líquidos. Elas possibilitavam a passagem de água e, portanto, a ocorrência de um edema pulmonar e até de hemorragias intrapulmonares se o sangue também conseguisse passar. Em outras palavras, essas lesões afogavam os pacientes por dentro, como em todo edema pulmonar independentemente da causa. Mas isso não era o mais grave e não era a causa da morte.

Por outro lado, os anatomopatologistas detectaram de modo repetido, até mesmo sistemático, anomalias cuja assinatura é *bacteriana*. Tratava-se de infiltrações pulmonares por certos glóbulos brancos chamados de "polinucleares neutrófilos".[13] O roteiro parece claro: os pacientes entravam na doença por uma pneumonia viral (gripal). Quando suas defesas imunológicas começavam a livrá-los dela, uma superinfecção bacteriana ocorria. Era a famosa pneumonia lobar que todos os estudantes de Medicina aprendem no segundo ano.[14] O resultado era certamente fatal em muitos casos, na maioria deles. Os antibióticos ainda não existiam. A frequência excessiva das superinfecções bacterianas é um dos traços mais anormais da gripe espanhola. Os doentes começavam a se curar da gripe, e então eram agredidos por suas próprias bactérias, um ataque que levava muitos deles à morte.

Uma equipe francesa avaliou o número de mortos da grande gripe na Europa.[15] Sob a supervisão de Alain-Jacques Valleron (nascido em 1943), ela concluiu (com uma extrapolação parcial) que a pandemia havia causado 2,64 milhões de mortos, ou seja, 1,1% da população do continente e de 200 mil a 400 mil mortes na França. A distribuição não parecia homogênea. Os pesquisadores franceses observaram um gradiente Norte-Sul invertido em relação às suas expectativas. Os países do sul da Europa foram mais mortalmente afetados do que os do norte. A Itália, por exemplo, teve um excesso de mortalidade acumulada* de 172%, ao passo que na Finlândia ela era de 33%. As causas desse gradiente invertido não são conhecidas. Habitualmente, as condições climáticas mais frias facilitam a circulação e a agressão pelos vírus influenza.

---

* N.T.: A mortalidade acumulada se refere ao somatório de mortes provocadas por uma determinada causa (doença, acidente, causas naturais etc.) ao longo de um período de tempo definido.

O número de mortos foi mais baixo nos Estados Unidos, embora a pandemia talvez tenha começado lá. As estimativas variam, mas o consenso é de ter havido uma mortalidade inferior à da Europa. Teriam morrido entre 500 mil e 675 mil americanos, 0,6-0,8% da população nacional. As razões dessa menor mortalidade não são bem compreendidas. Certamente houve menor movimentação de populações civis e militares do que no continente europeu, o que pôde limitar a circulação viral. Outra hipótese é que, na Europa, os sistemas de saúde tenham sido mais sucateados pelo conflito estando, portanto, em desvantagem no atendimento aos pacientes.

OS EFEITOS DO ISOLAMENTO

As opções terapêuticas contra o vírus influenza de 1918 eram muito limitadas. Hoje em dia se sabe que as medidas mais eficazes foram os cuidados de enfermagem, que não tinham nada de específico e podiam ser feitos no hospital ou em casa. Não se sabe como esses cuidados conseguiram melhorar o prognóstico dos pacientes. Nenhum agente antiviral nem antibacteriano estava disponível e nenhum outro medicamento era capaz de tratar os efeitos diretos ou as complicações da gripe. Evidentemente, não havia vacina contra a gripe.[16] Vários fatores podem ser cogitados para explicar o efeito terapêutico dos cuidados de enfermagem: boa hidratação, nutrição correta, ventilação dos ambientes, repouso e talvez até reconforto.[17] O isolamento social também pode ter ajudado a evitar a transmissão das bactérias responsáveis pela superinfecção, mas é impossível ter certeza.

Houve igualmente medidas públicas contra a pandemia. Se o homem de 2020 descobriu o isolamento em razão da covid-19, os de 1918 já o tinham experimentado em razão da gripe. Diferentes medidas foram tomadas: fechamento das escolas e das igrejas, proibição de reuniões públicas, obrigação de usar máscara, isolamento social e desinfecção geral. Os pesquisadores analisaram retrospectivamente essas medidas de isolamento e de proteção para avaliar sua eficácia. O caso dos Estados Unidos é provavelmente o mais interessante. Havia diferenças significativas de mortalidade entre as cidades americanas, cuja administração era local. As administrações municipais decidiam as medidas contra a epidemia, que eram substancialmente diferentes em tipo e duração.

Buscou-se saber se as diferenças de isolamento explicariam as diferenças de resultado epidêmico. Os modelos epidemiológicos previam isso, mas são modelos matemáticos, sobretudo teóricos. São alimentados por fatos, mas marginalmente. São formulados a partir de hipóteses humanas, o que os torna permeáveis aos erros humanos. Além disso, as hipóteses dos matemáticos que produzem os modelos se baseiam nos dados disponíveis durante a construção do modelo e esses dados são sempre suspeitos, pois o conhecimento dos vírus é variável e sempre incompleto. No início da pandemia de covid-19, o infectologista norte-americano Anthony Fauci havia declarado: "Como eu já disse, os modelos são tão bons quanto as hipóteses que os alimentam".

Duas equipes diferentes buscaram confrontar seus modelos aos dados históricos da gripe espanhola nos Estados Unidos.[18] Começaram trabalhando com uma amostra de 15 cidades americanas; coletaram os dados dos serviços públicos de saúde cidade por cidade e tentaram associá-los ao comportamento local da epidemia. Simplificando, suas pesquisas concluíram que os isolamentos eram significativamente eficazes, mas sobretudo sobre o pico da mortalidade. Esse efeito atenuador sobre a epidemia variava de 30% a 50% conforme os cálculos. A eficácia do isolamento sobre a mortalidade total parecia menos certa e mais inconstante, principalmente porque esse resultado parecia ditado pela duração do isolamento. O isolamento achata a onda e age então sobre o pico, mas talvez a prolongue, o que não muda necessariamente o número final de vítimas. As duas equipes esperavam por esse resultado positivo, mas parcial, previsto em suas hipóteses iniciais. Elas mostravam também um fato que as pessoas de 2020 observaram amplamente: o *timing* das medidas públicas era essencial. Quanto mais cedo o isolamento, mais resultado ele trazia. Em caso de curva exponencial, cada dia extra não somente adiciona os riscos, mas também os multiplica.

Howard Markel, médico e historiador americano da Universidade de Michigan, foi mais longe. Ele fez um trabalho similar, mas com um número maior de cidades, 43 no total.[19] Além disso, ele e sua equipe recorreram a dados primários, *a priori* mais confiáveis. Em resumo, Markel explorou mais dados e melhores do que as análises anteriores. Três elementos foram esmiuçados: a data de início do isolamento, sua duração total e o tipo de medidas (fechamento das escolas, anulação dos eventos públicos, isolamento social e quarentena). Assim, Markel também observou uma eficácia do isolamento sobre o pico e sobre a mortalidade. A combinação mais eficaz parece ser o fechamento das escolas associado à proibição de aglomerações. Quanto mais precoce era o isolamento, mais tardio era o pico. Um isolamento mais precoce e mais longo reduzia significativamente a mortalidade total. O trabalho de Markel é ainda mais interessante porque ele conseguiu estudar os numerosos casos de cidades com dois picos. Observou que um fim precoce demais do isolamento reativava a epidemia, provocando um segundo pico. O isolamento tem, portanto, uma eficácia apenas suspensiva, que só dura enquanto ele for mantido. O caso das cidades com dois picos tem um grande valor científico, pois reforça o que se chama de inferência causal, ou seja, a probabilidade de que seja o isolamento, e nada mais, que reduz a mortalidade. É como se essas cidades tivessem feito uma experiência da qual fossem a própria testemunha. Markel não observou nenhum segundo pico nas cidades em que o isolamento foi mantido. Contudo, ele admite que algumas cidades apresentavam dados ilógicos, isto é, seus resultados eram bons apesar de um isolamento mais flexível. Markel não apresenta explicação para eles, mas essas cidades são minoritárias e não contradizem a tendência global, que é clara.[20]

Esses trabalhos sobre a eficácia dos isolamentos repercutem mais hoje em dia. Podem dar indícios, mas não são definitivos, pois sua extrapolação para o mundo atual não é evidente. Em 1918, as sociedades eram diferentes, as moradias eram maiores e as populações viajavam menos. Além do mais, o vírus de 1918 não era o SARS-CoV-2. O que funcionou parcialmente em 1918 não funciona automaticamente mais de cem anos depois. É muito cedo ainda para avaliar com precisão a eficácia dos isolamentos durante a pandemia de covid-19. É possível, aliás, que os efeitos dos isolamentos sejam não somente diretos, mas também indiretos. É plausível que influenciem os comportamentos das pessoas para além de suas prescrições. Os trabalhos de Markel não oferecem resposta sobre a flexibilização do isolamento. A reclusão das populações permite comprar tempo, mas sua liberação dá novas oportunidades aos vírus. Por vezes, a sazonalidade ou uma mutação podem atenuar a sequência da história,[21] mas isso não é obrigatório. Em 2021, essa questão da flexibilização do isolamento permanecia sem resposta.

O LEGADO DA GRIPE ESPANHOLA

O impacto mundial que a gripe espanhola produziu foi dramático, mesmo que não tenhamos todas as informações a respeito. Todas as regiões do mundo foram afetadas, inclusive as mais distantes. Estima-se que cerca de um terço da humanidade tenha adoecido. As primeiras avaliações registraram um total de aproximadamente 20 milhões de mortos, mas faltavam dados dos países menos desenvolvidos. Alguns pesquisadores recorreram, mais tarde, a abordagens demográficas inovadoras para processar essas lacunas.[22] Seus trabalhos provocaram uma revisão na avaliação: os historiadores evocam, agora, uma ordem de grandeza que vai de 50 a 100 milhões de mortos, ou seja, 2% a 5% da população mundial da época. Acredita-se que jamais se poderá saber com exatidão o impacto real, mas ainda assim é certo que essa pandemia matou mais pessoas do que qualquer outra da história humana. A maioria dessas mortes aconteceu em um lapso de tempo de algumas semanas. A expectativa de vida sofreu uma grande queda no ano de 1918. Nos Estados Unidos, que não foi o país mais afetado, ela baixou temporariamente 12 anos.[23]

Levantou-se a hipótese errônea de que a mortalidade anormalmente alta da gripe espanhola tinha a ver com a proximidade cronológica com a Primeira Guerra Mundial. Alguns imaginaram que os seres humanos haviam sido direta ou indiretamente fragilizados pelo conflito, sobretudo no plano nutricional, o que os teria deixado mais vulneráveis à gripe. Os dados contradisseram essa intuição. Não resta dúvida de que a propagação do vírus foi causada pela circulação das pessoas e por sua concentração. Mas a velocidade de propagação viral foi homogênea, tanto nas zonas de guerra quanto na Índia, por exemplo, país que não participou do conflito. Por outro lado, as tropas mais atingidas não eram necessariamente aquelas que haviam combatido, mas as que viviam mais concentradas.

A possível herança de uma pandemia ou de qualquer evento extremo não se resume às estatísticas vitais. Os dramas sanitários massivos não apenas matam, suas consequências podem superar o impacto humano direto. As epidemias e as pandemias de cólera do século XIX causavam menos mortes, mas tiveram repercussões fenomenais.[24] O cólera assustava muito e justificou, em parte, o surgimento do Movimento Sanitário de Edwin Chadwick. Seu efeito histórico ultrapassou seu peso epidemiológico. Não foi realmente o que aconteceu com a pandemia de 1918. Sua marca histórica é dissociada, quase nula em certas dimensões, e patente em outras. Os especialistas avaliam que a Primeira Guerra Mundial modificou o curso da história – no mínimo, preparando a Segunda –, mas a gripe espanhola não mudou o mundo. Mesmo que tenha sido a pior pandemia de gripe, ela pareceu um *flash* histórico. A grande gripe foi imediatamente ocultada. O fim da guerra e os processos de paz reocuparam os espaços mentais assim que a epidemia estancou. "Poder esquecer é um sinal de saúde mental", escrevia Jack London. A brevidade da gripe espanhola teve sem dúvida um papel nisso, a tal ponto que o historiador Alfred W. Crosby (1931-2018) falou de "pandemia esquecida".[25] A gripe espanhola tampouco teve impacto sobre as sociedades e sobre a economia. Ela não provocou transformações.

Todavia, dois efeitos duradouros da grande gripe – negativo e positivo – podem ser citados. O efeito negativo é epidemiológico: a pandemia estancou, mas nos deixou seu vírus. Há mais de cem anos, todos os vírus gripais de tipo A são filhos do vírus da gripe espanhola. O impacto patológico é então gigantesco, já que não se limita às mortes diretas de 1918-1919. Ele inclui também todas as vítimas indiretas, aquelas dos vírus descendentes. Isso representa centenas de milhares de pessoas a cada ano no mundo e, portanto, milhões neste último século. Na França, 10 a 15 mil pessoas morrem anualmente de gripe. Nos Estados Unidos, são cerca de 700 mil hospitalizações por gripe ao ano e mais de 50 mil mortes.[26] Todas as epidemias sazonais de vírus influenza A, bem como as pandemias posteriores, devem sua existência ao vírus de 1918. Os historiadores falam de vírus fundador ou de mãe de todas as pandemias. Não há nenhuma perspectiva de término da gripe a despeito das vacinas, pois sua eficácia é média e poucas pessoas se vacinam.

A ARQUEOLOGIA VIRAL

Porém, a gripe espanhola também teve uma consequência inegavelmente positiva: ela impulsionou progressos da ciência e da Medicina virológicas. Os vírus influenza A foram isolados nos porcos em 1930 e nos seres humanos em 1933. Logo se percebeu o parentesco entre os vírus influenza sazonais e o de 1918. Depois, os avanços das técnicas de sequenciamento genômico, desenvolvidas na década de 1980, fizeram o passado falar, com a famosa PCR, reação em cadeia da polimerase.[27] Jeffery Taubenberger é um defensor da Arqueologia Viral. Esse virologista americano nascido na Alemanha trabalha nos *National Institutes of Health*, equivalente americano do INSERM.[28] Em 1995, ele teve acesso ao banco nacional de tecidos do ex-Instituto de Patologia das Forças Armadas americano, que conservava tecidos extraídos durante uma centena de autópsias de pessoas falecidas em 1918. Muitos fragmentos haviam sido conservados em formol e em parafina.[29] Um exame dos prontuários médicos permitiu supor a presença do genoma viral em certos casos, que foram analisados. Em um deles, de um homem de 21 anos, Taubenberger identificou nove fragmentos de RNA viral.[30] A leitura desses trechos de genoma confirmou que o vírus de 1918 vinha de uma ave selvagem. Ainda não era o genoma completo do vírus, mas essa descrição dava mais informações do que jamais se tivera. Novas pesquisas feitas em 1997 sobre os casos do Instituto de Patologia das Forças Armadas revelaram um segundo fragmento tissular positivo ao RNA viral.

Foi então que Taubenberger recebeu uma ajuda inesperada e que vinha de longe. Johan Hultin era um anatomopatologista de origem sueca filiado à Universidade de Iowa. Em 1951, ele partira para Brevig Mission, no Alasca, em uma expedição que visava recuperar fragmentos pulmonares de vítimas da gripe espanhola. Em 1918, esse vilarejo do extremo oeste do Alasca era exclusivamente povoado por inuit. Não se sabe como o vírus influenza A chegou até lá – algumas versões evocam viajantes em trenós de cães, outras, o carteiro – mas os documentos históricos atestam que, em cinco dias de novembro de 1918, a gripe matou 72 dos 80 habitantes do vilarejo. Os corpos dos defuntos foram enterrados em uma vala comum, em uma colina próxima. A vala fora congelada no *permafrost*, e Hultin esperava que isso tivesse preservado os tecidos das vítimas, possibilitando a recuperação do vírus de 1918. Lá chegando, ele precisou fazer fogueiras para degelar certas zonas do solo e poder cavar.[31] Sua primeira descoberta foi o corpo de uma menina que ainda usava um vestido azul e fitas vermelhas nos cabelos. Em seguida, conseguiu coletar pedaços de pulmões de quatro outras pessoas, naturalmente conservados. O retorno para Iowa foi um pesadelo. O avião que levava Hultin tinha de fazer paradas regulares para reabastecer. A cada aterrissagem, ele se precipitava para fora do avião para tentar recongelar os fragmentos tissulares com a neve carbônica de um extintor. Sua experiência fracassou, pois, na universidade, não conseguiu isolar o vírus da gripe a partir do material coletado.

Em 1996, 45 anos mais tarde, Hultin procurou Taubenberger. Ele lera seus trabalhos e lhe propôs retornar ao Alasca para exumar novo material humano. Taubenberger se interessou e, uma semana depois, Hultin partia novamente. Ele havia pegado as tesouras de jardinagem de sua mulher para cavar. Conseguiu reabrir a vala comum e achar um cadáver em ótimo estado. Era uma mulher corpulenta, cujo tecido adiposo havia funcionado como um conservante, isolando-a do *permafrost*. Fragmentos de tecido pulmonar congelado foram diretamente mergulhados em formol e etanol. Hultin os enviou a Taubenberger, que lhe telefonou dez dias mais tarde para contar que havia detectado fragmentos de RNA do vírus de 1918.

Comparando os genomas dos três casos, os dois militares e a mulher inuit, os caçadores de vírus observaram que as diferenças entre eles eram muito pequenas.[32] Os três vírus eram praticamente os mesmos, o que confirmava que a grande gripe havia sido causada por um "verdadeiro vírus clonal pandêmico".[33] Nos anos seguintes, os pesquisadores foram completando o quebra-cabeça até sequenciar a totalidade do genoma. Outros fragmentos tissulares foram analisados, principalmente na Inglaterra. Todos os trabalhos posteriores confirmaram que os vírus encontrados eram quase idênticos geneticamente. Esse alto grau de semelhança reforçava, mais uma vez, a tese de uma pandemia causada por um único vírus recente que rapidamente se globalizou. Se o vírus já existisse há muito tempo, pelo período longo de circulação teria levado a mais mutações e os pesquisadores teriam observado diferentes vírus em todo o mundo.

Em seguida, procedeu-se a uma reconstrução do vírus após uma longa discussão sobre os procedimentos de segurança. Novas normas haviam sido criadas, assim como novos pesquisadores foram recrutados, como o Dr. Terrence Tumpey. No verão de 2005, o trabalho começou. Decidiu-se que uma única pessoa de cada vez podia entrar no laboratório de pesquisa. Antes de cada sessão de manipulação, Tumpey tomava preventivamente um medicamento antiviral, o oseltamivir.* Ele injetou em células renais humanas o genoma capaz de instruí-las na fabricação do RNA do vírus de 1918. Então, o vírus acabou surgindo nas culturas celulares. Imediatamente, Tumpey enviou a seus colegas um e-mail plagiando Neil Armstrong: "É um pequeno passo para o

---

* N.T.: conhecido comercialmente como Tamiflu®.

homem, mas um passo gigante para a humanidade". Eles compreenderam a mensagem.

O vírus recriado foi então administrado em alguns camundongos, enquanto os demais receberam outros vírus gripais. Esse teste comparativo confirmou que o vírus ressuscitado se replicava muito depressa e que era extremamente mortal, cem vezes mais do que os outros vírus de gripe. Por essa experiência e por outras posteriores, Tumpey e sua equipe evidenciaram que o vírus de 1918 fora tão patogênico não por causa de um único elemento, mas devido a uma combinação única de várias características.[34]

Esses experimentos mostram que as pesquisas estão longe de ser uma curiosidade histórica ou um exercício corriqueiro. A ressurreição do vírus perdido visava produzir conhecimentos para compreender e, se possível, impedir pandemias futuras. Seu objetivo era aprender suficientemente do passado para tratar o presente. Mas esses esforços não devem parar, pois ainda existe um grande número de perguntas sem respostas. Apesar do trabalho de milhares de pesquisadores durante mais de cem anos, continuamos desarmados diante de um pequeno vírus que não tem nem uma dezena de genes e 13 mil pares de bases.[35]

Os vírus influenza vivem, antes de tudo, em seu reservatório natural, constituído pelos bilhões de aves selvagens, nas quais provocam uma infecção digestiva assintomática. A mudança de hospedeiro é rara e vem de uma evolução genética mal compreendida. Só é constatada quando uma nova variante viral já se propagou amplamente nos seres humanos, sem que se conheçam as etapas anteriores. Os eventos críticos ocorrem na natureza, o que nos impede de observá-los. Mesmo quando se identifica uma nova variante já disseminada, nada permite antecipar seu potencial pandêmico. Com nossos recursos atuais, o genoma não diz muito do comportamento do vírus. Somos como iletrados virológicos que sabem decifrá-lo, mas não compreendê-lo. Em matéria de pandemia de gripe, conhecemos superficialmente os eventos que levam a uma infecção mundial, mas não o suficiente para poder evitá-la. A causalidade é compreendida, mas a previsão permanece impossível.

A ERA MÉDICA

1945-1970:
a transição de modelo

O fim da Segunda Guerra Mundial dá início a uma nova era não somente para a geopolítica e a economia internacional, mas também para a saúde mundial, que vai entrar rapidamente em uma nova fase. Muitos países ampliaram, primeiramente, a cobertura de saúde de sua população para beneficiá-la com os progressos da ciência e da Medicina. Na França, a Seguridade Social é criada pelas portarias de 1945 – nem mesmo uma lei foi necessária. Um equivalente é criado no Reino Unido em julho de 1948, o *National Health Service*. Esses dois sistemas de saúde, predominantemente públicos, ainda existem. Seu funcionamento não variou muito e todas as pesquisas de opinião mostram que as populações de ambos os países os valorizam muito.

O aumento da expectativa de vida na Europa Ocidental vai imediatamente retomar o percurso interrompido pelo conflito mundial. Na França, o ano de 1945 havia contabilizado 644 mil mortes, o que a situava no intervalo habitual de mortalidade do país desde a Primeira Guerra Mundial.[1] Já em 1946, registraram-se quase 100 mil a menos, ou seja, 546 mil óbitos. Essa nova ordem de grandeza seria a norma por muito tempo, isto é, até meados dos anos 2010. O número de mortes, na França, permaneceu inferior a 550 mil anuais durante mais de 70 anos, o que é surpreendente, pois, durante esse período, a população aumentou – de 40 a 65 milhões – e envelheceu. Seria possível esperar que a mortalidade total aumentasse mecanicamente. Mas foi com a chegada de 2018 que se registrou novamente um número de mortes superior a 600 mil. Nesse mesmo período, a expectativa de vida das francesas e dos franceses aumentou mais de 15 anos.[2]

APÓS A MORTALIDADE INFANTIL, A ATENÇÃO SE VOLTA PARA OS ADULTOS

Em 1950, a expectativa de vida aproximada nos países industrializados era entre 65 e 70 anos, com uma vantagem significativa e sistemática para as mulheres. Nesses mesmos países, a expectativa de vida aumentou alguns meses por ano e, portanto, alguns anos por década até o século XXI. Essa maior longevidade após a Segunda Guerra Mundial está fundada em uma mudança de modelo em relação aos duzentos anos anteriores. Esquematizando, essa transição se resume em três pontos: a idade, as doenças crônicas e a Medicina. As principais características do modelo anterior se inverteram. Não são as mesmas pessoas que são salvas, não se tratam as mesmas doenças, nem se empregam os mesmos métodos. Primeiramente, não são mais as crianças, mas as pessoas de meia-idade ou os idosos que viram sua mortalidade diminuir. Enquanto a saúde pública possibilitou aumentar a duração de vida média, reduzindo sobretudo a mortalidade das crianças, a segunda metade do século XX elevou a de seus pais e avós. Em segundo lugar, ao contrário do controle das doenças infecciosas que permitiram os ganhos precedentes de longevidade, agora a melhora do prognóstico de dois outros grandes causadores de morte – as doenças cardiovasculares e o câncer – teve um papel estatístico determinante. Em terceiro lugar, a saúde pública foi parcialmente deixada de lado, pelo menos nos países industrializados. Enfatizou-se a Medicina e a mudança de certos comportamentos. As coisas aconteceram como se as medidas coletivas tivessem atingido seus limites, o que não era completamente falso. O saneamento era adequado e a alimentação era suficiente para a maioria dos seres humanos do período industrial. Era então necessário sair um pouco da lógica de grupo e se voltar novamente para o indivíduo para continuar a melhorar a saúde e elevar a longevidade.

Todavia, o exame dos dados mostra que a transição entre os dois modelos não foi tão clara. A mudança de época requereu um período intermediário, mais ou menos de 1950 a 1970. Na verdade, restava baixar ainda um tanto de mortalidade infantil para reduzi-la ao mínimo. Isso levou 20 anos a mais. Em 1950, sua taxa era de 51 por mil na França. Esse número foi dividido aproximadamente por dois em 10 anos e por três em 30 anos. Essa redução da mortalidade infantil contribuiu para aumentar significativamente a expectativa de vida nacional, que ganhou quatro anos na década de 1950, passando de 66,4 a 70,4 anos. A década seguinte registrou uma desaceleração, mais mesmo assim houve um certo aumento, com 1,7 ano a mais.

AS "DROGAS MARAVILHOSAS"

Quais foram as causas desse salto de quase 6 anos de expectativa de vida em 20 anos? É plausível que as vacinas e os antibióticos tenham feito grande parte do trabalho. O pós-guerra viu a entrada no mercado de algumas vacinas, principalmente contra a poliomielite e o sarampo (1963), além de grandes inovações farmacêuticas. Muitos medicamentos decisivos foram inventados e comercializados nos anos 1950: anti-inflamatórios,[3] ansiolíticos, anti-hipertensivos, contraceptivos orais etc. Os anglo-saxões frequentemente agrupam os novos medicamentos desse período sob o termo *wonder drugs*, as "drogas maravilhosas".

Os historiadores da área farmacêutica consideraram que os antibióticos eram os membros mais importantes desse clube. Estavam entre os primeiros. Antes da Segunda Guerra Mundial, já existiam antibióticos ou anti-infecciosos que não eram desconhecidos, mas não acontecia uma produção em série. As sulfamidas antibacterianas, que foram os primeiros antibióticos orais, haviam entrado no mercado na década de 1930 com certo impacto. Alexander Fleming havia descoberto a penicilina de modo quase acidental em 1928, mas foi somente nos anos 1940 que ela se popularizou.

Tudo se acelerou após a guerra. Em 1948, o primeiro ensaio clínico randomizado[4] registrado pela História comparava a estreptomicina a "nada" contra a tuberculose. A mortalidade era de 7% no grupo experimental tratado e de 27% no grupo controle, aquele que ficara em repouso na cama. Os dados radiológicos mostravam uma variação ainda maior entre os dois grupos. O repouso não funcionava muito bem contra o bacilo de Koch, mas a estreptomicina era eficaz. Como a penicilina, a estreptomicina era um antibiótico de espectro estreito, ativo contra um número limitado de bactérias. No mesmo ano, os laboratórios Lederle colocavam no mercado americano a aureomicina, também denominada clortetraciclina. Foi o primeiro antibiótico de amplo espectro, mesmo que não tenha sido logo reconhecido como tal. Trata-se da terramicina,[5] comercializada dois anos depois pela Pfizer, que recebeu o título de primeiro antibiótico de amplo espectro. Outros antibióticos se seguiram, permitindo tratar numerosos tipos de infecções bacterianas de modo eficaz e com frequência sem efeitos colaterais problemáticos.

É quase certo que as vacinas e os antibióticos impulsionaram a saúde na metade do século XX, mas é difícil saber em que proporção. Samuel Preston (nascido em 1943), sociólogo e demógrafo, trouxe subsídios para responder a isso. Formado em Princeton, é atualmente professor emérito na Universidade de Pensilvânia, na Filadélfia. Tem uma importante contribuição para o conhecimento das populações e de sua saúde. Precisaríamos de um livro inteiro só para relatar seus trabalhos.

Um de seus primeiros artigos foi especialmente influente.[6] Preston examinou o gradiente social de saúde, isto é, a relação entre a posição social e a saúde, em muitos países, entre 1900 e 1960.

Coletou apenas duas variáveis, a renda e a expectativa de vida, visto que a coleta de tais dados massivos em um longo período já era um esforço considerável em si. Preston primeiro comprovou que realmente existia um gradiente social de saúde, confirmando assim a lei de Villermé sobre o vínculo entre pobreza e mortalidade. Em seguida, observou que esse gradiente social se acentuara após 1930 e que os ganhos mais consideráveis estavam concentrados no início de desenvolvimento econômico. Esta é outra lei geral da saúde, formalizada com menos frequência, mas constantemente verificada: os rendimentos das despesas de saúde diminuem quando a idade média de uma população aumenta. É relativamente barato fazer uma população que morre jovem ganhar anos de vida, pois isso passa por medidas básicas que não são caras. Mas, quanto mais envelhece uma população, mais se deve investir para fazê-la marginalmente progredir. As abordagens necessárias são sobretudo ligadas a tecnologias médicas, que são caras, às vezes até demais. Como ocorre muitas vezes, as alternativas mais simples são as mais fáceis de operacionalizar. Mas Preston calculou que, se a renda tivesse sido o único fator de empuxo da expectativa de vida mundial, esta teria aumentado apenas 2,5 anos e não 12,2 anos, como ele mediu. Assim, entre 75% e 90% do aumento de longevidade no período 1930-1960 se devia a outro fator além da renda. Essa matemática era válida para todos os países, independentemente do nível de desenvolvimento. Preston explicou esse aumento pelo desenvolvimento das vacinas e dos antibióticos nos países industriais.[7]

Preston retomou seus trabalhos nos anos seguintes, mas isso não modificou substancialmente seus resultados e conclusões. Ele publicou uma revisão de seu artigo em 1996 e corrigiu um ponto. Reconheceu ter sucumbido à "tentação de McKeown", descartando de sua análise inicial uma variável a partir de um preconceito, e não de fatos:[8] havia excluído de seu primeiro trabalho o possível papel de uma mudança social. Não havia levado em conta principalmente a melhoria da saúde das crianças cujas mães são mais instruídas.

Sem surpresa, os trabalhos de Preston que mostram a influência apenas parcial da renda foram criticados... por economistas. Lawrence Summers, economista ilustre, ex-secretário do Tesouro dos Estados Unidos e ex-reitor de Harvard, foi um dos que tentaram desqualificar uma parte das conclusões de Preston. Em um artigo intitulado "Wealthier is Healthier",[9] Summers considerava que o crescimento da renda tivera consequências positivas sobre a educação e a saúde em todos os países, inclusive nos menos avançados. Uma metodologia que ele julgava inadequada teria levado Preston a subestimar o papel da renda. Todavia, a controvérsia não muda a importância dos achados de Preston. Tampouco muda a contribuição maior, ainda que não totalmente quantificável, dos antibióticos e das vacinas para o aumento na expectativa de vida dos anos 1950.

As doenças cardiovasculares

O "NOVO" PROBLEMA DAS DOENÇAS CARDIOVASCULARES

Com uma mortalidade infantil inferior a 20 por mil, novos ganhos eram mais difíceis e qualquer melhora nas faixas etárias mais baixas quase não teria efeito estatístico detectável sobre a expectativa de vida. Era preciso cuidar dos adultos, principalmente dos idosos, cada vez mais numerosos, mesmo que não se acreditasse realmente que fosse possível progredir.[1] Muitos observadores ou especialistas pensavam que os ganhos poderiam ser, no máximo, limitados. A inflexão da expectativa de vida medida entre 1960 e 1970 fortalecia, aliás, a tese de uma desaceleração ligada a um limite biológico. Na França, durante esse período, o INSEE* publicou previsões sistematicamente pessimistas, que depois os fatos contradisseram.

---

* N.T.: Trata-se do Instituto Nacional de Estatísticas e Estudos Econômicos, órgão equivalente ao IBGE.

A redução drástica da mortalidade infantil havia permitido à maioria das pessoas chegar à idade adulta e mesmo além, o que as tornava suscetíveis de desenvolver dois grandes tipos de doenças, até então vistas como um efeito inevitável do envelhecimento: as patologias cardiovasculares e os cânceres. As primeiras correspondem sobretudo ao infarto do miocárdio e aos acidentes vasculares cerebrais (AVC), ambos causados por uma obstrução excessiva dos vasos correspondentes. Esse entupimento vascular se deve a um mecanismo cumulativo chamado de aterosclerose. Alguns AVCs podem ser causados por uma hemorragia ligada à ruptura de um vaso, mas não são os mais frequentes. Já os tipos de câncer podem ser muito numerosos e podem afetar quase todos os órgãos; existem até mesmo vários por órgão. Nos países industrializados, os mais frequentes são o câncer de mama, de próstata, do pulmão e do cólon. Um para as mulheres, um para os homens, e dois para ambos. As doenças cardiovasculares e os cânceres haviam se tornado as duas principais causas de mortalidade. E ainda é assim no mundo atual.

No início dos anos 1970, os países ocidentais foram surpreendidos por uma boa notícia inesperada: a redução da mortalidade cardiovascular. Em 1972, epidemiologistas americanos e australianos publicavam dados mostrando uma redução da mortalidade por doença coronariana – aquela que causa o infarto do miocárdio – após um pico que datavam em 1968. A informação foi tratada com ceticismo. Muitos duvidavam da realidade desse declínio, principalmente porque não o compreendiam. Em 1974, um cardiologista de Los Angeles, Weldon Walker, escreveu no *Journal of the American Medical Association* um editorial intitulado "Mortalidade coronariana: o que está acontecendo?".[2] Ele interpretava os novos dados como um possível "sinal de primavera". Para Walker, indícios sugeriam que as mortes por infarto teriam começado a diminuir já em 1963, mas dez anos teriam sido necessários para que se percebesse. Esse período de latência entre uma mudança epidemiológica e sua identificação formal é um traço recorrente da saúde populacional. Foram publicadas outras observações similares que diziam respeito tanto aos homens quanto às mulheres. A redução da mortalidade coronariana era cada vez mais admitida, mas sem interpretação clara. Havia um consenso sobre isso, mas não se sabia qual a causa. Ainda que todos buscassem compreender, era difícil porque muitas coisas haviam mudado em 20 anos, e todas elas podiam explicar em parte o progresso verificado.

Vários encontros científicos foram organizados. Um deles ocorreu em 1978, em Bethesda, Maryland, nos Estados Unidos.[3] Intitulada "Conference on the Decline", essa conferência sobre a redução da mortalidade coronariana é frequentemente citada pelos historiadores da Medicina como um evento pivô da Epidemiologia Cardiovascular. Os participantes reconheceram uma diminuição de 20% do problema em dez anos. Cardiologistas e epidemiologistas trabalharam a partir de muitos modelos para determinar os papéis das diferentes causas possíveis e concluíram que cerca da metade das melhoras cardiovasculares se devia à prevenção, isto é, a uma redução dos maiores fatores de risco de doença coronariana: tabagismo, hipertensão arterial e excesso de colesterol sanguíneo. A outra metade competia ao tratamento em si do infarto. Mais uma vez, os medicamentos e a cirurgia das artérias coronarianas – a ponte de safena que consiste em interpor um vaso sadio para irrigar o músculo cardíaco – haviam certamente tido um efeito significativo.

INOVAÇÃO TERAPÊUTICA: A REVASCULARIZAÇÃO DO CORAÇÃO

A história da ponte de safena (revascularização do miocárdio) é típica do percurso complexo das inovações terapêuticas.[4] Ela ilustra especialmente a necessidade do fracasso e também a injustiça de escolher um único herói entre muitos pioneiros. O primeiro vislumbre da ideia de ponte de safena foi legado, sem dúvida, por Alexis Carrel (1873-1944), biólogo e cirurgião cardiovascular francês. Nascido em Lyon, ali se formou em Medicina em 1900. Quatro anos mais tarde, emigrou para o Canadá e, depois, para os Estados Unidos. Os dados históricos disponíveis testemunham sua boa técnica cirúrgica e sua criatividade. Carrel trabalhou com transplantes de rim ou de baço de uma cobaia a outra, o que permitiu aperfeiçoar sua destreza em pequenos vasos. No processo, constatou a possibilidade da rejeição do enxerto, que ele chamava de "causas biológicas" de complicações em oposição às "causas cirúrgicas".[5]

Em 1910, Carrel publicou um artigo relatando uma revascularização do miocárdio efetuada em um cão.[6] Escreveu que as artérias coronárias calcificadas – o que quer dizer obstruídas e rígidas, tipicamente na aterosclerose – precisavam de uma "circulação complementar". Ele teve a ideia de compensar a falta de circulação por meio de uma revascularização. Havia retirado uma artéria carótida do cão, que conservara em um meio frio para que não se deteriorasse, e a conectou de um lado à aorta e, do outro, à terminação da artéria coronária esquerda. Carrel descreveu quão difícil a operação tinha sido, não só devido aos movimentos do coração que batia, mas também à necessidade de uma dissecção delicada e suturas difíceis. Ele se recriminava por ter demorado demais: ao final de três minutos dos cinco que a operação durara, o coração havia começado a fibrilar, isto é, a bater de modo anárquico e ineficaz – a fibrilação precede ao ataque cardíaco. Carrel conseguiu manter o animal vivo, massageando diretamente o coração com a mão, mas o cão morreria duas horas depois.

Ele recebeu o Prêmio Nobel de Medicina em 1912, mas seus trabalhos de pesquisa posteriores e seus posicionamentos pessoais suscitaram controvérsias. Desenvolveu uma tese sobre a imortalidade celular, sistematicamente refutada por diversos trabalhos empíricos, e difundiu sobretudo ideias antissemitas, ideia eugenistas e até sugestões genocidas. Quando voltou para a França, serviu ao regime de Vichy.* Morreu em 1944.

---

* N.T.: Estado francês que, durante a Segunda Guerra Mundial, colaborou com a Alemanha após a ocupação de metade do território da França.

Nos 50 anos seguintes ao fracasso de Carrel em manter vivo o cão revascularizado, inúmeros cirurgiões investigaram técnicas muito diferentes para resolver a mesma equação: levar sangue ao músculo cardíaco para que ele batesse corretamente. Mas nenhum método funcionou, o que possibilitou que a ideia de revascularização do miocárdio ressuscitasse pouco a pouco. Entre a década de 1940 e 1950, várias operações de revascularização em animais foram relatadas por cirurgiões de Toronto, Moscou e outros locais. Acredita-se que, em média, menos da metade era minimamente eficaz. Esses resultados dissuadiam de sua aplicação nos seres humanos.

A partir dos anos 1960, vários cirurgiões cardíacos tentaram, no entanto, proceder à revascularização em seus pacientes. Robert Hans Goetz, cirurgião alemão que havia emigrado para trabalhar em um hospital do Bronx, efetuou, em maio de 1962, uma revascularização entre uma artéria torácica interna direita e a artéria coronária direita. Outros se seguiram, nos Estados Unidos ou em Leningrado, e operaram um, dois ou uma série de pacientes. Os resultados continuavam medíocres. Os pacientes morriam de AVC, de infarto ou durante a operação. Às vezes, eram os vasos implantados que não se sustentavam. A maioria desses cirurgiões ficava desmoralizada por esses fracassos e parava de tentar.

Foi preciso então que outro cirurgião resolvesse fazer um experimento diferente. O argentino René Gerónimo Favaloro (1923-2000) havia emigrado para os Estados Unidos, em 1962, para trabalhar na prestigiosa Cleveland Clinic. Ele aperfeiçoou sua técnica cirúrgica e se interessou pela revascularização. Discutiu com seus colegas cirurgiões vasculares sobre a utilização de uma veia da perna chamada safena, que era usada para reparar o estreitamento (estenose) da artéria renal. Favaloro e seus colegas pensaram em uma técnica de revascularização diferente daquelas que já haviam sido publicadas, utilizando a safena para conectar a origem da artéria coronária à sua terminação. Isso equivalia a recanalizar a parte obstruída de outro modo.

Em 9 de maio de 1967, Favaloro operou com essa técnica uma mulher de 51 anos cuja artéria coronária direita estava praticamente entupida. Oito dias mais tarde, uma radiografia dos vasos coronários confirmou que o neovaso era permeável: o sangue chegava até o coração, que de novo estava corretamente irrigado. No ano seguinte, Favaloro e suas equipes – que nesse período já haviam operado dezenas de pacientes – associaram a técnica da ponte de safena a outros procedimentos, como a substituição de uma válvula cardíaca. Eles fizeram até mesmo a primeira revascularização documentada para infarto do miocárdio em fase aguda, ou seja, durante o infarto, e não como prevenção. Seus bons resultados foram publicados e outros cirurgiões os imitaram com êxito semelhante. Bem descrita e padronizada, a técnica se tornou relativamente fácil de replicar.

Dez anos após a primeira intervenção de Favaloro, estima-se que 100 mil pontes de safena eram efetuadas anualmente só nos Estados Unidos. Trinta anos depois, o volume anual era superior a 600 mil. Sempre à procura de inovações técnicas que pudessem melhorar seus resultados, os cirurgiões cardíacos continuaram tentando. Outros métodos foram desenvolvidos com dois objetivos não concorrentes: primeiro, aumentar a eficácia das pontes de safena; segundo, reduzir a taxa de complicações. Uma melhor seleção das pessoas a serem operadas foi uma das abordagens. Último ponto crucial. A ponte de safena criou um precedente para as primeiras tentativas de dilatação coronariana, técnica que predomina hoje no terreno da revascularização.

A história da ponte de safena não é apenas mítica, é também típica. É mítica porque diz respeito a um órgão altamente simbólico, o coração, e porque seu impacto foi imensurável. E é típica porque inclui todas as etapas habituais de uma inovação terapêutica: séries de fracassos, pessoas que colaboram ou que concorrem entre si (com frequência, ambos simultaneamente), que se imitam tentando se diferenciar, que se desestimulam e vão fazer outras coisas antes de, às vezes, retornar. Também é típica porque mostra a arbitrariedade na escolha de um herói entre vários precursores, o pioneiro total (Carrel), o pioneiro no homem (Goetz), o primeiro a conseguir (Favaloro), ou o que se comunica melhor (nem todos os desbravadores publicaram seus trabalhos a tempo). É típica, por fim, porque ilustra o caráter mais cumulativo do que disruptivo do progresso. Cada tentativa, quando deixa um vestígio, opera como um tijolo de conhecimento sobre o qual os outros tentam algo, até que o talento e a sorte se associem para produzir um primeiro êxito.

REDUÇÃO DA MORTALIDADE CARDIOVASCULAR

Após as estimativas da "Conference on the Decline", outros trabalhos foram produzidos por países diferentes. Esses trabalhos também concluíam por uma divisão relativamente equânime dos papéis entre prevenção e tratamento, com variações, mas o resultado não mudava. Os países industrializados registravam menos óbitos por infarto. Do mesmo modo, a frequência e a mortalidade dos acidentes vasculares cerebrais tinham diminuído. Sabe-se que o declínio começara no início do século XX em certos países, como os Estados Unidos. Mas se acelerou mais uma vez no início dos anos 1970 por razões não idênticas, mas similares àquelas que haviam levado à diminuição dos infartos. Vários fatores agiram conforme os períodos, mas se acredita que foi a redução da hipertensão arterial provocada pelos tratamentos medicamentosos que teve o maior impacto. Houve menos acidentes vasculares cerebrais e, melhorando o atendimento, sua letalidade também diminuiu. Houve então menos mortes, mas mais sobreviventes e, portanto, mais pessoas em situação de incapacidade.

A virada dos anos 1970 marcou o início de uma tendência duradoura. Os demógrafos falavam muito de "revolução cardiovascular", mas ela foi particularmente longa. A mortalidade devido a problemas no coração e nos vasos continuou diminuindo durante as décadas seguintes, quase até hoje, em muitos países industrializados. As mulheres e os homens se beneficiaram, embora não exatamente na mesma proporção. Nos Estados Unidos, entre 1950 e 2000, a mortalidade cardíaca ajustada à idade foi dividida por dois e a dos AVCs, por três. Após 2000, a diminuição continuou na maioria dos países mais ricos. Na França, entre 2005 e 2015, a mortalidade cardiovascular foi a que mais diminuiu, com uma redução de 30% conforme dados similares entre as mulheres e os homens.

Esse declínio duradouro possibilitou outras inovações médicas além das já citadas, afetando tanto a prevenção quanto o tratamento das doenças manifestas. Foram desenvolvidos inúmeros medicamentos para minimizar o impacto do excesso de colesterol, da diabetes e da hipertensão arterial. Outros, ainda, permitiram administrar melhor os episódios de infarto ou de AVC, principalmente fluidificando o sangue conforme mecanismos variados. Procedimentos de intervenção cirúrgicos e não cirúrgicos foram inventados e logo adotados massivamente. Para revascularizar o músculo cardíaco no momento do infarto, realizaram-se as primeiras angioplastias, ou dilatações coronárias, na linguagem corrente. Essas dilatações viram seu efeito reforçado pela implantação de molas, chamadas *stents*, na artéria recém-aberta. Depois, criaram-se *stents* ativos, ou seja, impregnados de um fármaco que impede a artéria coronária de esmagar o *stent* e de se fechar novamente. No AVC, também se aprendeu a selecionar os pacientes que podiam se beneficiar de uma ablação do ateroma das artérias do pescoço, operação denominada endarterectomia de carótida. Desenvolveram-se, igualmente, tratamentos para dissolver o coágulo recém-formado a fim de inverter a situação e de repermeabilizar o cérebro em apneia. Essa técnica exige uma manipulação delicada. Administrada tarde demais, perde o efeito. Feita em pacientes de risco, transforma um processo obstrutivo em hemorrágico, o que agrava o prognóstico ao invés de melhorá-lo. Sua melhor utilização se tornou possível por meio de inovações organizacionais que facilitaram a admissão dos pacientes em condições adequadas de diagnóstico e de tratamento.

O caso do AVC lembra que o progresso médico geralmente resulta de três abordagens não exclusivas: medicamentos, procedimentos e organização. Os procedimentos podem ser cirúrgicos ou intervencionistas, como endoscopias ou procedimentos radiológicos. A angioplastia coronária é um procedimento intervencionista, mas não cirúrgico. A inovação organizacional nos ensina que, às vezes, basta modificar o modo como se faz um tratamento para oferecer um atendimento mais qualificado aos pacientes. Pode ser o *timing* do tratamento, uma via de administração, uma posição corporal ou a regulagem de uma máquina.

Outras inovações terapêuticas certamente contribuíram para um melhor prognóstico dos pacientes cardiovasculares, mas é difícil avaliar em que proporção. Elas não somente salvaram vidas ou adiaram a morte, mas também atenuaram sofrimentos físicos e mentais. Minimizando o impacto dos infartos, possibilitaram uma vida melhor depois do episódio. Reduzindo a frequência e a extensão dos AVCs, evitaram um número considerável de incapacidades. Pacientes puderam voltar a falar ou a se movimentar normalmente ou quase.

O combate aos cânceres

> Solicitarei a alocação de 100 milhões suplementares para lançar uma campanha intensiva para encontrar a cura para o câncer [...]. Chegou o momento nos Estados Unidos de se empenhar os mesmos intensos esforços que permitiram fragmentar o átomo e enviar o homem à Lua para o combate dessa doença assustadora.
>
> Richard Nixon, 1971.

> Em 2018, 18,1 milhões de pessoas no mundo tiveram câncer e 9,6 milhões morreram em consequência da doença. Até 2040, esses números vão quase dobrar.
>
> Organização Mundial da Saúde, 2020.

A DIFÍCIL LUTA CONTRA OS CÂNCERES

Após as doenças cardiovasculares, a segunda causa de morte mais frequente dos países industrializados era o câncer. A doença existe desde sempre. Encontram-se traços dela em grande quantidade de testemunhos históricos ou vestígios artísticos. Devia ser uma doença relativamente rara, pois seu principal fator de risco é a idade. Sua biografia já foi brilhantemente escrita e é difícil acrescentar algo à história do câncer depois de Siddhartha Mukherjee.[1]

Ainda assim, a partir dos anos 1950, a história do câncer foi impressionante. De início, é uma história de diversidade e de desigualdades. Cada órgão é capaz de desenvolver vários tipos de câncer, e essa diversidade é sinônimo de heterogeneidade em Cancerologia. Nem todos os tipos de câncer são iguais. Alguns já eram mais graves do que outros, são suas desigualdades biológicas. Alguns eram também claramente mais frequentes, são as desigualdades epidemiológicas. Essas desigualdades naturais encontraram as inevitáveis desigualdades científicas, que as atenuaram ou acentuaram. A pesquisa contra o câncer fez grandes progressos, mas que variaram conforme o tipo de câncer. Nem todos tiveram a mesma falta de sorte e, portanto, nem todos os pacientes tiveram a mesma chance.

Vários fatores podem influenciar o ritmo do progresso científico. Em primeiro lugar, a importância do peso epidemiológico determina muitas vezes a importância dos investimentos. Os governos se interessam mais pelos tipos frequentes de câncer, e os laboratórios farmacêuticos também, por razões econômicas. A tendência não sistemática é que um superinvestimento aumenta as chances de descobertas. Em segundo lugar, há também oportunismos científicos no sentido neutro. Alguns tipos de câncer pareciam mais fáceis de compreender. É o caso do câncer do sangue, chamado de hemopatia maligna, mas também de certos tumores sólidos. As hemopatias malignas são, em geral, mais homogêneas, o que facilita – tudo é relativo – sua análise. Elas arrancaram antes das outras na corrida dos progressos da quimioterapia, sem nunca desacelerar. Os pacientes dos hematologistas se beneficiaram mais do que os outros com o aperfeiçoamento dos tratamentos. Em terceiro lugar, há a sorte. Nem todas as descobertas são programadas; elas começam se aplicando a um tipo de câncer e, eventualmente, se estendem a outros.

A história do câncer no século XX é também uma história de descompassos conforme a escala de observação. As três disciplinas – Biologia, Clínica e Epidemiologia – tiveram existências diferentes, mas relacionadas umas às outras. São interdependentes, mas suas relações são assimétricas. A Biologia foi o terreno em que o progresso foi o mais espetacular. É difícil resumir a extensão das descobertas sobre a produção e o crescimento dos tipos de câncer. Elas estão intimamente ligadas aos avanços da ciência biológica em geral e são independentes do câncer; dizem respeito ao genoma, às proteínas celulares, às técnicas de Biologia Molecular. Levaram a crer que se tinha chegado a um estágio de compreensão profunda do câncer que permitia acreditar numa perspectiva de cura geral.

Porém, o impacto clínico dessas descobertas biológicas foi retardado e inferior às expectativas. Nem sempre foi possível conceber medicamentos que pudessem atingir os alvos encontrados pela Biologia. Brent Stockwell contou o exemplo da proteína RAS, central no funcionamento dos cânceres.[2] A busca para neutralizá-la nunca deu certo, a ponto de muitos a considerarem como não "medicamentável". Mesmo quando um fármaco foi criado com uma ação teórica contra um alvo, os estudos clínicos não foram sempre positivos. Constantemente, não conseguiram provar que a gramática do câncer se traduzia numa linguagem terapêutica. A pesquisa clínica falhou porque a Biologia tendeu a subestimar a complexidade dos variados tipos de câncer. Foi o fracasso das aplicações que a lembrou disso, a cada vez, levando a ciência biológica a uma nova busca de compreensão. As idas e vindas entre a Biologia e a Clínica fazem parte do funcionamento normal da ciência médica.

Por fim, a ciência biológica e a ciência clínica coproduziram os resultados epidemiológicos, mas com um descompasso extra. Em média, as melhoras levaram décadas para aparecer nas estatísticas populacionais. Os ganhos foram percentuais, fala-se de progressos incrementais. Com 50 ou 60 anos de recuo, pode-se agora observar progressos tangíveis, mas, na escala da existência humana, eles não foram rápidos.

AS PRIMEIRAS QUIMIOTERAPIAS EFICAZES

No século XIX, os médicos sabiam descrever os cânceres, mas não os compreendiam. Examinavam os tumores, mediam seu tamanho e peso e conseguiam até mesmo penetrar neles. Em 1863, Rudolf Virchow analisara ao microscópio fragmentos de tumores e supôs sua origem celular. Contudo, essas observações externas e internas não permitiam entender detalhadamente os mecanismos de funcionamento de um câncer. Não se sabia como ele funcionava, mas esse desconhecimento não impedia o tratamento dos pacientes. Em 1809, Ephraim

McDowell fazia a primeira cirurgia formalmente documentada do câncer.[3] Extraiu, sem anestesia e sem antissepsia, uma massa ovariana indeterminada. A paciente se chamava Jane Todd Crawford, tinha 46 anos e quatro filhos. A operação ocorreu em Danville, no estado do Kentucky, Estados Unidos. Ela viveu até 1842, o que prova, sem sombra de dúvida, que McDowell a curara.

Quando Joseph Lister impôs a antissepsia em 1867, o efeito sobre a cirurgia do câncer foi sequencial. Apesar da façanha de McDowell, a infecção era uma das duas complicações pós-operatórias mais problemáticas[4] e isso limitava a prática da cirurgia. Entre o fim do século XIX e o começo do século XX, todos os órgãos afetados por tumores benignos ou malignos puderam ser operados. A gravidade dos diversos tipos de câncer levava os cirurgiões à agressividade cirúrgica. A obsessão legítima de extrair a doença os levava a extrair demais. Para salvar as mulheres com câncer de mama, William Halsted havia inventado, em 1894, a mastectomia radical. Ele removia o seio, mas também outros tecidos adjacentes e até mesmo a cabeça do úmero, osso do membro superior. Na mesma época, desenvolveu-se um outro tratamento para evitar ou completar a cirurgia: a radioterapia.[5] Wilhelm Röntgen descreveu os raios X em 1895. Pierre e Marie Curie descobriam o rádio em 1898. A possibilidade de curar os cânceres de cabeça e pescoço foi provada em 1928, e as técnicas de radioterapia se aperfeiçoaram em seguida graças ao cobalto.

No início da década de 1950, o câncer era frequente e assustava, embora não fosse sistematicamente sinônimo de incurabilidade. Seu tratamento, quando possível, repousava na cirurgia e/ou na radioterapia. Estima-se que cerca de um terço dos pacientes com câncer, considerados todos os órgãos, conseguiam sobreviver à doença. Essa proporção havia atingido um teto, todavia, e o contador de cura estava bloqueado. Os limites da cirurgia e da radiação eram claros. Esses dois tratamentos *físicos* não conseguiam resultados melhores. Eram necessários tratamentos *químicos*, fosse para prolongar a sobrevivência com um câncer, fosse para aumentar os resultados dos tratamentos *físicos*.

O termo *quimioterapia* havia sido inventado no século XIX por Paul Ehrlich, pioneiro alemão da Farmacologia. Porém, na primeira metade do século XX, os esforços para descobrir moléculas anticancerígenas não tiveram resultado prático. Modelos animais de tumores haviam sido concebidos, mas os produtos eficazes nos camundongos não apresentavam benefício clínico quando testados nos seres humanos. A virada se deu em meados do século XX, nos serviços de Hemato-oncologia, onde se tratam os tipos hematológicos de câncer. Seus nomes designam as células em estado de proliferação patológica: linfomas para os linfócitos, leucemias para os outros glóbulos brancos, mielomas para as células sanguíneas denominadas plasmócitos que vivem com frequência na medula óssea.[6] A Hemato-oncologia ocupa um lugar à parte na história da Oncologia, pois muitas vezes esteve à frente dos desenvolvimentos terapêuticos. Em 70 anos, o prognóstico da maioria das doenças que ela recobre se transformou completamente. O prognóstico das leucemias infantis passou de 0% de sobrevida a cerca de 80% de remissão completa. O prognóstico das hemopatias malignas do adulto melhorou em proporções inferiores, mas ainda assim de forma considerável. As diferenças biológicas fundamentais entre os tipos líquidos e sólidos de câncer fizeram da Hemato-oncologia o laboratório clínico da Cancerologia. As inovações se desenvolvem nesse campo antes de serem aplicadas aos cânceres sólidos.

Dois eventos fundadores lançaram a quimioterapia do câncer hematológico: o uso de agentes alquilantes em certos linfomas, em 1943, por Louis Goodman e Alfred Gilman, no hospital universitário de Yale, e as observações de Sidney Farber, em 1948, em Boston. Farber (1903-1973) foi um anatomopatologista que se tronou clínico. Quando passou do tecido ao paciente, as leucemias infantis já estavam bem descritas, mas sua Medicina era nula no sentido estatístico. Todos os pacientes morriam, rápido e mal, pois o sofrimento era a regra. Farber havia estudado outras doenças além das leucemias, o que o levara a entrever as relações entre certas vitaminas chamadas de folatos, a medula óssea e a produção de sangue.

Em 1946, Farber emitiu a hipótese – falsa – de que, tratando crianças com leucemia com folatos, a medula poderia produzir mais sangue normal e talvez extinguir a doença. O resultado de suas primeiras tentativas foi catastrófico, pois ele constatou uma agravação das leucemias das crianças tratadas. Elas morriam ainda mais depressa do que o previsto. Farber desejara alimentar a medula, mas havia alimentado a leucemia. Suspendeu os experimentos e autopsiou os poucos jovens pacientes prematuramente falecidos. O que observou, comparando com as 200 autópsias que fizera em crianças não tratadas com folatos, confirmou sua impressão: os folatos haviam acelerado a leucemia. Esse efeito inverso o levou a testar a hipótese contrária: administrando *antagonistas* dos folatos, talvez se pudesse estancar a fabricação de glóbulos brancos patológicos. Se a medula é a fábrica do sangue, em caso de leucemia, ela se torna a fábrica da doença. Privada de um ingrediente fundamental, talvez ela desacelere sua produção.

Em 1947, Farber conseguiu sintetizar um primeiro antifolato, que deu a Robert Sandler, um menino de 2 anos que acabara de ser diagnosticado com leucemia. Sem eficácia evidente, o estado da criança continuou se degradando. Farber tentou em seguida outro antifolato, a aminopterina.[7] Dessa vez, viu-se rapidamente o efeito. Todos os sinais clínicos, bem como as anomalias biológicas do pequeno paciente, regrediram parcial ou totalmente. Era a primeira vez na história da Medicina que alguém obtivera um efeito anticancerígeno com um fármaco.

Farber renovou a experiência em outras crianças doentes e frequentemente observou a mesma ordem de resposta clínica e biológica. Publicou um primeiro artigo em 1948, no *New England Journal of Medicine*, para relatar sua experiência.[8] De 16 pacientes tratados com aminopterina, 10 haviam sido sensíveis ao medicamento e 5 eram descritos na publicação. A conclusão desse artigo é fascinante por testemunhar a mente visionária de Farber: "Deve-se ressaltar o caráter temporário dessas remissões e a toxicidade da substância, que poderia produzir outros problemas além daqueles que encontramos até agora em nossos estudos. Nenhuma prova foi mencionada nesse relatório que pudesse justificar o emprego da palavra 'cura' da leucemia aguda na criança. As observações relatadas parecem ter indicado uma direção promissora para futuras pesquisas sobre a natureza e o tratamento das leucemias agudas".

Esses fatos relevantes da história da Cancerologia demonstraram, pela primeira vez, que era possível obter um efeito antitumoral com medicamentos. O cirurgião e o radioterapeuta não estavam mais sozinhos para tratar o câncer. O doente havia encontrado um terceiro interlocutor. As remissões observadas eram de curta duração, pois as doenças recidivavam depressa, mas sem sombra de dúvida esses fármacos haviam permitido estancar temporariamente sua progressão. Eles eram ativos. Era uma primeira prova de princípio, que foi reforçada quando se tentaram as associações de quimioterapias – por anglicismo, fala-se de combinações. Tais associações demonstraram, muitas vezes à custa de uma maior toxicidade, um efeito antitumoral superior a uma única quimioterapia. Sozinhas ou em conjunto, essas quimioterapias tinham por princípio comum atacar as células em divisão. Supunha-se que uma proliferação mais rápida do que o normal era a anomalia compartilhada pelas células cancerosas. Os medicamentos geralmente atacavam o DNA das células, o que não se podia saber antes de sua descrição.[9]

Faltava, contudo, uma segunda prova de princípio: alcançar a cura, como já permitiam às vezes a cirurgia e a radioterapia. As experiências de Louis Goodman e Sidney Farber haviam evidenciado um efeito farmacológico que retardava a morte, mas que não a impedia. Mais uma vez, a prova seguinte veio da Hemato-oncologia. Em meados dos anos 1960, provou-se formalmente que se podia não apenas prolongar a sobrevida, mas curar o câncer hematológico por meio da quimioterapia. As leucemias da criança e a doença de Hodgkin – um linfoma específico menos frequente – foram as primeiras doenças cancerosas inteiramente neutralizadas por tratamentos farmacológicos. Certos pacientes ficaram curados sem sequelas, sem sofrer recidivas. Eles podiam retomar uma vida normal e, assim, se realinhar à saúde geral na maioria dos casos. O êxito da quimioterapia em certos tipos de câncer hematológico estimulou o tratamento dos outros tipos. A história da Cancerologia é uma história de imitação intensa. A prova do efeito de um produto em um tipo de câncer leva sistematicamente os cancerologistas a testar esse tratamento em outros tipos. A racionalidade disso é clara: os diferentes tipos de câncer são como os membros de uma família que têm traços em comum suficientes para compartilhar tratamentos. Apesar de suas diferenças extremamente complexas, muitas vezes eles se assemelham a ponto de poderem ser alcançados de modo similar. Consequentemente, a autorização de uma nova molécula em um determinado câncer logo produz ensaios em praticamente todos os outros tipos.[10]

A eficácia da quimioterapia em Hematologia levou os cancerologistas a testá-la não só para curar pacientes incuráveis, mas também para aumentar as chances dos curáveis. A história clínica da Cancerologia é uma história de marcha a ré. Os novos tratamentos são, de início, testados nos pacientes mais graves, considerados incuráveis – pacientes com metástases e que já experimentaram todas as quimioterapias disponíveis. São aqueles que não têm mais nenhuma chance. Em caso de efeito clínico, tenta-se o tratamento cada vez mais cedo. Se o efeito se confirma, acaba-se por testá-lo em pacientes não metastáticos, em complemento aos tratamentos físicos. A quimioterapia foi, portanto, tentada como adição à cirurgia e à radioterapia; nesse caso, fala-se de quimioterapia adjuvante.[11] O objetivo era e ainda é aumentar a probabilidade de cura total. A quimioterapia adjuvante busca atacar as células tumorais circulantes, aquelas que se soltaram do tumor ou que nunca pertenceram a ele. Essas células escapam ao bisturi do cirurgião ou aos raios do radioterapeuta. Acabam se reencontrando, às vezes, e reformando um ou vários tumores, o que corresponde à recidiva clínica do câncer.

Na metade da década de 1970, os resultados de dois importantes estudos que testavam a quimioterapia adjuvante no câncer de mama foram publicados:[12] pacientes que haviam recebido quimioterapia após a intervenção cirúrgica tinham estatisticamente mais chances de sobreviver do que aqueles que haviam sido apenas operados.[13] Desde essa época, o tratamento de um câncer repousa invariavelmente numa combinação parcial ou total de três métodos: cirurgia, radioterapia, quimioterapia.

O outro grande objetivo da pesquisa clínica em Cancerologia foi manter a sobrevida, enquanto diminuía a toxicidade do tratamento. A história da Cancerologia é uma história de otimização. Dezenas de novos ensaios foram feitos a cada ano, não para fazer melhor, mas para fazer tão bem *e* menos mal ao mesmo tempo. Existem poucas especialidades médicas em que a questão do equilíbrio entre as vantagens e as desvantagens de um tratamento é tão delicada e constante.

As quimioterapias antineoplásicas fazem parte dos fármacos mais tóxicos. Mukherjee encontrou uma fórmula astuciosa: ele fala de princípio de Paracelso invertido – este havia afirmado que todo produto com uma dose grande demais pode se comportar como veneno. Mukherjee ironiza sobre o fato de que os cancerologistas teriam partido do conceito invertido: todo veneno (ele poderia ter acrescentado "com uma dose insuficiente") pode se comportar como um tratamento. Na prática, isso não é totalmente falso. Como sempre, a toxicidade de um tratamento é aceitável se os benefícios clínicos sobrepujarem os riscos – o que não é fácil determinar, nem cientifica nem eticamente.

Após a publicação dos dois estudos de quimioterapia adjuvante no câncer de mama, a prática se generalizou em muitos países de acordo com termos relativamente codificados. O impacto populacional levou tempo para ser detectado, mas, no início dos anos 1990, cerca de 15 anos depois, a mortalidade por câncer de mama começou a diminuir em numerosos países. Essa diminuição não se devia apenas à quimioterapia adjuvante, mas também, sem dúvida, a um diagnóstico mais precoce, em certos casos graças à mamografia. Essa tendência ao declínio continua ainda hoje. Assim, a saúde das mulheres afetadas pode tender novamente à normalidade, tanto mais que se fizeram esforços para minimizar o impacto negativo da cirurgia sobre sua vida social e até íntima. A remoção da totalidade da mama não é mais sistêmica. Foram necessários 74 anos e a inteligência do cirurgião Bernard Fischer (1918-2019) para contradizer Halstead e suas mastectomias radicais. A reconstrução mamária é proposta mais rapidamente e com melhor resultado estético.[14]

Nesse meio-tempo, a administração adjuvante de quimioterapia havia sido testada em quase todos os tipos de câncer operáveis, o que permitiu estender sua aplicação quando se mostrara útil. No câncer colorretal, sua vantagem é hoje evidente, mesmo que os ganhos estatísticos variem conforme os contextos. Combinada com exames e diagnóstico precoce, a quimioterapia adjuvante possibilitou a redução da mortalidade desse câncer pela metade em 50 anos.[15]

O FUMO MATA 5 A 6 MILHÕES DE PESSOAS POR ANO

É difícil passar em revista a história dos cânceres no século XX sem abordar um dos dois ou três mais frequentes, o câncer de pulmão. Na paisagem oncológica geral, é um câncer à parte. Não por ser habitual e grave – este é o caso de muitos tipos –, mas por sua origem. O câncer de pulmão é especial por estar ligado a um fator de risco externo, o fumo. A grande maioria dos tipos de câncer do pulmão deve sua existência à fumaça do cigarro. Se o tabaco não existisse, o câncer de pulmão quase não existiria e seria cerca de dez vezes menos usual, sendo raro. Poucos tipos de câncer são tão dependentes de uma única causa.[16] Até mesmo o câncer de fígado depende menos do álcool do que o do pulmão depende do tabaco, já que o primeiro pode ser causado por outros elementos.[17]

Os primeiros indícios de um vínculo causal entre fumo e câncer do pulmão datam provavelmente de 1912, mas é sobretudo após os anos 1950 que provas sólidas se acumularam até se tornarem inegáveis. Hoje em dia, sabe-se muito mais sobre as relações íntimas entre o cigarro e esse tipo de câncer. Sabe-se quais cigarros provocam determinados tipos e por quais mecanismos. As diferentes variedades de tabaco* são preparadas de modos distintos e não causam exatamente o mesmo tipo

---

* N.T.: No Brasil, são produzidas diversas variedades; dentre elas, Burley (fumo escuro) e Virgínia (fumo claro).

de câncer. Porém, para o paciente, o resultado não muda muito, pois o vínculo biológico persiste e o câncer é grave.

Esse vínculo biológico encontra sua tradução epidemiológica. Na escala populacional, o tabagismo e o câncer de pulmão sempre caminham próximos. No século XX, em muitos países industrializados onde o tabagismo aumentou antes de declinar lentamente, os dados de vendas de cigarros e de câncer pulmonar são como duas corcovas de camelo. Eles desenham duas curvas em forma de sino,* espaçadas de 20 a 30 anos. Essa duração corresponde ao tempo que o cigarro precisa para produzir um câncer no pulmão.

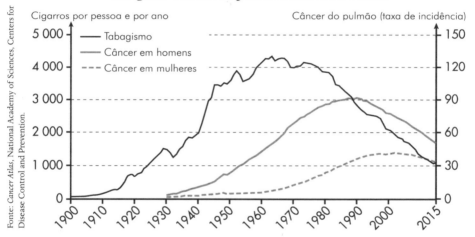

Tabagismo e câncer de pulmão nos Estados Unidos

Fonte: *Cancer Atlas*, National Academy of Sciences, Centers for Disease Control and Prevention.

A primeira curva é a da incidência do tabagismo, independentemente do sexo (número de cigarros vendidos por habitante). O tabagismo aumentou até 1964 nos Estados Unidos, ano da publicação do relatório do *Surgeon General*. O câncer de pulmão ocorre 20 a 30 anos após o início do tabagismo. Os dados de sua incidência são, portanto, logicamente descompassados em relação aos dados do tabagismo.

As duas curvas da direita correspondem à incidência do câncer de pulmão nas mulheres e nos homens nos Estados Unidos (elas começaram a fumar mais tarde e também a diminuir o consumo mais tarde, razão das curvas diferenciadas entre os dois sexos).

---

* N.T.: Também chamada de curva de Gauss ou normal. Trata-se de um gráfico de distribuição normal de um determinado conjunto de dados e representa uma função com propriedades específicas.

A história do tabagismo é a de uma globalização no início do século XX. A partir dos anos 1950, ele começou a declinar em certos países, mas não em todos. Nos Estados Unidos, a publicação do relatório do *Surgeon General*, em 1964, foi uma virada marcante. O Dr. Luther Terry, ele próprio fumante, havia incorporado nesse relatório mais de 7 mil artigos científicos sobre os efeitos do fumo.[18] Ele concluíra que a fumaça do cigarro era uma causa do câncer de pulmão e da laringe nos homens, uma causa provável de câncer de pulmão nas mulheres e a principal causa de bronquite crônica.[19] Esse relatório é um documento histórico de primeira importância. Além de sua grande influência sobre a saúde pública, ele foi considerado um pioneiro metodológico. É a melhor descrição de sua época dos critérios de causalidade de uma associação estatística, que se denominam "critérios de Bradford Hill".[20]

O fumo é a primeira causa de câncer e o primeiro problema de saúde pública modificável. Estima-se que cerca de 1,5 bilhão de pessoas fumavam em 2020. Esses fumantes devem viver aproximadamente nove anos a menos do que os não fumantes. O fumo mata entre cinco e seis milhões de pessoas ao ano atualmente, cifra em crescimento. É provável que, até 2100, tenha conseguido matar perto de um bilhão de pessoas prematuramente. Ele não é responsável só pelo câncer de pulmão, pois também aumenta o risco de numerosos outros tipos de câncer, geralmente difíceis de tratar: bexiga, pâncreas, esôfago, cabeça e pescoço. É também um grande fator de risco de doença cardiovascular e de uma patologia pulmonar denominada doença pulmonar obstrutiva crônica (DPOC). Essas afecções não somente encurtam a vida, mas elas a tornam mais difícil também. O fumo encurta e dificulta a vida.

Esse impacto não tem equivalente; no entanto, o fumo sobrevive, e muito bem até. Se a saúde dos fumantes vai mal, a da indústria do fumo vai bem. O mercado cresce 3% ao ano e lucra 50 bilhões de dólares anualmente, o que significa cerca de 10 mil dólares ganhos com cada óbito (considerando esse valor, quando a indústria não mata, não ganha dinheiro).

Por que tal anomalia, que os seres humanos não tolerariam provavelmente com nenhuma outra substância? A razão é, no mínimo, dupla. Em primeiro lugar, a indústria do fumo envolve a economia. É rica e se organizou bem para se defender. Ela lembra que gera 100 milhões de empregos no mundo, embora eles sejam, na realidade, majoritariamente indiretos. Somente 1% a 2% deles vêm da produção de tabaco, trabalho realizado, aliás, em condições difíceis e por pessoas mal pagas. A segunda razão é que as pessoas gostam de fumar. O fumo não é somente tóxico, é também uma fonte de prazer difícil de abandonar, pois é extremamente viciante. Estatisticamente, é mais difícil parar de fumar do que deixar de se injetar heroína. A nicotina contida no tabaco é uma das substâncias que mais provocam dependência.

Como escreveu Vincent DeVita, professor de Cancerologia e ex-diretor do Instituto Nacional do Câncer americano: "Quando a causa de um câncer é conhecida, sua prevenção se torna um problema de mudança de comportamento."[21] Porém, sempre foi muito difícil mudar os comportamentos que se tornaram habituais dos fumantes. A grande maioria das políticas públicas antitabaco tentou e funcionou um pouco, mas não o suficiente. Elas buscaram reduzir a vontade ou o consumo efetivo de fumo, jogando com a publicidade, proibindo fumar em espaços públicos, ou aumentando cada vez mais os impostos sobre os cigarros. Todas essas iniciativas se concentraram na procura de tabaco e não sobre a oferta.

John Paul Ioannidis (nascido em 1965) é professor de Medicina e de Epidemiologia na Universidade Stanford. Ele propõe que se inverta a abordagem, pois considera que está agora claro que interferir na procura não basta. É preciso reprimir a oferta, isto é, a produção e a venda. Ioannidis sugere uma reconversão da indústria do fumo. Em um primeiro texto provocador e bem argumentado, ele estabeleceu as bases de um projeto de supressão do tabaco.[22] Àqueles que ficassem tentados a criticar sua falta de realismo, Ioannidis lembrava esta citação de Ruth Malone, pesquisadora na Universidade de San Francisco: "Cada sucesso significativo no controle do tabagismo foi precedido por declarações de pessoas influentes segundo as quais isso não poderia ser feito, não funcionaria ou criaria novos problemas." Ioannidis passou em revista os diferentes temas a tratar para levar a cabo a extinção da indústria do fumo e sua autossubstituição por uma indústria com valor social: a reorientação dos plantadores de tabaco para outras atividades, o apoio aos fumantes em abstinência, a compensação em saúde das perdas ligadas aos impostos não recebidos pelas economias e os ganhos de produtividade.

Ioannidis voltou à carga em 2020, sugerindo que a pandemia de covid-19 seria um bom momento para se livrar da indústria do fumo.[23] Observando a extensão das políticas públicas de combate à pandemia (que ele criticou, por outro lado[24]), ele viu nisso um precedente para uma ação drástica de luta contra o fumo. Sua argumentação é simples de resumir: a covid-19 é menos mortal do que o fumo e as medidas de combate causaram perdas econômicas bem superiores ao que custaria a eliminação da indústria tabagista.

O câncer de pulmão é a consequência mais grave do tabagismo. Durante muito tempo, seu prognóstico foi dramaticamente ruim. Dois fatos explicam isso: primeiro, o diagnóstico era tardio e poucos doentes eram elegíveis a uma operação, única chance de sobrevivência; segundo, as quimioterapias eram pouco eficazes. Esses dois elementos foram sendo aperfeiçoados no começo do século XXI. A triagem de pacientes de risco a partir do exame por imagens passou a ser mais comum e provocou uma redução na mortalidade. Em seguida e como no câncer de mama, a quimioterapia adjuvante mostrou ser um benefício clínico, aumentando as chances de sobrevida. Por fim, novos medicamentos-alvo, químicos ou biológicos, permitiram aos pacientes não operáveis viver mais tempo com a doença. Certas imunoterapias parecem até mesmo provocar remissões prolongadas, embora seus efeitos ainda precisem ser determinados a longo prazo.

O produto epidemiológico dessas melhorias médicas foi recentemente demonstrado por uma equipe americana.[25] Examinando a incidência e a mortalidade do câncer pulmonar nos Estados Unidos entre 2013 e 2016, os pesquisadores provaram que a mortalidade diminuía mais depressa do que a incidência.[26] Esse aumento de sobrevida correspondia ao lançamento de novas moléculas-alvo no mercado. Essas terapias-alvo só são prescritas quando uma mutação específica é identificada no tumor dos pacientes e lhes confere uma sensibilidade à quimioterapia em questão. Esse modelo terapêutico – uma molécula que age sobre uma mutação tumoral específica – tende a se generalizar em Cancerologia. Mais uma vez, ele veio do câncer hematológico e o Imatinibe foi o primeiro caso desse modelo.

O IMATINIBE: UM MEDICAMENTO CONSAGRADO

Mesmo que alguns tipos de câncer tenham sido mais bem tratados graças à quimioterapia adjuvante, isso não foi suficiente para manter vivos todos os pacientes. As quimioterapias eram muito pouco específicas e seu efeito era limitado. Atacando sistematicamente as células humanas normais, elas não permitiam eliminar suficientemente as tumorais. Para chegar ao patamar seguinte na escala do progresso, a seletividade precisava ser melhor, isto é, os medicamentos precisavam ser mais específicos. O câncer hematológico é, mais uma vez, a origem da onda seguinte de inovação.

A leucemia mieloide crônica foi a primeira doença tumoral para a qual uma terapia-alvo foi validada. Essa leucemia era bem conhecida dos hematologistas e até dos estudantes de Medicina, pois é um modelo à parte. A doença é causada pela mutação de um único gene, que provoca uma proliferação tumoral de glóbulos brancos. Esse fato atípico para uma doença cancerosa, ou seja, uma única mutação basta para caracterizar todos os pacientes atingidos, foi demonstrado e publicado em 1990. Em 1996, a primeira prova de princípio da eficácia de um tratamento mirando especificamente o produto proteico dessa mutação foi comunicada.[27] O medicamento se chamava Imatinibe. Ele interferia na proteína que resultava da expressão do gene defeituoso. Nesse primeiro ensaio clínico de fase I, isto é, o ensaio mais precoce possível com seres humanos, 54 pacientes tinham recebido uma certa dose que se revelaria a correta.[28] Todos salvo um tiveram uma resposta hematológica completa, o que significa um desaparecimento das células cancerosas na análise sanguínea. Em 7 deles, o cromossomo patológico portador do gene não era nem mesmo mais detectável em Biologia Molecular. Nenhum medicamento jamais conseguira esse resultado. Graças à sua especificidade relativa – nenhum medicamento é totalmente específico –, o Imatinibe alterava menos as células normais do organismo, sendo portanto mais eficaz e menos tóxico do que as quimioterapias convencionais.

Cinco anos mais tarde, um artigo científico que demonstrava de modo implacável o efeito clínico maciçamente positivo do Imatinibe na leucemia mieloide crônica foi publicado no *New England Journal of Medicine*.[29] Desde então, esse medicamento se consagrou. Ele mostrou que uma terapia-alvo era possível e eficaz e que se podia neutralizar uma doença cancerosa inibindo não o DNA, mas uma proteína. Em seguida, sua utilização foi estendida a uma dezena de outros tipos de câncer, a partir de mecanismos identificados em Biologia e confirmados por dados clínicos. Ele se tornou evidentemente um sucesso mundial durante mais de dez anos, rendendo bilhões de dólares por ano à Novartis, o laboratório que o lançou.

Ainda que menos evidente, a aplicação de tratamentos específicos aos cânceres sólidos se tornou rapidamente efetiva. Dois fatos contribuíram para isso, para identificar os alvos e para atingi-los. Em primeiro lugar, a Genética Molecular permitiu analisar melhor os tipos de câncer e revelou sua diversidade. A história recente da Cancerologia é uma história de fragmentação. Os cânceres sólidos que eram delimitados pelos exames anatomopatológicos expuseram sua heterogeneidade molecular.[30] Eles são um quebra-cabeça cujo número de peças aumenta ao ritmo das descobertas. Cada paciente contém algumas das peças, mas não todas, e são elas que se deve visar para tratá-lo de modo mais pessoal. O segundo elemento que possibilitou um tratamento específico dos cânceres sólidos veio da Biotecnologia. A técnica dos hibridomas permitiu fabricar anticorpos altamente seletivos para um alvo determinado de antemão. De um lado, a Genética Molecular fornecia um alvo; do outro, a Biotecnologia dava a arma exatamente correspondente. A abordagem funcionou. O trastuzumabe, conhecido pelo nome comercial de Herceptin®, foi um exemplo pioneiro e transformador do câncer de mama. Dezenas de outros se seguiram.

Os progressos acumulados da pesquisa e da prática em Cancerologia modificaram as estatísticas finais. Em 1970, 625 mil novos casos de câncer por ano eram diagnosticados nos Estados Unidos e 3 milhões de estadunidenses estavam em remissão de um câncer.[31] Um paciente em dois tinha expectativa de cura, independentemente do órgão afetado pelo câncer. Lembremos que, 20 anos antes, era apenas um em três. Em 2020, com o aumento e o envelhecimento significativos da população americana, contou-se 1,8 milhão de novos casos e perto de 17 milhões de sobreviventes. Mas o mais importante é a taxa de cura, que passou de um em cada dois para mais de dois em três.

É difícil identificar os principais determinantes dessa melhora, e não há consenso entre os observadores. Alguns julgam que o essencial do progresso aconteceu na fase inicial do tumor. Para eles, principalmente a prevenção e detecção mais precoce teriam permitido reduzir a mortalidade do câncer.

Para John Ioannidis, foi na fase posterior do tumor que a mudança foi mais positiva.[32] O tratamento do câncer seria o maior responsável pela melhoria do prognóstico. Ioannidis critica severamente algumas práticas de rastreamento e de detecção precoce, em particular do câncer de próstata, por dosagem do marcador PSA, e do câncer de mama, por mamografia. Desaprova-os por terem pouco ou nenhum impacto positivo e por terem consequências negativas em excesso, dentre as quais as despesas coletivas e os riscos psicológicos. Esses testes geram muito falsos alarmes e um certo número de sobrediagnósticos. Todos esses procedimentos e esse tempo medicalizado têm efeitos mentais negativos. Ioannidis defende o abandono dos maus programas de detecção precoce e a reorientação dos recursos e do tempo gasto para a prevenção quando sua eficácia for inegável.

Apesar dessa demanda, há poucas chances de que a pressão contra o câncer diminua, quer seja sobre o diagnóstico, o rastreamento ou o tratamento. Em Medicina, mais do que em outra área, é muito difícil voltar atrás. O câncer se tornou recentemente a primeira causa de mortalidade nos países de renda alta.[33]

1960-2020: a indústria dos medicamentos

> Seu julgamento excepcional durante a avaliação de um novo medicamento e de sua segurança para os seres humanos evitou uma grande tragédia de malformações congênitas nos Estados Unidos.
>
> John F. Kennedy, 1962

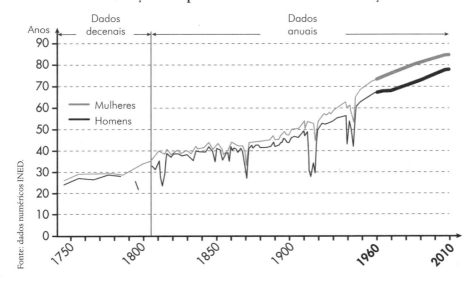

Evolução da expectativa de vida ao nascer na frança

Os casos das patologias cardiovasculares e do câncer ilustram o peso da indústria farmacêutica na história sanitária da segunda metade do século XX. Essa indústria existe desde o século XIX e esteve na origem de descobertas notáveis, mas cujo efeito na população não era massivo. A chegada das famosas *wonder drugs* ("drogas maravilhosas"), nos anos 1950, provocou uma reviravolta. A história dos laboratórios farmacêuticos no século XX é também a dos métodos de desenvolvimento clínico. Estamos nos referindo aos ensaios clínicos, isto é, aos testes efetuados nos seres humanos antes da comercialização. Seus métodos já existiam, mas não eram legalmente coercitivos para os laboratórios. Desde 1937, os laboratórios tinham de provar a segurança de seus produtos, mas não de demonstrar sua eficácia.[1] Para levá-los a fazer isso, seria necessário mudar a lei e, para mudar a lei, seria preciso que um problema justificasse essa mudança.

ESTES KEFAUVER E A REGULAÇÃO DOS MEDICAMENTOS

Uma importante mudança ocorreu após a tragédia da Talidomida. O caso é mundialmente conhecido: esse medicamento foi comercializado na década de 1950 por um laboratório alemão para atenuar as náuseas das mulheres grávidas. Mas a Talidomida era teratogênica, isto é, provocava malformações nos futuros bebês, o que se ignorava na época. A anomalia mais característica era a focomelia. Etimologicamente, ela designa os membros da foca. É uma atrofia dos membros, um encurtamento das mãos e dos pés junto ao tronco. Estima-se que aproximadamente 10 mil crianças nasceram com tais malformações devido à Talidomida tomada pela mãe, sem contar os milhares que morreram no útero antes mesmo de nascer.

A Alemanha foi particularmente atingida, pois o medicamento foi comercializado lá inicialmente. Quarenta e dois países foram afetados, mas os Estados Unidos não. As americanas foram poupadas, pois a Talidomida não chegou a ser autorizada no país. No momento de examinar o dossiê para aprovação, a farmacologista canadense Frances Kelsey tinha acabado de assumir seu cargo na Food and Drug Administration (FDA). Ela achou o dossiê enxuto demais e não ficou convencida com os dados de segurança do laboratório. Sua reserva atrasou o procedimento.

Nesse meio-tempo, a responsabilidade da Talidomida pelo surgimento de focomelias foi reconhecida e o fármaco acabou retirado do mercado mundial.* A raridade do acontecimento chamou a atenção. Várias observações haviam mostrado uma agregação anormal de casos em bebês cujas mães tomaram Talidomida durante a gravidez. Frances Kelsey foi considerada uma heroína nos Estados Unidos e condecorada por John Fitzgerald Kennedy em 1962. Quando morreu em 2015, aos 101 anos, o *New York Times* escreveu: "A mulher que salvou os bebês americanos". Embora o país não tenha tido malformações, a violência do choque abriu uma oportunidade política para reformar o mercado farmacêutico, fortalecendo a FDA. O principal defensor dessa reforma se chamava Kefauver.

Estes Kefauver (1903-1963) era um senador democrata já conhecido do grande público americano. Advogado de profissão, era parlamentar desde 1948. Trabalhara muito na área de criminalidade nos Estados Unidos, tendo publicado um relatório e, depois, um livro. No final dos anos 1950, começou a investigar o mercado da indústria farmacêutica. O aumento das despesas dos americanos com medicamentos o preocupava. Ele duvidava dos fármacos, da pretensa eficácia apresentada pelos laboratórios e, portanto, da justificativa de seus preços. Considerava esse mercado livre demais e temia que os americanos virassem pacientes cativos. Os fabricantes haviam adquirido um poder de mercado – era a época de ouro das *wonder drugs* – que Kefauver julgava excessivo. Para ele, o papel do Estado era levar as indústrias inovadoras a atuar em benefício do americano médio. Via-se claramente

---

* N.E.: A Talidomida pode, atualmente, ser utilizada no Brasil, sob controle médico estrito e no âmbito de programas governamentais de prevenção e controle de doenças como aids, hanseníase e mieloma múltiplo.

o desempenho econômico dos laboratórios, mas não tanto o benefício para a população.

Kefauver censurava os laboratórios por serem aproveitadores e os médicos por serem ingênuos. No início do ano de 1961, ele havia terminado seu projeto de lei "antitruste para a indústria de medicamento", que continha numerosas reformas potenciais. Simplificando, pode-se decompor esse projeto de lei em duas partes. A primeira dava mais poder à FDA para exigir dos laboratórios provas de eficácia antes da autorização.[2] Nessa época, não era assim. Como foi visto, a FDA só podia exigir legalmente provas de segurança, mas não provas de eficácia. A segunda parte do projeto de lei era mais radical: previa uma licença obrigatória de três anos para os fármacos importantes. Era uma ruptura da proteção pela patente. Ao termo de três anos de comercialização, todos os medicamentos envolvidos poderiam concorrer com genéricos como em um mercado livre, o que a farmácia não era e ainda não é.

Essa segunda parte do projeto de lei incluía também uma proposição ainda mais desfavorável aos laboratórios. Kefauver queria eliminar os *me-too* ("eu também"). Antes de ser um movimento feminista, os *me-too* designavam os medicamentos novos, mas pouco inovadores. São molecularmente semelhantes a outros medicamentos já existentes e desenvolvidos pelos laboratórios para imitar a inovação de um concorrente, captando uma fatia do negócio. Kefauver queria que a FDA pudesse recusar a autorização de um *me-too*. Ser eficaz não bastava, era preciso ser mais eficaz.

A questão era pertinente e ainda o é. A resposta dada foi radical. Talvez Kefauver tenha ido longe demais e errado ao querer recusar medicamentos um pouco diferentes. Primeiro porque é possível que um determinado medicamento seja igualmente eficaz ou, sobretudo, que tenha efeito em pessoas que não responderiam aos tratamentos semelhantes. Esse efeito superior ou diferenciado não pode ser conhecido no momento da autorização, pois os dados são insuficientes. Além disso, quando um *me-too* chega ao mercado, é uma oportunidade para criar concorrência e baixar os preços, o que era um dos objetivos de Kefauver.

De modo geral, é sempre interessante ter um arsenal terapêutico o mais amplo possível, mesmo correndo o risco de redundâncias parciais e tendo que barrar algum possível tratamento eficaz. Por outro lado, o papel do regulador não é organizar o mercado, mas torná-lo seguro, autorizando apenas os medicamentos cujos efeitos clínicos positivos forem maiores do que os negativos. Seja como for, Kefauver era um visionário. Havia descoberto um tema importante, o dos efeitos comparados dos medicamentos, e dado uma resposta excessiva a uma pergunta problemática. Insistira nesse ponto que ainda era sensível demais.

A primeira parte do projeto de lei – aquela que daria à FDA o poder de exigir provas de eficácia – foi relativamente aceita pelo governo e pela indústria. Para os laboratórios, era difícil ser contra uma demonstração de eficácia. Mas não para a American Medical Association (AMA), cujos médicos não queriam que uma agência governamental como a FDA tivesse mais poder. Para a AMA, só os médicos e não os burocratas tinham condições de julgar a eficácia dos medicamentos. A posição se formulava claramente: "A única determinação final possível quanto à eficácia e o uso final de um fármaco vem da utilização clínica extensiva desse medicamento por um grande número de membros da profissão médica por um longo período de tempo".[3] Isso era evidentemente falso e refletia uma visão não científica da Medicina. São os dados de ensaios clínicos que podem determinar os efeitos dos medicamentos. O julgamento clínico dos médicos é importante, mas nunca bastou e continua não bastando.

A segunda parte do projeto de lei – aquela que defendia quebrar a patente* ao final de três anos e rejeitar os *me-too* – desencadeou uma oposição geral. Para o sindicato da indústria farmacêutica, decretar que um medicamento era um *me-too* era arbitrário demais. As indústrias aceitavam fazer um esforço para provar uma eficácia, mas não uma superioridade. No que diz respeito às patentes, a indústria farmacêutica adiantou que tal mudança na lei teria poucas chances de passar

---

* N.T.: no Brasil, emprega-se o termo "licença compulsória".

pelo Congresso americano. A revista *Science* conta que o sindicato dos laboratórios não precisou refutar totalmente Kefauver nesse ponto.[4] Bastou levantar uma dúvida sobre a exequibilidade política dessa parte do projeto. Kefauver teria reconhecido que era um risco importante, mas ainda assim insistiu quanto ao projeto como um todo. Acabou perdendo seu controle. Em junho de 1962, o governo Kennedy abandonou Kefauver e considerou uma outra proposta de lei com o assentimento da indústria. Kefauver protestou vivamente, mas isso não mudou nada. Foi o escândalo do verão de 1962 que mudou tudo. O caso da Talidomida havia chocado o público norte-americano, mesmo tendo escapado a ela. A lei foi então retomada para manter seu alcance científico, mas não sua ambição econômica.

Essa reforma da legislação foi aprovada por unanimidade pelas duas câmaras do Congresso, em 2 de outubro de 1962, e assinada por Kennedy uma semana depois.

A reforma não era realmente uma resposta às audiências parlamentares, era sobretudo uma reação à Talidomida. As emendas mais importantes davam à FDA o poder de exigir provas de eficácia dos medicamentos – e não apenas de sua segurança – antes da autorização. Assim, foi então definido o sistema de fases que regula ainda hoje o desenvolvimento clínico dos fármacos: testes clínicos de fase I, de fase II e de fase III, que precedem à autorização e à comercialização se os dados forem positivos. Não foi, portanto, a indústria farmacêutica que inventou o método preciso de desenvolvimento de seus produtos, mas o órgão regulador estadunidense. Daniel Carpenter, professor de Ciência Política da Universidade de Harvard e autor de uma obra de referência monumental sobre a história da FDA,[5] refere-se ao "poder conceitual" da agência. A FDA definiu os métodos e o vocabulário que caracterizam a pesquisa clínica. Carpenter ressalta também que o ensaio clínico randomizado contra placebos se tornou a norma não somente para os laboratórios, mas também para a comunidade científica em geral. Desse modo, o órgão regulador norte-americano impôs suas normas a todo o complexo médico-industrial e não o contrário. Graças a Kefauver, o nível de prova científica dos efeitos dos medicamentos se alinhou a um padrão mais exigente do que o anterior.

Um outro elemento da reforma pretendia ser retrospectivo: tratava-se de reexaminar todos os medicamentos aprovados desde 1938, data aproximada da reforma significativa anterior, para verificar se eles atendiam aos critérios recentemente definidos. Esse trabalho impressionante levaria vários anos e só se concluiu na década de 1970. Estima-se que cerca de 600 medicamentos foram desqualificados e retirados do mercado por não comprovarem eficácia. A reforma também teve uma consequência involuntária: aumentando o encargo da prova para os industriais, ela elevou os custos de desenvolvimento e, portanto, os preços dos novos medicamentos. Era o contrário do que buscava Kefauver. A apresentação dessas novas provas precisava de mais tempo para ser construída. Os medicamentos eram então comercializados mais tarde e sobretudo após sua autorização na Europa, o que era malvisto pelos norte-americanos.

A obstinação e a sorte de Kefauver tiveram um impacto histórico e geográfico gigantesco. A maioria dos fármacos que as pessoas tomam se baseia nesse padrão de pesquisa, que não é um padrão leigo, já que se trata de um padrão de prova. Os medicamentos são aprovados pela FDA se existirem provas substanciais de que seus efeitos positivos são maiores do que os negativos e que sobrepujam a incerteza residual. Isso não quer dizer que todos os medicamentos são seguros, nenhum o é completamente, exceto os que são inativos e, portanto, sem interesse. Isso significa que salvo fraude (muito rara) ou erro (raro), os medicamentos comercializados são, em média, *suficientemente seguros* para serem prescritos. Desde 1962, o sistema de fases de testes clínicos não mudou significativamente, embora algumas flexibilizações tenham sido legalmente observadas. Por outro lado, como o mercado farmacêutico é mundial, quase todos os medicamentos autorizados pela FDA vão em seguida tentar entrar em outros países. O mundo inteiro se beneficia da regulação da FDA. A maioria das nações conta com um órgão regulador, mas, se não dispusessem de um, poderiam aceitar a comercialização de novos remédios só a partir do exame da agência americana.

Como afirmou Daniel Carpenter, quando um médico prescreve um medicamento ou quando um paciente o toma, eles acreditam que alguém verificou sua utilidade.[6] Esse alguém é o órgão regulador e, desde as emendas de Kefauver, as verificações desses órgãos se dão a partir de dados mais sólidos. Quando você dá um medicamento a seu filho ou quando o toma, o fato de que tenha sido tão meticulosamente testado vem da perseverança de um advogado que se tornou senador do Tennessee. Certamente, muitos não sabem disso. Essa rigorosa obrigatoriedade de regras impostas aos laboratórios não os impediu de inovar, e há até quem defenda que foi ela o que os levou a se aperfeiçoar.

OS MEDICAMENTOS BIOLÓGICOS

Após a reforma de 1962, o desenvolvimento da Farmácia foi impressionante. Nas décadas de 1960 e 1970, a indústria farmacêutica comercializou entre 10 e 30 medicamentos por ano. O começo dos anos 1980 representa um outro momento importante. Três novos fatos marcaram a sequência da história. O primeiro é científico: a invenção dos medicamentos biológicos.[7] Antes disso, todos os remédios eram fabricados quimicamente. A primeira descrição da estrutura do DNA por Watson e Crick, em 1953, havia aberto o caminho para a Biologia Molecular. Depois, no final da década de 1970, vários avanços científicos e tecnológicos permitiram a concepção de medicamentos biológicos, ou seja, derivados de material vivo, que pode ser humano, animal ou microbiano. Em 1976, Herbert Boyer se associava a Robert Swanson para fundar a empresa Genentech Inc. Boyer inventara uma tecnologia chamada de DNA recombinante e Swanson era um investidor. A Genentech é considerada a primeira empresa biofarmacêutica da história, geralmente denominada *"biotech"*. A data é altamente simbólica, já que toda empresa farmacêutica criada posteriormente é classificada de fato como uma *biotech*.[8] No ano seguinte à sua criação, a Genentech produzia a primeira proteína humana no interior de uma bactéria. Depois, ela conseguiu isolar o gene da insulina humana, o que possibilitou a comercialização do primeiro medicamento biológico da história em 1982: uma nova insulina. Anteriormente, a insulina era extraída do pâncreas do porco e depois sintetizada pela química. Agora, todas as insulinas são de origem biológica.

Desde sua invenção, os agentes biológicos têm um lugar estratégico no tratamento de inúmeras doenças. De início, cânceres e doenças inflamatórias; depois, doenças raras, microbianas e até metabólicas como a hipercolesterolemia grave. Eles representam de 20% a 30% dos novos medicamentos autorizados a cada ano. Ao imitar o ser vivo, podem reparar desordens que a química não sabia tratar.

Numerosas diferenças opõem medicamentos químicos e biológicos. Os químicos são pequenas moléculas relativamente simples, ao passo que os agentes biológicos são grandes moléculas mais complexas. Os medicamentos químicos não são totalmente específicos para seu alvo, o que possibilita muito efeitos colaterais negativos.[9] Os agentes biológicos, ao contrário, são altamente seletivos e atingem melhor o alvo. Em média, são menos arriscados, pois menos tóxicos. A duração de ação dos medicamentos químicos é menor do que a dos agentes biológicos.

Neste ínterim, inúmeras *biotechs* foram criadas e algumas se firmaram ou foram compradas por companhias farmacêuticas estabelecidas. A empresa Genentech participou do desenvolvimento de fatores de coagulação, de hormônios de crescimento, de interferon, de fluidificantes sanguíneos utilizados em infartos e AVCs, ou ainda de uma vacina contra a hepatite B. Foi progressivamente comprada pela Roche, gigante farmacêutico suíço que a auxiliara a comercializar vários de seus produtos.

OS MEDICAMENTOS ÓRFÃOS

O segundo evento importante diz respeito às doenças raras. O legislativo estadunidense interveio para corrigir uma falha de mercado. O problema era evidente: as doenças raras são mercados muito pequenos, que não interessam aos laboratórios. Como não oferecem muita perspectiva econômica, elas não recebem investimento suficiente da indústria farmacêutica. A Epidemiologia regula a P&D (Pesquisa e Desenvolvimento) farmacêutica, mas o papel do Estado é cuidar de todos.

Para que houvesse mais equidade e justiça, era necessária uma reação do legislativo. Foi o que levou à criação da *Orphan Drug Act*, lei norte-americana sobre os medicamentos órfãos. O legislativo foi pragmático: para que os laboratórios se interessassem pelas doenças raras, eles precisariam ter uma certa garantia de ganhar dinheiro com isso. Portanto, a lei previa exclusividade de comercialização por sete anos, reduções de impostos e subvenções para os estudos clínicos. Para poder se candidatar junto à FDA, o laboratório devia demonstrar inexistência de "expectativa razoável" de rentabilidade do futuro medicamento.[10] A lei foi votada pelo Congresso norte-americano em 1983. No ano seguinte, os termos da exigência que validava a candidatura foram modificados, pois os laboratórios não queriam dar detalhes demais de sua equação financeira e provar que não poderiam ter lucros. O Congresso fez então uma emenda para que o critério de reconhecimento como medicamento órfão fosse a frequência da doença. Qualquer medicamento que visasse uma doença com menos de 200 mil pessoas, nos Estados Unidos, poderia ser qualificado como órfão.

A lei impulsionou a indústria. Logo nos primeiros anos, a FDA recebeu cerca de 50 candidaturas por ano. Como o desenvolvimento farmacêutico é muito arriscado, nem todas chegavam ao termo do processo dos testes clínicos. Mas a proporção de medicamentos órfãos dentre os aprovados passou de aproximadamente um em cinco para um em dois hoje em dia. Em 2018, 58% das novas autorizações dadas pela FDA tangiam a medicamentos contra doenças raras. No total, mais de quinhentos medicamentos órfãos foram aprovados e comercializados. Isso representa centenas de doenças e milhões de doentes, antes em desvantagem médica pela raridade de sua patologia. Em 1999, a Agência Europeia dos Medicamentos criou um dispositivo semelhante ao do *Orphan Drug Act*, com critérios um pouco diferentes.[11]

Na prática, as duas regulamentações se assemelham e autorizam os mesmos medicamentos, o que facilita o trabalho dos laboratórios e é muito positivo.

Essas leis e regulamentações sobre os medicamentos órfãos são agora criticadas. Muitos especialistas julgam que elas foram longe demais e que se perverteu a ideia inicial. No espírito da lei de 1983, as doenças raras deviam ser um bom negócio para os laboratórios, mas elas teriam se tornado um negócio bom demais, em detrimento das finanças dos Estados. Em 2017, os 10 medicamentos órfãos com o maior volume de vendas lucravam individualmente mais de 1 bilhão de dólares anuais para seu laboratório. O mercado da doença rara totalizava 125 bilhões de dólares no mesmo ano, ou seja, 16% do mercado farmacêutico em sua totalidade. Em breve, essa proporção sem dúvida ultrapassará os 20%.

Três evoluções não foram previstas pelo legislativo de 1983. A primeira é a alta relativamente contínua e geral dos preços dos fármacos, que atinge de modo especial os medicamentos órfãos. Em 2017, as 100 melhores vendas de medicamentos contra doenças raras custavam, em média, 147 mil dólares por paciente, quase 5 vezes mais do que o custo médio anual das melhores vendas dos outros remédios.

O segundo problema não previsto está relacionado ao conservadorismo da Biologia. As doenças compartilham muitos mecanismos entre si, mesmo quando são diferentes. Esse conservadorismo explica que os medicamentos eficazes em uma doença podem fazer efeito em outras. Os laboratórios conhecem bem essa possibilidade e, quando um fármaco recebe uma autorização para tratar uma doença, eles tentam imediatamente comprovar sua eficácia também em outras doenças. No jargão, fala-se de extensão de autorização de colocação no mercado. O processo é legal e moral, pois permite maximizar o potencial de um novo produto tanto para a população como para a indústria que o fabricou. A crítica ocorre porque certos medicamentos autorizados para doenças raras conseguiram extensões para doenças não raras. Assim, empresas que já tinham vantagens estenderam suas vendas para além do previsto. Um medicamento órfão em cinco buscou logo em seguida outra indicação de tratamento em uma doença não rara.

O terceiro fenômeno não previsto é de ordem científica e está relacionado aos progressos da Genética Molecular. De modo geral – e isso afeta a definição de doença rara –, a Genética Molecular teve um efeito divisório sobre as classificações de doenças. Ela dividiu as patologias heterogêneas em subgrupos homogêneos. Por exemplo, não há um único tipo de diabetes, mas uma dezena. As doenças inflamatórias também são classificadas de acordo com seu perfil genético. Em outras palavras, as doenças são quadros clinicamente caracterizados, mas que se tornam molecularmente definidos. O nome da doença permanece ligado ao quadro, mas os subtipos genéticos se tornam peças que o compõem. Como já visto acerca do câncer, a Genética Molecular tende inelutavelmente à fragmentação. Ela fraciona a identidade, salientando as diferenças; separa subgrupos de doenças distintas antes consideradas erroneamente como similares, até idênticas. As doenças correntes passaram a ser coleções de doenças raras, o que permitiu à indústria abusar do dispositivo legislativo. Uma solução relativamente fácil seria mudar a definição dos medicamentos órfãos. Deixando de considerar a raridade da doença e levando em conta a ausência de opção terapêutica, os laboratórios deveriam ser orientados para as patologias sem cobertura. Não seria mais o número de pacientes que permitiria obter ganhos econômicos, mas a falta de tratamento disponível.

OS MEDICAMENTOS GENÉRICOS

O terceiro fato importante dos anos 1980 foi a mudança de regulamentação sobre os medicamentos genéricos, que são cópias legais dos remédios químicos. Os fabricantes de genéricos os comercializam assim que a patente da molécula original expira. Quando há vários laboratórios no mercado, isso cria uma concorrência capaz de baixar os preços. Porém, até o início de 1980, não era assim. Havia pouca competição, e os preços dos genéricos eram relativamente altos, por uma razão simples: os laboratórios de genéricos eram obrigados a refazer o processo completo de desenvolvimento. Precisavam fazer ensaios clínicos normais para demonstrar uma equivalência clínica entre uma população exposta ao medicamento original e outra exposta ao genérico. Os custos de desenvolvimento eram muito altos. Poucos laboratórios se apresentavam e os que o faziam lançavam o custo do desenvolvimento no preço de venda, que acabava sendo muito próximo do preço da molécula original. Os genéricos ainda não eram um bom negócio para os governos.

Dois parlamentares norte-americanos mudaram essa situação. Henry Waxman e Orrin Hatch conceberam uma reforma baseada na ciência, que se aprimorara nos anos 1960 e 1970. Uma intuição forte não comprovada até então levava a crer que a equivalência *biológica* produz a equivalência *clínica*. A equivalência biológica, ou bioequivalência, significa que, entre dois medicamentos com a mesma quantidade do mesmo princípio ativo,[12] o tratamento pelo organismo humano é similar. Os dois produtos – por exemplo, o medicamento original e o genérico[13] – percorrem o corpo humano de maneira equivalente, e suas concentrações sanguíneas não diferem significativamente. O que a ciência demonstrou nas décadas de 1960 e 1970 é que, em caso de bioequivalência entre dois medicamentos, seus efeitos clínicos também seriam equivalentes. O determinismo da biologia humana explica o vínculo entre bioequivalência e equivalência clínica. As mesmas causas exatas produzem na maioria das vezes os mesmos efeitos.

O legislativo se baseou nesse determinismo para simplificar drasticamente o processo de desenvolvimento dos genéricos. Hatch e Waxman consideraram que, se um laboratório pudesse *demonstrar* a bioequivalência entre seu genérico e o medicamento original, era razoável *presumir* uma equivalência clínica e, portanto, autorizar a comercialização do genérico. Na prática, isso mudou tudo para o mercado dos fármacos que não estavam mais sob patente. Os estudos de bioequivalência requerem apenas algumas dezenas de pacientes com um acompanhamento limitado em tempo e em procedimentos. Custam dezenas, e até centenas, de vezes menos do que os estudos clínicos de fases II e III e possibilitam que os laboratórios lancem no mercado um genérico por menos de um milhão de euros, excetuando o custo de produção. A lei Hatch-Waxman foi votada em 1984, e seu efeito foi transformador.

Atualmente, os genéricos representam a maioria dos medicamentos consumidos, mas uma minoria dos orçamentos farmacêuticos dos governos.[14] Nos Estados Unidos, 90% das prescrições são de genéricos, o que corresponde a menos de um quarto das despesas de medicamentos estadunidenses. Estimou-se que só nos Estados Unidos os genéricos haviam proporcionado a economia da soma alucinante de 1.670 bilhões de dólares entre 2007 e 2015. Como tudo que funciona bem em saúde e não é caro, os genéricos foram atacados a partir de falsas premissas. Misturando verdades e mentiras, algumas campanhas antigenéricos – cujo ângulo de ataque preferido é a bioequivalência – foram eficazes e criaram dúvidas. Segundo os antigenéricos, a bioequivalência não basta para provar a equivalência clínica, e os efeitos finais não seriam comparáveis. É verdade que, excepcionalmente, os genéricos foram menos eficazes do que os medicamentos originais, mas esses casos são pontuais e não contradizem a maioria dos outros casos em que eles fazem tão bem quanto as primeiras moléculas. Quando a janela terapêutica é estreita, isto é, quando uma variação mínima de concentração do medicamento é capaz de modificar o efeito clínico, as normas de bioequivalência são ainda mais estritas.

Os medicamentos genéricos não são os *mesmos* medicamentos que os originais. Mas são *suficientemente similares* para que possamos confiar neles. Podemos tomar genéricos sem correr o risco de menor eficácia ou maior perigo. Hoje em dia, quase todos os fármacos cuja patente tem mais de 20 anos são genéricos,[15] o que corresponde à maioria dos medicamentos inventados ao longo da história. Isso quer dizer que os remédios da revolução cardiovascular, uma grande proporção de anticancerígenos, mas também de medicamentos ativos contra as doenças inflamatórias estão agora disponíveis a um preço mínimo. Os genéricos são os medicamentos mais úteis para a maioria das pessoas. Sua relação qualidade/preço é inigualável. Nenhum outro medicamento permitirá melhorar tanto a saúde por um preço tão baixo. São os medicamentos de ontem que salvam mais vidas, não os de hoje, o que não muda em nada sua necessidade. Se não tivesse sido possível comercializar genéricos seguros e eficazes a um preço baixo, os governos jamais poderiam ter financiado a inovação, pagando caro os novos medicamentos comercializados a cada ano.

A ERA FARMACÊUTICA

Esses avanços científicos e regulamentares estimularam a Farmácia, que teve, por sua vez, um efeito transformador sobre a Medicina. Doenças outrora tratadas de modo medíocre puderam ser atenuadas. Os laboratórios farmacêuticos contribuíram para a melhoria da saúde de centenas de milhões de pessoas, mas nem por isso ficaram populares. Esse desenvolvimento da Farmácia foi analisado incontáveis vezes. Atul Gawande, cirurgião e autor mundialmente conhecido, desenvolveu uma estatística incompleta, mas astuciosa para ilustrar o peso crescente da Farmácia.[16] Entre o final do século XIX e o início do século XX, a metade dos artigos publicados no *New England Journal of Medicine* era sobre intervenções cirúrgicas. Após a década de 1950, as publicações acerca dos medicamentos começaram a predominar, de modo que, entre 1972 e 2012, apenas um décimo dos artigos desse periódico continuava tratando de cirurgia. Essa redução de proporções se dera em grande parte em benefício dos artigos sobre inovações farmacêuticas.

Em 2009, Bernard Munos, veterano da indústria farmacêutica e aposentado hiperativo, publicou uma análise mais sofisticada. Em um artigo extremamente influente, ele examinou quase 60 anos de Farmácia, ou seja, 1.222 novos medicamentos autorizados entre 1950 e 2008.[17] Munos observou que as invenções de medicamentos sofriam variações, mas mínimas, e que se produziram num ritmo relativamente constante. Certos laboratórios eram mais eficientes do que outros, como Merck, Lilly e Roche.[18] Estudando o caso das *biotechs*, Munos concluiu que elas eram mais produtivas. Existem entre 4 e 5 mil *biotechs* no mundo. A maioria delas nunca comercializará medicamentos: fechará antes disso por falta de fundos ou de descobertas, o que frequentemente anda junto. Mas um número significativo e crescente de novos medicamentos provém delas. Comparando os investimentos do conjunto das *biotechs* com os da indústria farmacêutica clássica, Munos mostrou que elas inventavam mais com menos dinheiro. Outras análises posteriores confirmaram esses dados.

Quais os melhores medicamentos inventados nesses períodos? A resposta é subjetiva, pois a pergunta é delicada, mas foi feita a 25 *experts* de 15 especialidades diferentes em um processo rigoroso de investigação.[19] Numerosos fármacos esperados foram indicados, como os antiulcerosos, o Imatinibe, as estatinas, a metformina, os anti-hipertensivos, a eritropoietina (EPO) e os antirretrovirais ativos (ARV) contra o HIV. Havia também a fluoxetina, antidepressivo mais conhecido pelo nome comercial de Prozac®, ou ainda o sildenafila, contra a impotência.[20] Os autores desse trabalho investigaram a seguir as razões que haviam levado os *experts* a eleger esses medicamentos como os que apresentaram os melhores resultados da história recente. Sem muita surpresa, eles valorizavam a eficácia e a superioridade, os novos mecanismos de ação e o impacto no tratamento. A investigação revelou igualmente que o reconhecimento nem sempre era atribuído ao primeiro medicamento a surgir; por exemplo, na família das estatinas, a lovastatina fora comercializada antes das outras e não foi escolhida. Foi a atorvastatina[21] que foi designada como o medicamento mais "transformacional",[22] pois mais potente e, também, mais protetor.

Outra indicação desse trabalho é a escolha de um número anormalmente grande de medicamentos concebidos para doenças raras. Esses remédios tiveram um impacto que superou o efeito epidemiológico limitado do tratamento da doença inicial. Por exemplo, sabe-se hoje que o Imatinibe não só permitiu uma convivência mais longa com a leucemia mieloide crônica, mas também demonstrou que se podia tratar um câncer visando às proteínas celulares e não o DNA, como era anteriormente. Ela também evidenciou o potencial dos inibidores de tirosina quinase em Cancerologia, família que produziu mais de 50 novos medicamentos em 2020.

Após a publicação dessa investigação, os laboratórios farmacêuticos tiveram vários anos produtivos. Desde 2014, com frequência vêm conseguindo lançar no mercado mais de 50 medicamentos por ano, o que é muito superior aos padrões históricos.[23] Muitas dessas inovações, como as anteriores, permitiram controlar as doenças imunoinflamatórias que atingem o sistema digestório, articular, a pele ou o sistema nervoso; possibilitaram aos pacientes com HIV viver uma vida ainda mais próxima do normal; curaram ou controlaram as hepatites virais; prolongaram a sobrevida na maioria dos tipos de câncer, ainda que de forma desigual; tiraram da orfandade as doenças raras. E aliviaram males ou fragilidades que não são considerados questões de saúde pública, mas que importam na vida das pessoas: atenuando as enxaquecas ou permitindo a continuação da prática sexual. Entre 1990 e a produção deste livro, a FDA aprovou mais de mil novos medicamentos. Algumas doenças tiveram claramente mais sorte. As patologias inflamatórias em geral fazem parte do clube das doenças em que os laboratórios foram bons. A esclerose múltipla é uma delas.

O CASO DA ESCLEROSE MÚLTIPLA

A esclerose múltipla é uma doença inflamatória do sistema nervoso central.[24] Ela atinge mais mulheres do que homens, em geral, no início da idade adulta. Como a maioria das doenças, sua evolução é variável, mas se dá em duas fases: na primeira, recorrente-remitente, crises se alternam com fases normais – a cada crise, no entanto, uma deficiência pode se instalar. Na segunda fase, progressiva, a doença evolui não mais de modo descontínuo, mas contínuo. Essa fase é muito mais difícil de tratar. Apesar da variabilidade da doença e independentemente do histórico do paciente, a esclerose múltipla culmina quase sempre em uma incapacitação problemática e irreversível.

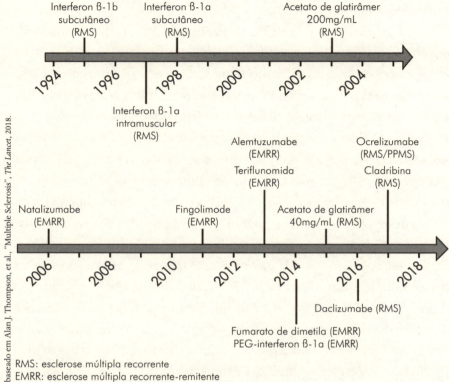

O esquema mostra que as inovações farmacêuticas são relativamente regulares na esclerose múltipla. Considera-se que todos esses medicamentos influenciam o curso da patologia. Não são apenas sintomáticos, que aliviam, mas que estancam ou desaceleram a deterioração neurológica. Nenhum desses medicamentos cura a esclerose múltipla, mas todos melhoraram o prognóstico estatístico da doença de forma cumulativa, como na maioria das doenças inflamatórias, sejam digestivas, reumáticas ou dermatológicas.

Desde meados da década de 1990, mais de 15 novos medicamentos foram validados e comercializados para combater a esclerose múltipla. Seus mecanismos de ação e sua eficácia são variáveis, mas todos conseguem estancar ou desacelerar temporariamente a doença. Permitem comprar tempo e melhorar a saúde. Uma recaída leva a uma troca de tratamento, sinônimo de novas condições de vida decentes. Essa decência resgatada levou os neurologistas a inventar um conceito clínico: "nenhuma evidência de atividade da doença (NEDA)",[25] definido pela ausência de recaída, ausência de agravação da deficiência e ausência de novas lesões nos exames de imagem. Essa extensão do arsenal traz respostas terapêuticas, mas também levanta questões clínicas, como a da primeira escolha ou da estratégia geral. Essas questões nunca terão uma resposta definitiva, pois os dados são sempre insuficientes e a Medicina evolui sem cessar. Isso não impede que a história terapêutica da esclerose múltipla registre uma aceleração surpreendente.

Qual o impacto desses avanços sucessivos na expectativa de vida dos pacientes? Quase nenhum. Se houve um aumento da longevidade, não é certo que seja suficientemente significativo para ser palpável nos dados agregados. Os tratamentos têm efeitos individuais importantes, mas seus efeitos epidemiológicos são pequenos. O essencial não está nisso. Não se espera dos laboratórios farmacêuticos que só desenvolvam medicamentos que aumentem a sobrevida. Precisamos também de produtos que ajudem os pacientes a viverem melhor e se sentirem melhor. É o caso de todos os medicamentos disponíveis contra a esclerose múltipla.

O outro benefício de um arsenal maior é praticamente inestimável para os doentes: ele lhes dá perspectivas. O anúncio de uma doença crônica séria a jovens adultos é um evento que atinge brutalmente seus projetos de vida e sua visão de futuro. Menos coisas lhes parecem possíveis e não conseguem mais perceber facilmente os contornos de sua existência. As perguntas feitas aos médicos nem sempre encontram uma resposta segura, o que as torna embaraçosas. Mas há um fato que tranquiliza todos os pacientes: saber que, se a primeira molécula prescrita não funcionar, haverá uma outra. E que se essa segunda for tão ineficaz ou mal tolerada, restará outra, e mais outra. A ideia de que se acaba quase sempre controlando suficientemente os sintomas, até normalizando certos aspectos da vida, é um elemento bastante novo e crucial para tranquilizar as pessoas que adoecem.

Apesar dos progressos efetuados contra a esclerose múltipla, ainda existem pacientes que não respondem ao tratamento. Sua doença resiste a todos eles, seu estado se deteriora e eles veem isso. É um desafio residual e superior ainda para os laboratórios farmacêuticos, pois esses pacientes com frequência atingiram a fase progressiva da doença, um processo contínuo e lentamente degenerativo. Até pouco tempo atrás, os tratamentos desenvolvidos não tinham efeito direto sobre a degenerescência. Mas, mais uma vez, os laboratórios começaram a encontrar soluções terapêuticas e vários produtos parecem agora eficazes para retardar as formas progressivas da doença. A P&D farmacêutica é estimulada pelas possibilidades de melhoria nas quais vê um interesse econômico futuro. As necessidades não cobertas são sempre um mercado potencial para a indústria. A esclerose múltipla, além de ser uma história de sucesso médico, é também a de um negócio. Seu mercado mundial era avaliado em mais de 23 bilhões de dólares em 2020, com perspectivas de dobrar em cinco ou dez anos.

Poderíamos citar um grande número de doenças inflamatórias ou imunoinflamatórias que tiveram histórias semelhantes desde 1990. A poliartrite reumatoide, o reumatismo inflamatório mais frequente, é outro exemplo: afeta 1 em cada 200 pessoas durante a vida, sobretudo mulheres. Sem tratamento, ela acaba destruindo quase sempre as articulações e provocando uma incapacitação severa, tanto funcional quanto estética. Desde o início dos anos 2000, a história da doença se transformou. Existem agora mais de 15 moléculas disponíveis que permitem limitar a destruição articular em 90% dos pacientes.

AS TRÊS PROBLEMÁTICAS DA SAÚDE NO SÉCULO XXI

Viver três vezes mais. A que preço?

Os avanços da Medicina permitiram a melhoria da saúde e o aumento praticamente contínuo da expectativa de vida na maioria dos países. Em 1840, o recorde de longevidade era das suecas, que viviam em média 46 anos. Em 2019, as japonesas estavam no topo, com uma expectativa de vida de quase 88 anos. Esses dados correspondem a quase o dobro da longevidade em menos de 200 anos e ao triplo se remontarmos a 1750, data aproximada em que este livro começa. Isso também quer dizer, na escala do *Homo sapiens*, que a redução de mortalidade se deu ao longo de 8 ou 9 das 8 mil gerações de seres humanos em sua forma biológica atual. Em escala histórica, é um progresso fantástico. Na escala da evolução humana, é até uma anomalia.

O brilhante e original pesquisador James Vaupel, que trabalha em Copenhague, analisou esse fenômeno em seus múltiplos trabalhos de Biodemografia. Ele mostrou que o perfil das populações atuais com a mortalidade mais baixa está mais distante dos caçadores-coletores do que estes estão dos chimpanzés selvagens.[1] A diferença entre os homens industriais e não industriais é superior à diferença mensurável entre os não industriais e os primatas não humanos. Por sua cognição e sociabilidade, os seres humanos industriais driblaram a evolução. Emanciparam-se da seleção natural e se autosselecionaram para escapar ao processo das outras espécies.

Em outros trabalhos, Vaupel mostrou que o progresso mundial resultou da redução massiva das desigualdades entre os seres humanos. Quando a expectativa de vida era duas ou três vezes menor do que hoje, os seres humanos morriam em idades muito diferentes. Muitos bebês não chegavam a 1 ano e muitas crianças não viviam 10 anos. Alguns adultos morriam na meia-idade e outros conseguiam exercer o pleno potencial da longevidade humana tal como biologicamente possível. Os que tinham sorte se tornavam septuagenários, até octogenários. A média era, portanto, baixa, e as variações eram altas. À medida que os seres humanos industriais foram salvando seus filhos, a expectativa de vida aumentou e as disparidades regrediram.

James Vaupel conseguiu estimar que o que ele denomina "equidade de duração de vida"[2] havia aumentado linearmente com a expectativa de vida média das populações. Essa relação entre longevidade e equidade também existe nos primatas. Quanto mais tempo essas espécies vivem, menos disparidades há entre os membros da espécie. Nos países com baixa mortalidade, a maioria das pessoas morre em idades relativamente similares, isto é, entre 70 e 90 anos. Essa concentração da mortalidade em uma idade elevada modificou as figuras produzidas pelos demógrafos. Eles observaram uma retangularização da curva de sobrevivência, conceito provavelmente inventado em 1980 por James Fries, médico de Stanford.[3] Devido ao que Fries chamou de "compressão da morbidade", a curva de sobrevivência, ao invés de baixar regularmente desde a tenra idade, permanece quase horizontal antes de cair mais brutalmente nas idades avançadas, razão da semelhança com o retângulo.

Cada vez mais indivíduos conseguem sobreviver até mesmo além dessas idades. O número de centenários e de supercentenários está aumentando em muitos países industrializados. Eles parecem testar os limites do potencial de longevidade e questionam a possibilidade de um limite biológico enquanto a plasticidade humana lhes permitiu ir cada vez mais longe. De resto, as mortalidades dessas coortes é bastante baixa. É como se as pessoas que tivessem conseguido sobreviver ao pico de mortalidade, que ocorre atualmente perto dos 80 anos, pudessem depois disso relaxar e aproveitar sua excepcional programação biológica.

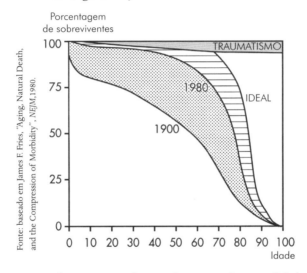

Desde 1980, cerca de 80% das causas de mortalidade humana foram eliminadas. É o que é mostrado pela diferença entre a curva de sobrevivência em 1900 e a curva "ideal" de sobrevivência humana (zona pontilhada + zona hachurada). A partir de 1980, os traumatismos e os ferimentos são a causa dominante de mortalidade no início da vida.

POR QUE AS MULHERES VIVEM MAIS DO QUE OS HOMENS?

No século XXI, as mulheres têm uma saúde melhor do que os homens e vivem mais na maioria dos países do mundo. As diferenças entre homens e mulheres variam conforme os países, mas quase sempre há uma variação constante de vários anos de duração de vida, o que é muito para uma média. Em 2019, na França, a expectativa de vida das mulheres era, de acordo com o Institut National de la Statistique et des Études Économiques (INSEE), de 85,6 anos. Para os homens, era de 79,7, ou seja, quase 6 anos de diferença. Nos Estados Unidos, segundo os Centers for Disease Control and Prevention (CDC),[4] a expectativa de vida das mulheres, em 2018, alcançava 81,2 anos e a dos homens, 76,2 anos, 5 anos de diferença.* Essas variações homens-mulheres não são novas. São um traço estável desde o século XX e há indícios disso nos séculos anteriores.

A pergunta que vem de imediato à mente é o motivo dessa diferença. Trata-se de uma superioridade natural ou de uma vantagem dada pelas condições de vida? Formulando de outra forma, seriam os determinantes biológicos, ou os outros que criam essa diferença? Não se tem a resposta precisa, mas se acredita que o motivo dessa variação é misto. Existem tanto argumentos sérios que presumem uma base biológica quanto provas de que essa vantagem é adquirida ou majorada ao longo da vida. Somente uma parte da diferença é programada, o restante não é automático. O sexo e o gênero[5] exercem cada um seu papel para que as mulheres vivam mais tempo.

Os argumentos que sugerem uma determinação biológica são numerosos. Primeiramente, essa diferença não existe somente entre os humanos, ela foi observada em outros primatas. Os macacos machos têm uma expectativa de vida inferior às fêmeas. Pode-se supor que os efeitos sociais são menos prováveis e menos importantes nos primatas, e que é portanto a biologia que explica a longevidade das fêmeas. Em segundo lugar, certos dados biológicos ou clínicos indicam uma melhor saúde das mulheres. Elas são menos afetadas por inúmeras infecções. Pesquisadores sugeriram que os hormônios femininos estimulariam a imunidade e que os masculinos a enfraqueceriam.[6] Em terceiro lugar, dispõe-se de dados epidemiológicos

---

* N. E.: Segundo o IBGE, no Brasil, em 2020 (sem considerar os efeitos da pandemia da covid-19), a expectativa de vida para os homens era de 73,3 anos e para as mulheres, 80,3 anos.

que apontam na mesma direção. Mesmo populações que adotam um comportamento homogêneo e que estão expostas ao mesmo ambiente observam uma vantagem feminina. Entre os mórmons, cujo modo de vida é notoriamente ascético, ou entre religiosos, as mulheres também vivem mais tempo. Em quarto lugar, as mulheres sobrevivem melhor a muitas doenças que, conforme se supõe, atingem com a mesma severidade inicial ambos os sexos.

Por exemplo, a expectativa de vida das mulheres após um câncer ou em situação de incapacitação é mais alta. O quinto ponto vem também de James Vaupel: em um artigo que analisa a sobrevida comparada dos homens e das mulheres em situações extremas, Vaupel confirmou o superdesempenho feminino. Coletando os dados de mortalidade de vários períodos de grande fome e de epidemias europeias, ele concluiu, mais uma vez, que as mulheres se saíam melhor dos que os homens, mesmo que a diferença fosse menor. A análise mostrava que a variação se devia sobretudo a uma divergência da mortalidade infantil. Vaupel interpretava seus resultados como uma prova de determinação biológica. Nos momentos extremos da história, as mulheres parecem ser menos favorecidas socialmente. É até possível que seja o inverso, isto é, que os homens sejam privilegiados. Apesar dessa atenuação, até neutralização, do efeito social, as mulheres enfrentam melhor os choques históricos.

Paralelamente a essa provável vantagem biológica, existem determinantes comportamentais que puxam as mulheres mais para cima e levam os homens para baixo. Os homens fumam mais, bebem mais e não comem tão bem. Tomam mais medicamentos psicotrópicos e dirigem de modo mais arriscado. Todos esses fatores se acumulam para produzir uma variação estatística que persiste no século XXI.

★

A melhoria da saúde humana prosseguiu no século XX, portanto, com resultados estatísticos espetaculares. Porém, paralelamente a essa escalada jamais vista da longevidade, os seres humanos produziram três problemas que os penalizaram. Primeiro, os ganhos de saúde se deram a um preço que se tornou tema recorrente de debate. Todos os países olham seus gastos com saúde com preocupação e nenhum encontrou solução conveniente. Segundo, desigualdades sociais surgiram e por vezes até aumentaram. Terceiro, os seres humanos criaram dois novos riscos enormes, o risco comportamental e o risco ambiental, que produziram uma enormidade de doenças crônicas. Até agora não se encontrou nenhum sinal de solução nem de atenuação significativa. Esses riscos representam certamente um dos maiores desafios para a saúde mundial nas próximas décadas.

10% DO PIB PARA A SAÚDE?

> Milhões de nossos concidadãos não têm atualmente a chance de ter e de aproveitar de uma boa saúde. Milhões não têm proteção nem segurança contra os efeitos econômicos da doença. É chegado o momento de agir para ajudá-los a alcançar essa proteção e essa segurança.
>
> Harry Truman, 1945

A melhoria da saúde humana após a Segunda Guerra Mundial custou muito dinheiro. À medida que enriqueciam, os países industrializados dedicavam cada vez mais recursos à saúde de suas populações. Após um período de ajuste, as despesas nacionais de saúde da maioria dos países se estabilizaram em uma certa porcentagem de seu produto interno bruto (PIB). O economista holandês Jacques van der Gaag mostrou, com outros, que as despesas totais por habitante de um país eram estreitamente correlacionadas com a renda total nacional do mesmo ano. Com bastante frequência, há uma relação linear entre as despesas de saúde por pessoa e a renda de uma população. Van der Gaag analisou rigorosamente que a chamada renda *per capita* explica quase toda variação possível das despesas sanitárias *per capita*. Essa relação quase constante é muitas vezes qualificada de primeira lei de economia da saúde. A evolução da renda média dos indivíduos explica 90% da evolução das despesas com sua saúde.

Uma consequência dessa primeira lei é que, após ter encontrado seu regime de cruzeiro, os países mantiveram suas despesas de saúde em uma proporção estável de sua renda. Essa proporção se situa, em geral, entre 8% e 11% do PIB, principalmente nos países da OCDE. Existem exceções, porém: alguns países gastam muito pouco com a saúde de sua população (Angola, Congo, Singapura); outros gastam muito, como os Estados Unidos.[7] A estabilidade da parcela de riqueza nacional consagrada à saúde implica geralmente o aumento do montante total, considerando que, nos países industrializados como em outros, o crescimento é sinônimo de aumento do PIB.

Por que as despesas de saúde aumentaram em quase todo lugar? Uma ideia corrente sugere que o envelhecimento e o crescimento das doenças crônicas seriam os principais responsáveis. Contudo, a explicação mais consistente é, de início, a ampliação do acervo de tecnologias médicas. Os laboratórios farmacêuticos e as indústrias do dispositivo médico, impulsionados também pelo jogo das patentes, lançaram no mercado, como vimos, novos produtos em um ritmo quase constante. Esses novos produtos são geralmente mais caros do que os anteriores. Além disso, nem sempre os substituem, mas se acrescentam a eles com frequência, o que contribui para o aumento das despesas gerais. A segunda explicação é a extensão da cobertura médica da população. Quer sejam planos públicos ou privados, essas coberturas diminuem ou anulam os efeitos dos preços sobre a demanda de atendimento. Na falta de regulação adequada, o plano de saúde pode tanto elevar os preços quanto o nível da demanda. A ampliação da cobertura permitiu que uma parcela crescente da população tivesse acesso a tratamento, mas isso foi muitas vezes sinônimo de aumento das despesas.[8] Em terceiro lugar, uma parte desse aumento tem de fato ligação com a idade mais avançada da população. Mas essa explicação é mais recente, visto que o envelhecimento demográfico é um fenômeno bastante novo.

De que se compõem essas despesas de saúde? Elas se repartem de modo bastante fixo conforme uma regra bem conhecida dos economistas da saúde, chamada de 3-2-1. De 6 euros gastos, 3 vão para os hospitais, 2 para os profissionais liberais da saúde e o último serve para comprar medicamentos e dispositivos médicos. Essa regra é surpreendentemente estável entre os países e conforme os períodos, embora existam variações, como sempre.

A CIÊNCIA ECONÔMICA DA SAÚDE

Enquanto ciência, a Economia existe porque o dinheiro existe, mas também porque ele não é infinito. A Economia da Saúde teve de ser criada porque as despesas de saúde não podiam ser infinitas. Um governo não gasta com educação, justiça, infraestrutura, defesa e pesquisa o mesmo que gasta para promover saúde.

As despesas de saúde dependem do preço do tratamento. Em Economia, chama-se *preço de mercado* quando ele é definido pela interação entre a oferta e a procura. O preço age como um sinal que influencia o comportamento dos agentes da oferta e da procura. Mas talvez o mercado da saúde seja o mais complexo de todos. Aliás, não existe um único mercado da saúde, mas inúmeros, conforme a atividade considerada (medicamentos, dispositivos médicos, intervenções etc.).

Acredita-se que a Economia da Saúde foi inventada mais ou menos na década de 1930, nos Estados Unidos. Em 1931, a American Medical Association, que já era muito poderosa, criou o Bureau of Medical Economics. Em 1935, Milton Friedman publicou um artigo sobre a elasticidade da procura, considerado por certos autores como um texto fundador. Após os anos 1950, a maturidade da especialidade teve de ser acelerada, pois os orçamentos estavam se tornando uma preocupação nacional. Os trabalhos publicados até então não permitiam decidir sobre as despesas a partir de bases suficientemente racionais. Ora, a Economia é uma ciência das escolhas. Economicamente, a saúde estava atrasada, e Kenneth Arrow (1921-2017) mudou tudo.

Reconhecido como um dos maiores economistas do século XX, até da História, Arrow publicou, em 1962, um primeiro artigo intitulado

"Health as an Investment" e, no ano seguinte, outro: "Uncertainty and the Welfare Economics of Medical Care".[9] Nesse artigo, um dos mais citados da história da Economia da Saúde, ele estudava as especificidades da Economia da Medicina – que denominava "indústria do atendimento médico" – e não da saúde em geral. Foi praticamente seu primeiro e último artigo na área da saúde. Esse trabalho fora encomendado pela Fundação Ford. Para escrevê-lo, Arrow precisou se informar mais e pesquisar muito. Nele, aprofundava o conceito de incerteza referente à incidência da doença e à eficácia dos tratamentos. Essa incerteza é inerente à Biologia e à Medicina e ainda existe hoje em dia. A Biologia é, na maioria das vezes, mais probabilística do que determinista. Atualmente, conhecem-se melhor os riscos, mas isso não elimina a incerteza. A tese de Arrow era que o mercado era ineficiente para alocar os recursos em tais condições de incerteza, precisando então de instituições externas a ele para compensar suas falhas. Com essas instituições, seria possível limitar a ineficiência, na prática, o desperdício.

Desde Arrow, a Economia da Saúde vem se desenvolvendo – os historiadores datam esse salto nos anos 1970. Ela se tornou uma ciência independente na área da ciência econômica. Pode ter vários objetivos, mas sua tarefa principal é determinar o valor dos tratamentos para estabelecer um preço justo. Os economistas da saúde tentam estabelecer um preço como faria o mercado livre se ele existisse (o que não é o caso), e que seja proporcional ao valor médico (o que o mercado livre não conseguiria sem dúvida fazer). Por muito tempo, houve uma boa dose de arbitrariedade e de privilégio no estabelecimento dos preços nos mercados da saúde. Medicamentos equivalentes podiam surgir com preços muito diferentes. Com frequência, os *lobbies* da indústria ou as preferências nacionais explicavam isso.

Os estudos que se propõem a estimar o valor de um tratamento são chamados de análises de custo-efetividade (ACE). O primeiro estudo desse tipo foi publicado em 1976. Desde essa data, eles se aceleraram e se calcula que os pesquisadores publiquem hoje um a dois por dia.

Tais estudos se dividem, em geral, em duas etapas: primeiramente, a saúde e depois a economia. Começam avaliando o valor médico de um novo tratamento. É a avaliação terapêutica, que só pode ser comparativa, pois é preciso posicionar a nova oferta em relação a uma oferta existente na famosa lógica de mercado. Por exemplo, pode-se comparar um medicamento com um tratamento cirúrgico ou com um tratamento físico, como a reeducação. A avaliação se baseia nos dados disponíveis num instante t, que são sempre incompletos e sobretudo assimétricos. Em geral se dispõe de mais dados para os antigos tratamentos do que para os novos. Os pesquisadores tentam determinar o ganho em saúde do novo tratamento em relação ao antigo, o que é sabidamente difícil.

A segunda etapa é a avaliação econômica. Não deve considerar apenas os preços isolados, mas todos os custos associados. Se um medicamento requer uma hospitalização, ela deve ser contabilizada também. Se esse mesmo medicamento gera efeitos colaterais que justifiquem a tomada de um medicamento extra para atenuá-los, isso também entra no cálculo. Por fim, a avaliação propõe um preço que deve ser proporcional ao desempenho do novo tratamento, isto é, à quantidade de saúde a mais que ele proporciona.

Nem todos os países têm a mesma história médico-econômica. A Austrália foi um dos primeiros, senão o primeiro, a se converter. Em 1987, ela acrescentava uma emenda a uma lei anterior para exigir que o custo e a efetividade dos tratamentos fossem levados em conta nas decisões de reembolso. Em 1993, esse país se tornava o primeiro a incluir recomendações fármaco-econômicas em um comitê especialmente criado. A seguir, o Reino Unido foi a referência com a criação do National Institute for Health and Care Excellence (NICE), em 1999, cujos pareceres se tornaram obrigatórios para os novos tratamentos em 2003. Os britânicos investiram muito no NICE – seu orçamento decuplicou ao longo do tempo – e sua influência foi enorme. Embora o Reino Unido represente aproximadamente 3% do mercado farmacêutico mundial, os pareceres do NICE foram examinados pelo conjunto dos atores. Considerado severo, o NICE rejeitou, na verdade, apenas cerca de 15% das novas tecnologias.

Os Estados Unidos sempre foram um país à parte, onde os medicamentos são os mais caros do mundo – ainda que sejam os mesmos – e onde a lei proíbe ao Medicare, o plano de saúde governamental para quem tem mais de 65 anos, decidir sobre o reembolso de um novo produto a partir de critérios econômicos. Isso não impede os pesquisadores estadunidenses de serem os maiores produtores de análises custo-efetividade. Na falta de uma instituição governamental, é uma organização não lucrativa que faz esse trabalho: o Institute for Clinical and Economic Review, fundado em 2006. Nessa paisagem heterogênea, a França se situa provavelmente... no meio. Ela começou a dispor de uma doutrina após muitos países. É a Haute Autorité de santé quem faz as análises custo-efetividade.

Um exame comparativo de análises custo-efetividade para tratamentos muito diferentes mostra, de saída, disparidades fáceis de considerar como incoerências. Estimando o número de anos de vida ganhos com plena saúde por milhão de dólares gastos, os conhecidos QALY,[10] observa-se que um tratamento contra a hepatite C gera de 9 a 29 QALYs conforme o caso, ao passo que uma prótese total do joelho gera 84 QALYs. Um programa para parar de fumar gera 278 QALYs por milhão de dólares gastos. Esses programas de controle do tabagismo são excessivamente rentáveis. Quanto à aspirina como prevenção cardiovascular em um homem de 45 anos de alto risco, ela não é somente custo-efetiva (*cost-effective*), também é considerada *cost-saving*, isto é, leva à economia de dinheiro. A maioria dos novos tratamentos custa dinheiro, mas eles são custo-efetivos, o que significa que prolongam suficientemente a saúde, considerando o que custam. A aspirina preventiva nesse caso é melhor porque leva a ganhar dinheiro. Traz saúde e dinheiro quando a maioria dos tratamentos traz apenas saúde. Isso se dá porque a aspirina preventiva é tanto eficaz quanto barata – custa apenas alguns centavos por dia, inclusive nos países mais ricos. Se a aspirina fosse comercializada hoje, ela poderia pleitear um preço centenas de vezes maior, mas foi inventada em 1899, por Bayer, e é genérica há muito tempo.

De modo geral, as análises custo-efetividade mostram que as intervenções coletivas são mais rentáveis do que as individuais. A saúde pública tem mais poder econômico do que a Medicina. Essas análises revelam igualmente que os tratamentos tendem a ser cada vez menos rentáveis. Seu rendimento médico vai diminuindo, o que é uma tendência geral nos mercados da saúde.

OS GASTOS DE SAÚDE AUMENTAM MAIS RÁPIDO DO QUE A EXPECTATIVA DE VIDA

Uma tendência observada nos países industriais desde o fim do século XX é um gasto cada vez maior de dinheiro para ganhar cada vez menos saúde. A expectativa de vida progrediu, mas os gastos aumentaram mais do que ela. A saúde seguiu, assim, uma lei bem conhecida das indústrias tradicionais: a lei dos rendimentos decrescentes. Essa lei implica que, quando uma empresa cresce, seu volume de negócios aumenta, mas sua rentabilidade diminui. Ela ganha mais dinheiro em valor absoluto, mas menos em valor relativo.

O economista estadunidense William Baumol (1922-2017) analisou cuidadosamente esse problema dos rendimentos decrescentes em saúde, sobretudo em Medicina. Ele dividiu a Economia geral em dois setores de atividade: o setor progressivo e o setor estagnante,[11] cujos nomes indicam suas dinâmicas. O setor progressivo agrupa, por definição, todas as atividades que conseguem ganhar produtividade. Essas indústrias produzem os mesmos bens gastando cada vez menos, ou empregando menos pessoas, o que geralmente é concomitante. Desse modo, podem produzir mais com menos, ou produzir mais a custos constantes. No setor estagnante, ao contrário, a produtividade não progride, ou progride muito pouco. A saúde faz evidentemente parte deste último, assim como a educação, a justiça, o jornalismo, a polícia, os serviços gerais. Em todas essas indústrias estagnantes, não se conseguiu diminuir os custos e até mesmo se observou, com frequência, um aumento médio deles, às vezes simplesmente pelo aumento dos salários. Essas indústrias que são de serviços, muitas vezes, têm um ponto em comum: todas têm um certo grau de execução manual.

Para Baumol, duas razões principais impediam observar ganhos de produtividade no setor estagnante. Em primeiro lugar, são atividades que resistem ou que escapam à padronização, pois sempre envolvem uma forma de personalização, que está ligada à heterogeneidade das tarefas. Essa personalização não permite sua industrialização completa. Os pacientes, mas também os estudantes que devem ser formados, os negócios que devem ser julgados ou as máquinas que devem ser consertadas comportam diferenças inevitáveis que exigem uma individualização do serviço. A segunda razão inibidora do aumento do rendimento é que a qualidade dessas atividades depende demais da quantidade de trabalho. É possível passar menos tempo junto aos pacientes. Isso possibilitará uma redução dos custos, mas, via de regra, será em detrimento de sua saúde, e a produtividade não será melhor, visto que é uma relação entre as duas.

Baumol julgava que essa dicotomia entre dois setores tão diferentes não era necessariamente problemática. Embora tenha inventado a expressão "doença dos custos" para caracterizar o que outros chamaram de "lei de Baumol", ele afirmava que os danos só aconteceriam se dirigentes não compreendessem como tratar o assunto. Para ele, os ganhos de produtividade do setor progressivo nos dão justamente margem para compensar a estagnação de produtividade do outro setor. Uma espécie de transferência de meios é possível entre os dois setores quando se decide fazer isso, ou até se estimula. Baixando os preços de certos bens, o setor progressivo dá novamente poder de compra ao setor estagnante. Este é o raciocínio de Baumol. O aumento relativo dos preços no setor da saúde não é, pois, um problema em si para ele. Ao contrário, Baumol explicava que o desenvolvimento descontrolado do setor progressivo é que era uma ameaça para os seres humanos, pois esse crescimento constante se fazia – e ainda se faz – em detrimento do meio ambiente e do clima, dos quais depende nossa saúde.

Pode-se tentar complementar o que disse Baumol com ao menos três argumentos suplementares, que não o contradizem. Todos eles sugerem a possibilidade de um melhor rendimento dos gastos de saúde, o que não quer dizer forçosamente menos gastos, mas mais saúde com os mesmos gastos. Primeiro, existem ainda amplos bolsões de ineficiência nos sistemas de saúde. Nenhum país está totalmente satisfeito com seus gastos de saúde, mesmo que alguns consigam resultados melhores do que outros. As ineficiências são sobretudo provadas pelas disparidades de gastos entre os países ou entre os sistemas de saúde.[12] Apesar dessas disparidades, frequentemente são observados resultados comparáveis em termos de indicadores, ou resultados diferentes, mas proporcionalmente inversos ao nível de gastos. Os Estados Unidos são o pior exemplo em matéria de ineficiência. Donald Berwick, médico americano que atuou politicamente no governo de Obama, comparou o desperdício de seu país ao paradoxo de Fermi:[13] ele está por toda parte, mas ninguém o vê. Mesmo nos países mais eficientes, existem diferenças entre hospitais ou entre profissionais de saúde, que indicam a existência de uma margem. Ela nunca será preenchida e nenhum país conseguirá apagar totalmente a heterogeneidade de seus gastos com saúde, mas uma melhoria é possível. Ao limitar o desperdício, os países podem gastar melhor, isto é, gastar o mesmo para oferecer mais saúde à população.

O segundo argumento, a que Baumol às vezes aludia, é que houve ganhos de produtividade no setor da saúde, mas eles não foram revelados. Os indicadores estudados são por vezes grosseiros demais e, sobretudo, quantitativos em excesso. Eles não conseguem captar a sutileza de certos ganhos de saúde. Só a medida da expectativa de vida ou de sobrevida com uma doença não permite compreender todos os avanços realizados. O tratamento do câncer custa cada vez mais e essa alta das despesas aumenta sem dúvida mais depressa do que o aumento da sobrevida. Porém, os pacientes não apenas vivem mais tempo com a doença, eles vivem melhor em geral. Sua qualidade de vida é melhor. Os hospitais melhoraram a recepção, o acompanhamento psicológico ou o tratamento social associado aos tratamentos médicos ou cirúrgicos. Mesmo que ainda seja muito imperfeita, a dimensão humana do tratamento de saúde é mais bem considerada hoje em dia. Ter boa saúde não é somente viver mais tempo, é também ter um desempenho melhor ou se sentir melhor.

Em terceiro lugar, certas tecnologias e certas escolhas poderiam nos permitir recuperar o rendimento perdido no mercado da saúde. Pensamos especialmente na Inteligência Artificial (IA), que está se tornando um tema habitual em Medicina. Seu desenvolvimento já atingiu um nível de maturidade significativa em exames por imagens, mas a IA promete se inserir em todas as especialidades e até na saúde pública. Ela permite prever melhor a evolução dos pacientes, mesmo sem compreendê-la. Pode evitar os exames e sobretudo os tratamentos inúteis; leva a adaptar os tratamentos. As fontes de economia e de rendimento são, consequentemente, intuitivas. O desenvolvimento será lento, mais do que o da tecnologia, e haverá revezes, como sempre. Mas há uma esperança razoável de que a IA possa auxiliar os sistemas de saúde a recuperarem o rendimento em sua atividade.

As desigualdades de saúde

Os avanços em saúde e longevidade foram bastante gerais, mas isso não impede que ainda persistam desigualdades por toda parte. Essas diferenças entre os indivíduos de uma mesma população não são detectadas quando se observam somente as médias. Sem separar os dados, não se pode ver as desigualdades de saúde, só se veem médias que não dizem tudo. Nem todos os seres humanos industriais se beneficiaram dos avanços na mesma proporção. Sempre há desigualdades entre os países ou em um mesmo país. As diferenças entre países não são constantemente correlatas a seu nível de desenvolvimento, mas isso ocorre com frequência.

QUANTO MAIOR A RENDA, MELHOR A SAÚDE

Um dos principais determinantes das desigualdades em saúde é evidentemente a renda. Raj Chetty é um economista de Stanford, nascido em 1979 e já reconhecido e multipremiado. Vários de seus trabalhos estudaram as relações entre renda e saúde dos norte-americanos. Um artigo de pesquisa publicado em 2016 no *Journal of the American Medical Association*, documentou meticulosamente a relação entre renda e expectativa de vida nos Estados Unidos, entre 1999 e 2014.[1]

Analisando 1,4 bilhão de declarações de imposto de renda e comparando-as aos dados de mortalidade, Chetty efetuou um dos mais importantes e melhores estudos sobre a relação entre renda e longevidade. Seus resultados confirmaram implacavelmente o que já havia sido mostrado, ou seja, quanto maior a renda, maior a longevidade. Não se trata apenas de uma diferença entre os ricos e os pobres, é uma gradação completa em toda a escala da renda. A relação entre renda e expectativa de vida é clara e pode ser vista em cada percentil de renda. Em outras palavras, o gradiente é constante. Portanto, sempre há uma vantagem sanitária estatística a ser ganha nem que seja um pouco mais de dinheiro. A expectativa de vida aos 40 anos – um indicador interessante porque, nessa idade, a renda em geral já se estabilizou – aumenta mais rapidamente na parte inferior da escala da renda. Depois, a progressão é mais lenta. Os degraus são mais baixos na parte inferior e mais altos na superior.

Um outro resultado importante do trabalho de Chetty: as variações de expectativa de vida se ampliaram entre os grupos de renda. Entre 2001 e 2014, os ricos aumentaram sua vantagem sanitária, enquanto os pobres não progrediram muito. As desigualdades de saúde que dependem da renda aumentaram.

Chetty também estudou a maneira como a geografia pode influenciar a relação entre renda e longevidade. Ele observa que, no topo da escala de renda, as disparidades geográficas são pequenas ou nem aparecem. Inversamente, os estadunidenses com a menor renda podiam prever uma duração de vida diferente conforme o lugar onde moravam. Esse achado sugere que, nos Estados Unidos, a geografia conta quando se é pobre, mas não quando se é rico. Como afirmou Angus Deaton em um texto que acompanhava a publicação de Chetty, tudo se passa como se os norte-americanos com a maior renda pertencessem a uma mesma elite insensível à geografia, ao passo que os outros pertenceriam a mundos pobres separados, cada um sendo infeliz e com seus próprios problemas de saúde.² A formulação lembra Tolstoi, que explicava em Ana Karenina: "Todas as famílias felizes se parecem umas com as outras, mas cada família infeliz é infeliz a seu modo".

Não é só nos Estados Unidos que a renda prognostica a saúde. O pesquisador norueguês Jonas Kinge, do Instituto de Saúde Pública de Oslo, relatou o caso de seu país. Kinge coletou os dados de mais de 3 milhões de indivíduos acima de 40 anos, totalizando cerca de 26 milhões de pessoas-anos entre 2005 e 2015. Analisando os dados de renda e de mortalidade para reconstituir a expectativa de vida por renda, ele mostrou claras similitudes entre o caso norueguês e americano. Em primeiro lugar, Kinge pôde provar a existência de um gradiente, percentil por percentil, entre renda e longevidade na Noruega. Os noruegueses sempre ganham mais saúde ao ganhar mais dinheiro. O gradiente é contínuo, mas variável. O 1% das norueguesas mais ricas vivem em média 86,4 anos, ou seja, 8,4 anos a mais do que as mulheres que pertencem ao mais baixo percentil de renda. A diferença chega a 13,8 anos para os homens entre o primeiro e o último percentil de renda. Como nos Estados Unidos, o gradiente é mais amplo na parte inferior da escala de renda, isto é, para os 10% mais pobres. Em outros termos, lá também é mais rápido ganhar anos de vida, passando de muito pobre a pobre, do que de rico a muito rico. O aumento de renda sempre proporciona vida suplementar, mas de modo cada vez menos eficiente. O gradiente se atenua, mas nunca desaparece. Terceiro ponto compartilhado com os Estados Unidos: Kinge mediu uma ampliação das variações de saúde entre rendas no período de estudo. As desigualdades de saúde condicionadas pela renda também crescem na Noruega.³ Entre 2005 e 2015, as norueguesas do quartil mais rico ganharam 3,2 anos de expectativa de vida, enquanto as que pertencem ao mais pobre ganharam apenas cinco meses. As mais desfavorecidas não têm apenas menos saúde, seu ganho de longevidade progride mais lentamente.

Porém, a Noruega não é os Estados Unidos, e as similitudes param por aí. Comparando, por exemplo, a longevidade dos indivíduos com renda baixa ou intermediária dos dois países, observam-se diferenças significativas. Três anos separam as expectativas de vida dos quadragenários desses países situados no 20° percentil da renda. Quanto mais alto na escala da renda, menor a variação. De novo, essa história de elite mundial homogênea. Quando se comparam as rendas, fica clara a ineficiência dos norte-americanos para gerar saúde. O mesmo quadragenário norueguês do 20° percentil, com sua renda estimada em 24 mil dólares por ano, pode esperar viver tanto quanto o estadunidense que ganha 60 mil dólares por ano. Já se sabia disso: a saúde é mais cara nos Estados Unidos.

OS OUTROS DETERMINANTES SOCIAIS

A questão das relações entre renda e saúde leva ao problema mais amplo dos determinantes sociais, ou seja, as condições sociais e econômicas que influenciam a saúde e até a qualidade de vida. São as condições nas quais as pessoas nascem e crescem, vivem, trabalham e acabam por envelhecer. O conceito em si não é recente, mas seu tratamento científico é bem mais. Formando sociedades, os seres humanos criaram os determinantes sociais. Vimos que Villermé, em Paris, ou Virchow, na Silésia, haviam correlacionado renda e saúde já no século XIX. Em um trabalho que ficou célebre, Charles Chapin estudou a mortalidade do ano de 1865 em Providence, cidade do estado de Rhode Island, nos Estados Unidos.[4] Ele comparou os óbitos entre aqueles que pagavam imposto de renda e os que não pagavam. Chapin constatou uma diferença de mortalidade. As variações observadas incidiam sobre as doenças cardíacas e respiratórias, mas quase nada sobre as microbianas. As infecções se dividiam equanimemente entre os muito pobres e os outros.

No entanto, as relações entre sociedades e saúde evoluíram enormemente nos séculos XX e XXI, provavelmente por duas razões principais: de um lado, as sociedades se tornaram mais complexas; do outro, a saúde se diversificou. Os estudos de Villermé, Virchow e muitos outros se concentravam essencialmente nos vínculos entre pobreza e saúde ou, mais exatamente, entre pobreza e mortalidade. Esses trabalhos de uma Epidemiologia Social que ainda não tinha esse nome foram extraordinariamente pioneiros. Contribuíram para desencadear o Movimento Sanitário, liderado por Edwin Chadwick, espécie de primeira revolução da saúde pública. Mas as sociedades humanas não têm mais muito a ver com as grandes cidades europeias do século XIX. Já havia desigualdades de renda ou de riqueza, mas era mais fácil decompor as populações em duas categorias: os pobres, majoritários, e os demais. Além disso, as causas principais de mortalidade eram pouco numerosas, e a expectativa de vida era quase duas vezes menor que a dos homens industriais do século XX. Havia menos doenças e menos possibilidade de ficar doente. A saúde das pessoas não era tão boa, mas o número de enfermidades era limitado, e elas eram provocadas por poucas causas. Em resumo, os recursos metodológicos e técnicos dos primeiros partidários da Epidemiologia Social eram frágeis, o que reforça seu mérito, mas a situação em si era mais simples de estudar.

A Epidemiologia Social foi reconhecida como disciplina científica nos anos 1990. Ela estuda a influência dos fatores sociais sobre a saúde dos indivíduos e sobretudo das populações. Os pesquisadores explicam habitualmente que ela se interessa pelas "causas das causas" – as primeiras causas – da saúde e da falta dela. Os determinantes sociais exercem, na maioria das vezes, um efeito indireto sobre a saúde. Eles passam por intermediários que são, na verdade, os quatro determinantes clássicos da saúde: a biologia, o meio ambiente, o comportamento e a Medicina. Podem agir sobre os quatro, o que, de passagem, salienta sua importância. Hoje em dia, as relações entre determinantes sociais e saúde são por demasiado complexas, justamente porque são em geral indiretas e distantes. Nelas intervêm não causas únicas, mas redes de causalidade, raramente independentes umas das outras. Essa distância e essa complexidade fazem com que os determinantes sociais sejam menos evidentes do que os outros.

Isso dá lugar ao negacionismo ou à negligência e explica, sem dúvida, a razão pela qual, há décadas e em muitos países, estão sendo feitas escolhas que concentram a atenção nos determinantes de baixo e não nos de cima. Nos indivíduos e não na sociedade. É isso que denunciam os pesquisadores em Epidemiologia Social. Provavelmente, os homens industriais buscaram demais agir sobre os determinantes imediatos em detrimento das causas fundamentais.

A Epidemiologia Social é uma ciência antes de tudo observacional, o que levanta o problema de sua capacidade para estabelecer a causalidade das associações que ela encontra. Como escreveu Sandro Galea, médico epidemiologista e decano da Escola de Saúde Pública da Universidade de Boston, "a Epidemiologia Social mantém uma relação difícil com as abordagens formais da inferência causal."[5] Ela deve lidar em especial com dois desafios. Primeiro, as cadeias de eventos são complexas e não se prestam facilmente à experimentação e, menos ainda, à experimentação randomizada, que é o padrão-ouro em Medicina.[6] Em cada conexão entre dois eventos, há um risco de fator desnorteante capaz de enviesar as análises e de invalidar os resultados. Quando se quer de todo modo fazer experiências sociais, só se pode proceder por pequenas parcelas e, portanto, aprende-se menos. Em segundo lugar, os prazos em jogo são frequentemente longos, até demais. Os determinantes sociais agem cedo, mas seu impacto se dá por vezes sobre o conjunto da existência. Poucos estudos podem seguir as populações em períodos tão extensos. Mesmo que o fizessem, seus resultados seriam conhecidos tarde demais em relação a um mundo que muda e a determinantes que evoluem.

Atualmente, a Epidemiologia Social é capaz de estudar um grande número de determinantes, mas alguns se fazem mais presentes nos trabalhos. A renda e o nível de instrução são, sem dúvida, os mais frequentes e mais analisados. São seguidos pelos efeitos sanitários do entorno, do ambiente de trabalho e o pertencimento racial ou étnico. As relações entre renda e saúde são extremamente documentadas, e as provas são massivas e incontestáveis. Os efeitos são enormes.

Existem muito poucas exceções conhecidas à regra de que a renda e o nível de instrução prognosticam a saúde. As explicações são numerosas. Se tomarmos o exemplo do grau de escolaridade, pelo menos três mecanismos empurram a saúde dos mais instruídos para cima. Em primeiro lugar, estudar aumenta o nível geral de conhecimentos e de competências, o que facilita a adoção de comportamentos pró-saúde e desencoraja aqueles antissaúde. Em segundo lugar, os estudos permitem acesso a melhores empregos e a renda mais alta. A seguir, tudo se encadeia: o ambiente de trabalho, a ausência de vulnerabilidade econômica, uma melhor moradia, um acesso às vezes facilitado aos médicos. O terceiro mecanismo é, na verdade, um grupo de mecanismos. Ele envolve os processos psicobiológicos. Trata-se do autocontrole, da percepção de seu *status*, de sua rede social. Em geral, os indivíduos com mais instrução contam com processos psicobiológicos mais protetores, lidam mais facilmente com o estresse e são menos vulneráveis aos comportamentos de risco. Têm mais confiança em si e na humanidade. Esses trunfos também influenciam positivamente sua saúde.

O entorno é igualmente um determinante social. Os mecanismos são numerosos e implicam o ambiente físico – ar, água, moradia – e as pessoas ao redor. Os ambientes mais deteriorados aumentam o risco de violências acidentais ou intencionais e são frequentemente associados a serviços sociais mais reduzidos: as escolas, o transporte, o atendimento médico. A saúde também sofre influência das relações sociais. Os bairros onde as pessoas confiam umas nas outras têm menos homicídios. Acontece até mesmo de essas características do entorno fornecerem um prognóstico de saúde independente das características dos indivíduos.

A cronologia de ação dos determinantes sociais é variável. Existem exemplos em que seus efeitos logo aparecem. Os mecanismos podem ser diretos, como os casos de intoxicação por chumbo ou de poluição do ar, ou indiretos, como a exposição à violência ou ao álcool. Esses fatos da vida geram mudanças de comportamento contrárias à saúde e que deterioram, por exemplo, o sono. Mas, via de regra, as latências são mais longas. Mais uma vez, elas podem envolver mecanismos indiretos. É o caso de muitas influências sobre o comportamento. A presença de mercados na vizinhança imediata foi associada à frequência do tabagismo. A indisponibilidade de alimentos de qualidade foi correlacionada a um regime qualitativamente falho e quantitativamente excessivo. Existem, por fim, determinantes sociais que agem a longo prazo, mas diretamente. Não passam por mudanças de comportamento para afetar a saúde da população. O estresse social crônico é um exemplo disso. Evans e Schamberg mostraram que a associação entre a duração da pobreza na infância e a função cognitiva na idade adulta não era somente explicada pelo nível de despojamento material, mas também pelo estresse vivenciado pelas crianças.[7]

Diferentes trabalhos sugeriram ainda a possibilidade de um efeito de *timing*. O impacto dos determinantes sociais não é somente uma acumulação, depende igualmente do momento da vida. Existem períodos de vulnerabilidade particular e, sem surpresa, a tenra infância foi identificada como um segmento de risco. Numerosos estudos mostram que os determinantes sociais negativos na infância poderiam ter efeitos irreversíveis. Condições difíceis muito cedo na vida afetam o desenvolvimento dos órgãos. É quase como se elas programassem o surgimento de incapacidades ou de doenças. Os organismos dos pequenos humanos têm uma memória que lhes permite transformar a adversidade social em problemas de saúde na idade adulta.

Como acontece com a renda, as relações entre os fatores sociais e a saúde respondem frequentemente a um gradiente. O capital social e a saúde parecem evoluir paralelamente. Muitas vezes, não há um limiar, mas um *continuum*. Esse gradiente sugere que os determinantes sociais obedecem ao que os biólogos chamam de relação dose-efeito. Quanto maior o capital social, melhor é a saúde e mais elevada a expectativa de vida. É melhor estar no meio do que embaixo, em cima do que no meio. Sempre há uma desvantagem extra ao sofrer mais adversidade social. O vínculo entre social e saúde é tão estreito que, para o epidemiologista inglês Michael Marmot, "a extensão das desigualdades de saúde é um indicador do impacto das desigualdades sociais e econômicas na vida das pessoas".

As estimativas disponíveis sugerem que o impacto da adversidade social na saúde da população é enorme na maior parte dos contextos estudados. Mesmo nas sociedades em que a cobertura médica é assegurada gratuitamente de maneira quase automática, existem disparidades de saúde correlacionadas às diferenças de capital social. Os desfavorecidos socialmente recorrem menos ao sistema de saúde mesmo que tenham acesso a ele, estão sujeitos com mais frequência a erros ou a atrasos de diagnóstico e são menos bem tratados. O peso dos determinantes sociais é tão forte que certos autores sugeriram que seu rastreamento seria tão ou mais benéfico que o sequenciamento genômico generalizado. Em um artigo que ficou célebre, McGinnis e Foege haviam estimado que a metade dos óbitos nos Estados Unidos, nos anos 1990, devia-se em parte a causas comportamentais. Mais tarde, Jemal e coautores estimaram mais precisamente que a metade das mortes norte-americanas estava ligada a fatores associados a um nível de instrução menor. Em uma meta-análise, isto é, um agrupamento de estudos existentes, Sandro Galea calculou que a mortalidade estadunidense relacionada à segregação racial era comparável à dos acidentes cerebrais. O baixo nível de instrução, por sua vez, tinha um impacto semelhante aos infartos do miocárdio, e a baixa proteção social estava associada a um fardo comparável ao câncer do pulmão.

OS LIMITES DA EPIDEMIOLOGIA SOCIAL

Os dados relativos aos mecanismos precisos dos determinantes sociais são fragmentários. Não se sabe muito dos processos exatos que levam aqueles que são desfavorecidos socialmente a desenvolverem mais doenças.

Embora numerosos determinantes sociais exerçam um efeito antissaúde quase sistemático, também foi possível identificar fatores de atenuação, que realçam o capital social relativo. Em uma mesma população, pode-se ter determinantes sociais que empurram a saúde para cima e outros que a puxam para baixo de tal modo que o resultado final é menos ruim do que o esperado na falta de determinantes atenuadores. Por exemplo, os efeitos da renda e do nível de instrução parecem menos importantes entre os imigrantes norte-americanos de origem hispânica, chamados de "latinos". É possível que a solidariedade da comunidade ou certas normas culturais amorteçam os efeitos da adversidade social. Vários trabalhos nos mostram também que não são apenas os determinantes sociais objetivos que contam, mas também os fatores subjetivos. Não é necessariamente o nível absoluto de renda ou de instrução que garante a saúde dos seres humanos em sociedade, mas a percepção que eles têm de sua posição social ou sua perspectiva de futuro. A vulnerabilidade econômica impede que as pessoas pobres ou em situação de risco façam projetos. Quando os homens não conseguem vislumbrar um futuro, não investem em seus comportamentos. Não conseguem os recursos para ter boa saúde ou para progredir na escala da renda. De modo similar, não é só a exposição ao estresse que conta, mas também a capacidade de enfrentá-lo, o que depende, mais uma vez, da subjetividade dos indivíduos.

Certos autores defendem argumentos que subestimam a influência dos determinantes sociais, evocando, por exemplo, a possibilidade de uma causalidade inversa entre renda e saúde. O vínculo entre renda baixa e saúde debilitada se deveria inicialmente ao fato de que problemas de saúde impedem os indivíduos de estudar e conseguir bons empregos. É verdade que isso acontece, e a hipótese é plausível, mas ela não consegue dar conta de todas as associações observadas entre nível de renda e saúde populacional. Ademais, existem estudos quase-experimentais e estudos longitudinais que indicam claramente que a baixa renda precede aos problemas de saúde, o que exclui a possibilidade sistemática de uma causalidade inversa. A reciprocidade existe, mas seria assimétrica. Os problemas de saúde prejudicam o capital social, mas este influi mais na saúde. A hipótese da causalidade inversa fica ainda mais frágil quando se trata do nível de instrução, pois ele é, contrariamente à renda, uma bagagem permanente.

Os determinantes sociais deixam várias questões sem resposta. Dentre elas, a de sua antiguidade. É provável que os determinantes sociais tenham quase sempre existido, mas não em todo lugar. A maioria dos trabalhos históricos encontrou diferenças sociais de saúde onde as buscou, mas não todos. Os trabalhos recentes do pesquisador Tommy Bengtsson, da Universidade de Lund, na Suécia, apresentam a mortalidade em seu país, conforme a classe social, ao longo de um período de mais de 200 anos (1813-2015).[8] O resultado de sua análise é claro: o gradiente social de mortalidade na Suécia seria um fenômeno recente.[9] Os óbitos só começaram a depender da classe social a partir de 1950 para as mulheres e de 1970 para os homens. Bengtsson ressalta que essas descobertas são coerentes com as de outras análises suecas, o que reforça sua plausibilidade. Entre 1920 e o surgimento do gradiente, ele estima que as diferenças de mortalidade eram mínimas e não significativas entre as posições sociais. Todos os suecos tinham a mesma probabilidade de morte. Desse ponto de vista, sua sociedade era sem dúvida mais igualitária do que hoje. Quando ele retrocede mais, isto é, ao início do século XIX, seus dados apresentam uma curva em U no espectro social: os que passavam por mais dificuldades tinham uma mortalidade superior aos indivíduos do meio. Mas as classes superiores, sobretudo os homens, também eram afetadas por uma mortalidade mais elevada. Essa curva em U também foi descrita em outros estudos sobre a Suécia como um todo. O pesquisador explica a vulnerabilidade exacerbada da classe social mais desfavorecida por uma sensibilidade ao preço dos produtos alimentícios, que teria perdurado até 1865. Inversamente, a vulnerabilidade da classe mais alta talvez estivesse relacionada aos excessos alimentares. Em compensação, Bengtsson concorda que o gradiente social atual não é intuitivo. Há algo de surpreendente no aparecimento de diferenças sociais de mortalidade numa Suécia que implantou um Estado-Providência, uma proteção social extensiva e uma cobertura geral de saúde.

Uma outra questão aberta e ainda mais complexa é a da dinâmica histórica dos determinantes sociais. Embora admitamos que quase sempre existiram, não se conhece muito de suas trajetórias. Em especial, não se pode dizer se os gradientes sociais de saúde tenderam a aumentar ou a diminuir. Os trabalhos dos primeiros defensores dessa ideia, como Villermé ou Engels, confirmaram diferenças sociais de mortalidade, mas seus estudos eram transversais e produziam uma informação válida somente em um dado momento. Ofereciam uma imagem estática e não dinâmica, e não seguiam os indivíduos, menos ainda as populações.

Não se sabe exatamente se o gradiente de mortalidade – os outros indicadores não podem ser estudados, pois não há dados existentes – era maior ou menor do que hoje. Acredita-se que as diferenças sociais eram, em média, menores nas economias agrícolas do que nas industriais. Certamente havia mais igualdade diante das doenças microbianas, pois todos os homens pré-industriais eram equanimemente vulneráveis ao contágio. Além disso, a Medicina era ineficaz para todos. Ser socialmente bem aquinhoado não dava privilégios médicos. Por isso, o impacto da industrialização em si sobre o gradiente social de saúde não é claro. Ainda que a transição industrial tenha tido um efeito negativo inegável sobre a saúde das populações originais, não é certo que também tenha agravado as diferenças sociais de mortalidade.

Tommy Bengtsson nos esclarece mais uma vez. Segundo vários trabalhos que ele reuniu e analisou, a industrialização não causou um aumento das diferenças sociais de mortalidade. Esses trabalhos abrangiam contextos diferentes, ou seja, grandes e pequenas cidades e zonas rurais. Vários países foram estudados, como a Suíça, os Países-Baixos, a Itália ou os Estados Unidos. Diferenças de mortalidade em função da posição social foram medidas e eram, às vezes, significativas, mas não dependiam da transição industrial. Elas podiam existir antes da industrialização ou terem aparecido depois, mas esses trabalhos não sugeriam que as diferenças sociais tivessem sido influenciadas pela passagem à indústria. A transição foi dura, mas sem dúvida para todos, de tal modo que não foi especialmente desigual.

As doenças crônicas, primeira causa mundial de óbito

> Se a poluição é inerente a toda atividade produtiva, e se a alteração da água, do ar e do solo sempre acompanhou as sociedades humanas, a amplitude do fenômeno muda de escala com a entrada na era industrial.
>
> François Jarride, Thomas Le Roux. *La Contamination du monde*, 2017.

A melhoria da saúde e da expectativa de vida na segunda metade do século XX são ainda mais surpreendentes porque se produziram contra a maré. A longevidade aumentou de modo linear apesar dos elementos que a puxavam para baixo, a começar pelas doenças cardiovasculares e pelo câncer. Ela poderia ter estagnado, mas ainda assim progrediu. Após reduzirem massivamente os riscos microbianos que tinham limitado a qualidade da saúde ao longo da história e até mesmo a sua evolução, os países industrializados criaram dois novos riscos em proporções jamais vistas: os comportamentais e os ambientais.

Os homens da era industrial mudaram seu modo de vida e modificaram seu ambiente – sobretudo para extrair recursos –, o que ocasionou a deterioração de sua saúde. O produto principal desses novos riscos é um enorme conjunto heterogêneo: as doenças crônicas. Os anglo-saxões empregam um termo semanticamente diferente, mas que designa a mesma coisa: eles falam de "doenças não transmissíveis" (*non-communicable diseases*). Esse termo é em parte inadequado, pois certas doenças crônicas, principalmente os cânceres, têm uma origem microbiana e são portanto transmissíveis entre os seres humanos.[1]

As doenças crônicas são hoje a primeira causa de óbitos no mundo – cerca de dois terços da mortalidade – e a primeira causa de incapacitação. Elas definem a transição epidemiológica descrita, em 1971, por Abdel Omran, ou seja, a substituição das doenças microbianas pelas "doenças degenerativas criadas pelo homem".[2]

OS QUATRO RISCOS COMPORTAMENTAIS: FUMO, ÁLCOOL, SEDENTARISMO, SOBREPESO

Para simplificar, diremos que os quatro fatores de riscos comportamentais mais frequentes são associados aos quatro principais grupos de doenças crônicas. O tabagismo, o excesso de álcool, o sedentarismo e a má alimentação explicam uma proporção importante das doenças cardiovasculares, do câncer, das patologias respiratórias e da diabetes. Esses quatro grupos de enfermidades se associam em proporções variáveis para causar 80% das mortes por doença crônica no mundo. A maioria desses óbitos ocorre em países de baixa renda ou intermediária.

Isso surpreenderá os que pensam que esses países não ricos e pouco industrializados são dominados por uma mortalidade microbiana, como os países ocidentais nos séculos XVIII e XIX. Os epidemiologistas falam de um duplo peso. Eles ainda não estão livres do risco microbiano, mesmo que o tenham diminuído, e já enfrentam novos riscos. Não conhecem bem essas doenças crônicas, pois suas populações morriam de outras causas. Imitando o modo de vida dos países ricos, importaram também suas doenças. Aliás, fala-se de pandemia mundial para qualificar as doenças crônicas.

Existem outras doenças crônicas nem sempre incluídas nas classificações de referência. Trata-se principalmente das doenças mentais e do comportamento. Seu peso aumentou muito e continua crescendo. As doenças mentais correspondem às afecções psiquiátricas; entre elas, a depressão e a ansiedade são as mais frequentes. São seguidas pelas esquizofrenias – 1% da população europeia – e pelos distúrbios bipolares. As doenças do comportamento são os abusos de substâncias lícitas ou ilícitas e a violência doméstica. As doenças mentais e do comportamento interferem nas duas direções com as outras doenças crônicas, que elas agravam ou que as agravam. Os indivíduos com esquizofrenia têm mais risco de obesidade, diabetes e doenças cardiovasculares; os efeitos colaterais dos medicamentos também contribuem para isso. O atendimento pelo sistema de saúde se torna ainda mais complexo e nem sempre é satisfatório. Esse exemplo ilustra outro aspecto típico do doente da era industrial: ele não tem uma única doença crônica, mas várias. Pode facilmente ter quatro ou cinco enfermidades ao mesmo tempo. Essa banalidade tem um nome técnico: fala-se de multimorbidade.

Uma última categoria de afecções crônicas é associada a um fator sem dúvida subestimado: são todas as patologias que se expressam por dor física e que estão aumentando em quase todos os países industrializados. Veremos mais adiante que elas explicam uma parte da sobremortalidade recente observada nos Estados Unidos. As dores na parte inferior das costas, chamadas de dores lombares (ou lombalgias), assim como as dores no pescoço, entram nessa categoria. Citemos também as doenças osteoarticulares, como a artrose, e as doenças reumáticas em geral. O custo humano e econômico de todas essas enfermidades é gigantesco. Nos Estados Unidos, as dores nas costas constituem, atualmente, a terceira fonte de despesas médicas, num montante de 88 bilhões de dólares por ano.[3] É também a patologia que teve maior elevação de custo num período de quase 20 anos.

MODIFICAR OS COMPORTAMENTOS PARA ATENUAR AS DOENÇAS CRÔNICAS

A prevenção e o tratamento das doenças crônicas são reconhecidos, evidentemente, como um desafio de saúde pública maior e mundial. Medidas públicas foram tomadas, mas seu efeito é heterogêneo.

Muitos observadores pensam que os governos deveriam ir muito mais longe para evitar as doenças crônicas ou, pelo menos, para adiá-las. Uma das opções, delicada de lidar, é de natureza econômica. As doenças crônicas mantêm uma relação recíproca com a economia. Os elementos que contribuem para seu aumento têm sua origem no funcionamento das economias atuais e no modo de vida que elas definem. O crescimento dos países na segunda metade do século XX teve como consequência a redução da mobilidade natural das populações e o aumento de sua alimentação não natural. Movimentando-se menos e comendo pior, as populações desenvolveram nitidamente um grande número de doenças crônicas.

Inversamente, as doenças crônicas têm um enorme impacto econômico negativo, direto e indireto. Absorvendo despesas com tratamentos e penalizando a atividade das pessoas, elas são fonte de custo para as sociedades, mas também se originam em vários setores da economia, como a agroindústria ou os transportes, que vivem muito bem da manutenção dessas doenças. De modo que qualquer intervenção nesse sentido reativa controvérsias sobre os riscos de destruição de empregos.

Uma maneira de influenciar o perfil alimentar dos indivíduos industriais seria mudar os preços dos produtos para quebrar o equilíbrio infeliz entre oferta e procura da alimentação não saudável. Hoje em dia, os efeitos sanitários de quase todos os alimentos processados não estão incorporados em seus preços, que são baixos demais. Os economistas veem nisso uma falha de mercado que poderia ser resolvida com tributações. Segundo o que se sabe, a procura por esses produtos não é, em geral, muito sensível à mudança de preços, pois as pessoas continuam comprando os alimentos que têm o hábito de consumir mesmo quando seu preço aumenta. Os dados disponíveis sugerem assim que os preços dos alimentos a serem evitados deveriam ser aumentados maciça e brutalmente para provocar um efeito dissuasivo. Poucos governos ousaram implementar tributos assim.

Uma alternativa não financeira para reduzir o peso das doenças crônicas são as campanhas, que consistem frequentemente em levar informações à população para persuadi-la a modificar seus comportamentos prejudiciais. Entretanto, a professora de Psicologia Theresa Marteau, da Universidade de Cambridge, explica que esses métodos surtem pouco efeito, pois se baseiam numa visão falsa do comportamento humano.[4] Para ela, nosso comportamento não é majoritariamente reflexivo, isto é, não se apoia em uma deliberação determinada pelas consequências de nossas ações. Ao contrário, Marteau afirma que a maior parte de nossos comportamentos repousa em mecanismos automáticos. Esse comportamento automático é orientado pelos sinais de nosso entorno imediato e não corresponde a uma reflexão consciente e elaborada.

Ao longo do dia, os seres humanos alternam os dois tipos de comportamento, reflexivo ou automático. Temos vantagens ou desvantagens com cada um deles. O comportamento reflexivo é racional e flexível e se adapta ao objetivo buscado. São seus trunfos. Em compensação, ele é ineficiente, pois toma um tempo que muitas vezes não temos. O comportamento automático se efetua rapidamente e alivia nosso esforço cognitivo. Mas não é flexível e, às vezes, gera consequências que no fundo não queremos. Marteau concorda que essa distinção é parcialmente esquemática e que nossas ações são, em geral, uma mistura complexa dos dois tipos de comportamento. De resto, muitas vezes eles entram em conflito quando se trata de saúde. A reflexão nos leva a evitar certas ações que o automatismo permitiria. Por outro lado, Marteau defende medidas públicas centradas no comportamento automático que visem nosso entorno ou nossas reações. Reduzindo a acessibilidade dos produtos não saudáveis e melhorando a dos produtos saudáveis no setor de serviços de alimentação ou na vizinhança, o ambiente seria modificado, segundo ela. Uma outra opção que não elimina a primeira é a redução drástica da publicidade dos produtos não saudáveis. De modo inverso, tornar mais atraente a embalagem dos produtos mais saudáveis é um meio eficaz de estimular seu consumo. Ela observa que, ao visar os automatismos ao invés de se dirigir à cognição, reduz-se o impacto das desigualdades sociais, pois elas estão associadas a deficiências no domínio das letras e dos números.

OS NOVOS RISCOS AMBIENTAIS

O outro grande risco da segunda metade do século XX é ambiental. Os danos ao meio ambiente de origem humana não são novidade. Mas os desenvolvimentos econômico e demográfico pós-Segunda Guerra Mundial impeliram os seres humanos a transformar o que os cerca em uma escala e velocidade sem precedentes históricos. Como a relação entre os homens e seu meio é cada vez mais uma história de influências mútuas, as consequências das mudanças ambientais sobre a saúde não se fizeram esperar.

Em quase dois séculos, os homens da era industrial substituíram um meio ambiente naturalmente hostil, com micróbios, por outro parcialmente limpo de micro-organismos, mas ao mesmo tempo mais frágil e distintamente agressivo. Os novos riscos ambientais se multiplicaram e, ainda hoje, são subestimados.

Atualmente, a poluição é com certeza o maior risco ambiental mundial, o que tem mais impacto negativo. Ela é tudo o que se transfere ao meio ambiente por nossa atividade e que é capaz de danificar a saúde ou os ecossistemas. A poluição não é nova. O mundo já era poluído antes da transição industrial. A palavra já existia, mas não tinha o mesmo sentido. Ela evocava sobretudo "a impureza moral e a corrupção do campo".[5] François Jarrige e Thomas Le Roux explicam que o termo *poluição* adquiriu o sentido atual no final do século XIX.[6] A industrialização criou uma poluição principalmente nos ambientes de trabalho, com consequências já abordadas sobre a saúde das operárias, dos operários e de seus filhos. Alguns desses riscos foram atenuados graças a contramedidas, mas a poluição nunca desapareceu.

Após a Segunda Guerra Mundial, ela mudou de perfil e de escala e se globalizou rapidamente. Como é um produto da atividade humana, ela é complexa e não estática. Evolui no tempo e é geograficamente heterogênea. Quando se observa o mapa mundial da poluição em 2021, pode-se diferenciar esquematicamente uma poluição tradicional e outra mais moderna. A tradicional é doméstica, ou seja, é interna e se produz nos prédios ou nas casas. O ar interior é poluído nas moradias que utilizam meios ineficazes e combinações de combustíveis para se esquentar ou preparar comida. Isso gera gases tóxicos com os quais as pessoas convivem. Também pode ser uma poluição da água supostamente potável, mas que na verdade não o é. Se a fonte de extração for suja ou se houver uma falha de saneamento, a água pode ficar poluída. Essa poluição doméstica antiga existe quase exclusivamente nos países de baixa renda. As doenças consecutivas são respiratórias e diarreicas. Seu impacto sanitário se materializa sobretudo em mortalidade infantil, juvenil e materna. Graças aos progressos do desenvolvimento, ela vem diminuindo desde o final do século XX: a queda estimada é de 40% de 1990 a 2015, na maioria desses países.

A poluição moderna é sobretudo atmosférica, isto é, do ar externo. É principalmente relacionada aos transportes e à indústria. A queima de combustível é responsável por cerca de 85% da poluição do ar[7] e envolve as partículas finas e o ozônio. Mas a poluição moderna compreende também os produtos químicos, que serão abordados mais adiante, e até algumas formas de irradiação. Contrariamente à antiga, esse agregado de poluição moderna está aumentando. Para comentar o cruzamento das curvas – poluição interior em baixa e exterior química em alta –, o pediatra de Boston e militante antipoluição Philip Landrigan fala de "transição do risco ambiental". Na verdade, a dinâmica da poluição moderna exibe tendências divergentes difíceis de resumir. Simplificando um pouco, estima-se que, em escala mundial, a poluição ambiental está em alta. Ela baixa nos países industrializados, que a tinham como característica histórica, mas aumenta em todos os demais. Esses países, como a China e a Índia particularmente, ainda não são tão ricos quanto os países europeus, mas poluíram logicamente seu próprio ar à medida que se desenvolviam com normas frágeis.

Foram as evoluções legislativas que auxiliaram muito os países industrializados a diminuir sua poluição ambiental. Nos Estados

Unidos, o Clean Air Act,[8] de 1970, provocou a virada necessária para reduzir a poluição ambiental norte-americana. Essa lei autorizou a Agência para a Proteção do Meio Ambiente[9] a definir os padrões de qualidade do ar. Enquanto a poluição interior agride os pulmões e os intestinos, a poluição ambiental enriquece o reservatório de doenças crônicas. Nos países industrializados, ela aumentou muito e agora se estende aos demais.

UM ÓBITO EM VINTE ESTÁ RELACIONADO À POLUIÇÃO

Vários grupos de cientistas trabalharam para quantificar a exposição e o impacto da poluição. As estimativas convergem e os dados são assustadores. Todos os tipos de poluição causariam até 9 milhões de mortes prematuras a cada ano no mundo. Por comparação, o fumo mata de 5 a 6 milhões de pessoas por ano. Os países de baixa renda ou intermediária concentram a maioria das mortes por poluição, provavelmente 90%. A metade dessas perdas é causada por poluição interior e a outra metade, por poluição ambiental. Cerca de 9 seres humanos em 10 estão expostos a um ar cuja toxicidade é superior aos limites nefastos estabelecidos pela Organização Mundial da Saúde. A poluição é responsável por aproximadamente um terço das mortes por doença cardiovascular, 15% por câncer do pulmão e mais de 10% por doença respiratória crônica, mais exatamente doença pulmonar obstrutiva crônica (DPOC). No total, o grupo de pesquisa Global Burden of Disease[10] estimou que, em 2017, 1 óbito em 20 estava ligado à poluição do ar externo por partículas finas, ou seja, 3 milhões de mortes. Eram duas vezes menos em 1990 e será provavelmente duas vezes mais em 2050.

Representação da mortalidade mundial de acordo com suas causas, em 2019, sem distinção de idade e sexo

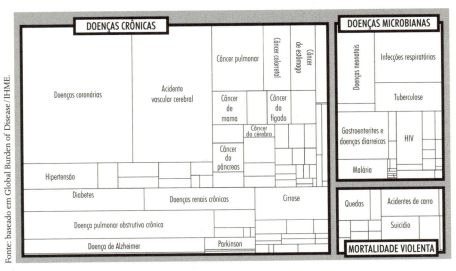

As causas de óbitos são classificadas em três categorias: doenças crônicas, doenças microbianas e mortalidade violenta. O tamanho das subdivisões é proporcional ao número de óbitos. Desde 1990, a doença microbiana cuja mortalidade mais aumentou foi o HIV; a doença crônica cuja mortalidade mais cresceu foi o Alzheimer, o que é um efeito do envelhecimento demográfico; na mortalidade violenta, a causa que mais aumentou foi a queda, o que também está ligado, sem dúvida, ao envelhecimento geral.

A totalidade dos óbitos ligados à poluição é cerca de 3 vezes superior às mortes anuais acumuladas de aids, malária e tuberculose, que totalizam 3 milhões de pessoas. A comparação levou muitos observadores, dentre os quais Philip Landrigan, a salientar que a poluição recebia uma atenção desproporcionalmente pequena em relação a essas doenças. Não há um grande doador ou uma grande organização que levantem fundos ou façam *lobby* contra a poluição.

Além das mortes, há também as incapacitações. Os mesmos grupos científicos estimam que a poluição gere, a cada ano, entre 250 e 350 milhões de DALY,[11] isto é, anos de vida ajustados pela incapacidade, montante que quase escapa à nossa representação mental. A poluição

209

é o segundo fator de risco global de doença crônica após o fumo. Em certas regiões do mundo, como o sudeste da Ásia – onde as pessoas fumam menos, mas poluem mais –, ela está à frente.

A POLUIÇÃO INVISÍVEL DA QUÍMICA

A poluição química é um caso à parte. Ao lado da interior e da ambiental, é uma poluição de terceiro tipo. É mais recente e seu reconhecimento ainda é incompleto, o que agrava seus danos. Não se vê e não se sente, o que a diferencia da maior parte das outras poluições e diminuiu a suspeita em relação a ela e sua percepção. É uma outra versão do paradoxo de Fermi, visto que, mais uma vez, mesmo que ninguém a veja, ela está em todo lugar.

Os produtos químicos são onipresentes. Estamos todos expostos e até impregnados de produtos químicos, cuja toxicidade eventual quase nunca foi testada. Entram em nossas casas, acompanham-nos no trabalho e viajam de férias conosco. Todos os setores de atividade ou quase todos geram ou utilizam produtos químicos. São produtos empregados na indústria ou na agricultura, colas, colorantes, pinturas, embalagens. A poluição química é extraordinariamente diversificada e heterogênea. Existem milhares de produtos que penetram nos seres humanos industriais pela pele, vias respiratórias ou boca. São encontrados também em nosso sangue, urina, inclusive no cordão umbilical dos recém-nascidos e no leite materno. Sua produção aumenta 3% ao ano, o que significa que sua quantidade dobrou em 25 anos.

Certos produtos químicos, se corretamente utilizados, podem contribuir para a saúde pública, diminuindo o risco microbiano, por exemplo, o que seus fabricantes sempre ressaltam quando surge uma demanda de regulação. Mas muitos se revelaram geradores de novos riscos, que não eram intencionais ou esperados. Inicialmente reservada aos países industriais, a poluição química está se disseminando também nos demais países.

A regulação desse tipo de poluição é muito frouxa. Estima-se que menos de 20% dos produtos químicos legalmente comercializados tenham sido testados quanto a seus efeitos sobre a saúde humana. Quanto ao restante, não se dispõe de informação. Somente quando estão amplamente disseminados é que se descobrem problemas massivos, muitas vezes irreparáveis, e que podem ter efeitos sobre várias gerações. A poluição química pode ser transmitida, não como os micróbios, mas como os genes. Em geral, é transmissível da mãe aos filhos e até aos netos, como uma verdadeira herança.

Sabe-se muito pouco sobre os efeitos dos produtos químicos isolados, e ainda menos sobre os efeitos das misturas. No entanto, os seres humanos industriais são expostos apenas a misturas de grande extensão. A exposição simultânea é a norma do século XXI. Não se aceitaria nenhum medicamento cuja regulação tivesse sido tão permissiva, mesmo que a difusão dos medicamentos seja incomparavelmente menos massiva e mais controlada. Os pesticidas, que são só uma parte dos químicos, são *um pouco* testados. Mas todo o restante *não é* ou *o é muito pouco*. Os produtos químicos são usados em embalagem, etiquetagem, limpeza, maquiagem. Não se conhece sua toxicidade humana quando são autorizados.

A poluição química não causa as mesmas doenças crônicas que as outras formas de poluição, pelo menos até onde se sabe. Tampouco mira as mesmas pessoas. Ela prefere os jovens; ataca os bebês e as crianças e afeta o cérebro. Mais explicitamente, os produtos químicos interferem nos processos de desenvolvimento.

Como os adultos são seres humanos praticamente estáveis, eles não interessam muito aos produtos químicos. Em contrapartida, as crianças são duplamente vulneráveis. Por um lado, elas atraem mais poluentes para si, pois bebem mais, respiram mais e se protegem menos. Por outro, são biologicamente sensíveis, porque evoluem o tempo todo. Seu desenvolvimento é contínuo. Os embriões e os fetos, os bebês e as crianças seguem processos incrivelmente delicados para atender ao seu crescimento. Tudo neles está escrito com primor por sua instrução genética. Qualquer alteração desses processos de desenvolvimento pode repercutir negativamente no resultado final. Os produtos químicos buscam perturbar essa programação e provocam mudanças anatômicas e funcionais. O drama é que não é preciso muito – até uma dose bem pequena pode agir – para atacar os pequenos seres humanos. As mudanças anatômicas são, por natureza, definitivas, mas as alterações funcionais também são quase sempre irreversíveis.

Os contaminantes emergentes podem ser herbicidas, inseticidas (como os neonicotinoides), resíduos farmacêuticos ou interferentes endócrinos. Eles podem provocar diminuições do perímetro craniano no nascimento, atrasos de desenvolvimento e diminuições do quociente intelectual. Os produtos químicos aumentam igualmente o risco de hiperatividade.[12]

Assim, a poluição química atinge a inteligência,[13] a capacidade de aprender, a criatividade e, sem dúvida, a felicidade. Essas modificações afetam a saúde e a vida das crianças e de seus pais. Porém, esses danos são pouco perceptíveis, pois sutis. Não são específicos e podem ocorrer sem químicos; são difíceis de detectar e quantificar. Nem sempre são sintomas "positivos" e, portanto, não são marcantes. Com frequência, os sinais são "negativos", isto é, falta algo. Ora, é mais difícil notar uma falta do que a presença de uma anomalia. Philip Landrigan fala de efeito assintomático. Então, não é fácil provar que esses danos são causados pelos produtos químicos.

Na falta de uma avaliação pré-comercial decente, os pesquisadores precisam efetuar estudos epidemiológicos chamados de "ecológicos", que analisam as tendências seculares. Medindo as mudanças populacionais em grande escala e em décadas, eles percebem sinais que podem, a seguir, ser correlacionados aos químicos. Como seus efeitos não são específicos, isso cria um outro problema, o da imputabilidade, o que é um traço comum da Epidemiologia Ambiental. Na falta de especificidade, sempre há um espaço para contestar, de boa ou de má-fé, que determinado efeito é induzido por determinado agente. Como sempre, não basta um único estudo, nem um único tipo de estudo para demonstrar um vínculo de causalidade entre um agente e um efeito. Os estudos de laboratório, *in vitro* ou em animais, também contribuíram para confirmar os vínculos entre certos produtos químicos e suas consequências neurológicas.

O outro dano secundário da poluição química atinge os órgãos genitais e a reprodução. Os ftalatos são um grupo de produtos químicos utilizados como plastificantes, ou seja, tornam os plásticos mais flexíveis e mais sólidos. São encontrados nos filmes plásticos, revestimentos de solos, cosméticos, brinquedos, mangueiras de chuveiro, verniz e até nos dispositivos médicos. Os ftalatos podem reduzir a distância ano-genital nos meninos, o que se denomina marcador de feminização.

*

Qual o impacto total dos riscos ambientais sobre a saúde humana mundial? Pesquisadores da Organização Mundial da Saúde tentaram avaliar isso. Estudaram metodicamente 133 enfermidades repertoriadas dentre as mais usuais.[14] Para cada uma delas, determinaram se podia ser atribuída a um risco ambiental e em que proporção. Dessas 133, concluíram que 101 são significativamente ligadas a uma agressão ambiental. A fração atribuível é muito variável conforme a doença, mas poucas delas independem do meio ambiente. Comparando os DALY, os pesquisadores mostraram que mais de 40% dos AVCs e 35% dos infartos do miocárdio podem ser atribuídos ao ambiente (os outros se devem certamente à eventualidade biológica e/ou a fatores comportamentais de risco). Um câncer em cada cinco é de origem ambiental. Nas infecções respiratórias e nas doenças respiratórias crônicas obstrutivas, é mais de um terço. Os pesquisadores avaliam que mais de 10% das depressões podem ser causadas por um elemento ambiental. No total, 23% dos óbitos mundiais e 22% dos DALY mundiais são de origem ambiental.

Comparada à sua quantificação anterior, que datava de 2002, a importância dos fatores ambientais na deterioração da saúde humana mundial aumentou. Três razões explicam esse aumento. Primeiramente, a paisagem mundial das enfermidades é agora dominada pelas doenças crônicas. O crescimento e o envelhecimento demográfico aumentam a quantidade de população vulnerável aos determinantes ambientais.

Em segundo lugar, as provas dos determinantes ambientais se reforçaram. Em terceiro, a parcela desses determinantes, principalmente a poluição, também cresceu. Em fevereiro de 2021, o Centro Internacional de Pesquisa sobre o Câncer (CIRC) anunciou que o câncer de mama se tornou, pela primeira vez, o principal câncer do mundo, ultrapassando o câncer de pulmão. Assim, o primeiro câncer não é mais uma doença quase exclusivamente ligada a um comportamento preciso, mas um câncer cuja causalidade é fortemente ambiental.

Devemos lembrar que esses trabalhos, como a maioria dos outros, certamente estão aquém da verdade. Eles subestimam quase sistematicamente a extensão do impacto. De um lado, porque integram apenas um número limitado de fatores de risco – não podem estudar todos. De outro, porque mesmo para os fatores de risco que podem ser estudados, os dados são lacunares e nossos conhecimentos, ainda mais. Mas essas estimativas imperfeitas são melhores do que nenhuma, pois, quando não se tem nada, sempre se pode dizer que o problema não existe.

Voltamos à regulação: o nível de prova exigido para concluir pela existência de um risco ambiental provocado por um dado produto é alto demais. Sabendo que os industriais não são, na maioria das vezes, obrigados a fornecer eles próprios as provas de inocuidade, nosso meio ambiente pode continuar a ser massivamente atacado por novos produtos, de cujos efeitos tóxicos tomaremos conhecimento tarde demais ou muito pouco. Uma abordagem inversa que solicitasse provas de inocuidade poderia limitar melhor os riscos ambientais.

SÉCULO XXI:
O RETROCESSO

A saúde humana em retrocesso

> Se as tendências históricas de obesidade continuarem, os efeitos negativos sobre a saúde da população norte-americana sobrepujarão os efeitos positivos obtidos graças à redução do tabagismo. Uma impossibilidade de controlar o aumento contínuo da obesidade poderia desgastar o modelo de ganhos regulares de saúde observado desde o início do século XX.
>
> David Cutler, *The New England Journal of Medicine*, 2009.

Os riscos comportamentais e ambientais causam deficiência, doença e morte. Deterioram as vidas dos indivíduos, abreviam-na, ou fazem frequentemente as duas coisas. Porém, até um período recente, eles não impediram a longevidade geral de ir aumentando. Por quê? A matemática não responde tudo.

Primeiramente, as vidas encurtadas pelos riscos de origem humana não contrabalançaram as outras vidas que se alongam. Estas são ou mais numerosas, ou mais longas do que aquelas abreviadas. Em segundo lugar, nem todos os seres humanos gostam de sua vida, mas a maioria não quer morrer. Por essa razão, eles lutam desde sempre para se manterem vivos, mesmo doentes. O resultado disso é que os homens industriais mais tratam do que previnem as doenças crônicas. Tratando-as, raramente as curaram, mas quase sempre conseguiram atenuá-las ou controlá-las. Os medicamentos contra as doenças inflamatórias não as eliminam, mas as extinguem parcialmente ou totalmente por um determinado tempo, antes de uma recaída, que em geral será contida por outros medicamentos. Os antidiabéticos permitem manter a taxa de açúcar no sangue em limites aceitáveis, o que retarda ou reduz o risco de complicações. Até mesmo o câncer tende a se tornar em muitos casos uma doença crônica, passando por tratamentos cíclicos, ritmados pelas remissões e recaídas. O fluxo contínuo de inovações terapêuticas forneceu armas técnicas para contrapor os efeitos das enfermidades ou adiar o surgimento de suas complicações.

Como vimos, foram alocados recursos cada vez maiores para continuar a tratar os pacientes, estendendo regularmente as normas fixadas. Nos anos 1980 ou até 1990, podia-se recusar a reanimação de um paciente de 80 anos que necessitasse de muitos cuidados apenas devido à sua idade e independentemente de seu caso. Hoje em dia, a idade quase não é mais um critério, e os reanimadores avaliam a idade fisiológica, que diz mais sobre a expectativa de vida e a pertinência de proceder a cuidados intensivos.

Os homens industriais quase nunca deixaram de tentar tratar as doenças. Enquanto um paciente dá mostras de uma certa vitalidade, é raro que se decida suspender os cuidados, inclusive em idades avançadas. Nessa lógica, há autoprolongação. À medida que a expectativa de vida aumenta, o mesmo acontece com a expectativa de vida nas idades avançadas. Em 2019, a expectativa de vida, na França, aos 80 anos era de 10 anos, um pouco mais para as mulheres, um pouco menos para os homens. Esses 10 anos de vida justificam um atendimento normal de quase toda doença. Uma perspectiva de uma década é uma razão ética forte. Tratando normalmente os jovens octogenários, eles podem viver mais tempo e sua longevidade estatística é mantida, até aumentada, e assim por diante.

O RECUO DA EXPECTATIVA DE VIDA NOS ESTADOS UNIDOS

Essa resistência à morte encontrou limites, no entanto. A saúde da população se deteriorou em certos países, e isso acabou por repercutir no indicador final que, erroneamente, tranquiliza muitos observadores: a expectativa de vida. Pelo menos dois países cujos sistemas de saúde são conhecidos por serem disfuncionais ou subfinanciados – os Estados Unidos e o Reino Unido – viram a deterioração da mortalidade geral e da duração média de vida. Os Estados Unidos inovam, pois foram o primeiro país industrializado a observar uma diminuição de longevidade.

Anne Case e Angus Deaton fazem parte dos pesquisadores que melhor documentaram e analisaram a decadência da saúde americana. Esse casal de economistas associados a Princeton estudou profundamente os dados vitais e sanitários. Em 2015, eles publicaram um primeiro artigo[1] que mostrava um aumento de mortalidade, indiferentemente das causas, de um grupo preciso de estadunidenses: os brancos não hispânicos de meia-idade.[2] O período de estudo se estende de 1999 a 2013. Esse fenômeno é exclusivo – nenhum outro país observou tendência similar – e limitado a esse segmento da população norte-americana. A mortalidade dos negros ou hispânicos de meia-idade e das pessoas de mais de 65 anos, de qualquer etnia ou cor da pele, continuou baixando no mesmo período.

Case e Deaton buscaram as razões imediatas dessa deterioração seletiva, isto é, as causas de morte. Elas são em geral de origem humana. Três causas reaparecem em todos os cálculos: o álcool, os opioides e os suicídios. Essas causas explicam massivamente a alta de mortalidade dos brancos não hispânicos de meia-idade.

Há anos e até há dezenas de anos, um grupo de norte-americanos trabalha para sua própria destruição. Considerando o perfil dessas causas, de sua origem humana e particular, Case e Deaton falaram de "mortes de desespero", e a expressão se consagrou. Essas mortes de desespero vêm de longe e passaram a aumentar já nos anos 1990. Levaram tempo para serem identificadas, pois no começo não pesavam muito no conjunto da população. Seu aumento era, de início, mais do que compensado pelas baixas concomitantes de mortalidade de outras causas, sobretudo cardiovascular. Voltamos ao problema levantado pelas estatísticas agregadas. Se os dados não forem desagregados, não se podem ver os problemas de saúde.

Nesse mesmo primeiro artigo, Case e Deaton revelaram que não é só a duração de vida que se deteriora, mas também seu conteúdo. Eles descrevem um aumento da mortalidade, mas também da morbidade, isto é, da frequência das doenças nesse mesmo segmento de população. Evidenciam uma deterioração da saúde física e mental diretamente relatada pelos norte-americanos interrogados. Por fim e de modo muito significativo, observam uma alta das dores crônicas de origens diversas. O problema da dor é um tema maior que será abordado um pouco mais adiante.

O artigo teve grande repercussão na comunidade científica e nos meios de comunicação. Nesse meio-tempo, Angus Deaton recebeu o Prêmio Nobel de Economia, em 2015, pelo conjunto de seus trabalhos, que vão além da área da saúde. E ainda nesse período, o aumento de mortalidade atingiu a longevidade nacional. A expectativa de vida média de todos os norte-americanos declinou entre 2014 e 2015, o que só se soube no ano seguinte. Essa diminuição continuou por três anos, uma inversão que não se via desde 1918.

O declínio do sonho americano é grave. Na década de 1960, os estadunidenses tinham a expectativa de vida mais alta do mundo. Viviam 2,4 anos a mais do que a média dos países da OCDE. Esse avanço começou a se desfazer nos anos 1980. Os Estados Unidos ficaram abaixo da média da OCDE em 1998.[3] A sequência todos conhecem. Em 2019, a expectativa de vida nos Estados Unidos era a menor dos países de alta renda. Entre os 36 países da OCDE, a duração média de vida supera a expectativa de vida americana em 1,7 ano.

Após três anos consecutivos de recuo da longevidade americana, Case e Deaton publicaram um artigo[4] que dava sequência ao primeiro. Nele mostram que as altas de mortalidade são tão significativas que são responsáveis por um aumento da mortalidade entre todos os brancos. Em compensação, a mortalidade dos negros e hispânicos norte-americanos continua baixando, seja qual for o nível de instrução. Esses dados nos mostram a que ponto a saúde americana se fragmentou. A perspectiva de uma trajetória de saúde similar entre os americanos é cada vez menor.

A outra importante contribuição desse segundo artigo diz respeito aos fatores subjacentes. Que razões levam certos americanos a se prejudicar de modo lento ou brutal? Segundo Case e Deaton, e simplificando, a interpretação seria mais social do que econômica. Um achado importante de suas análises é que a renda não basta para explicar a deterioração seletiva do segmento dos brancos de meia-idade. Case e Deaton acreditam que as condições gerais de vida dos americanos brancos, inclusive as condições *econômicas*, alteraram-se desde a década de 1970. Esse declínio teria criado uma desvantagem *social* cumulativa que se transmitiu de uma geração à outra. E é essa desvantagem social, ou pelo menos o que se percebe dela, que explicaria a tendência desses americanos a sofrer e a se prejudicar de volta. Case e Deaton concluem disso que uma alta instantânea da renda provavelmente não teria efeito imediato por não ser o único problema.

Eles se interrogam também sobre as diferenças persistentes entre grupos étnicos. Por que os negros americanos parecem menos vulneráveis ao desespero? Vários observadores evocaram de novo uma questão de perspectiva. Os negros foram habituados à adversidade nos Estados Unidos. Suas condições recentes não são piores do que no passado e eles não veriam sua situação como um retrocesso. Relativamente aos brancos, estariam em melhor situação. Aliás, eles se suicidam menos. A historiadora Carol Anderson formulou essa diferença de percepção falando do ponto de vista dos americanos brancos: "Se você sempre foi privilegiado, a equidade começa a parecer uma opressão".[5]

Em um longo comentário que acompanha a publicação do artigo, David Cutler, professor de economia em Harvard e brilhante *expert* em saúde, evoca o trabalho seminal de Émile Durkheim sobre o suicídio para lembrar que os seres humanos "se desesperam quando suas circunstâncias materiais ou sociais são inferiores às suas expectativas. Esse desespero os leva a agir de uma forma que prejudica significativamente sua saúde". Para Cutler, é muito difícil entender todos os aspectos que levam as pessoas a viver uma vida à qual não dão muito valor. Os trabalhos de Case e Deaton sugerem, todavia, que o desespero começa cedo na vida, em geral, quando se entra no mercado de trabalho, às vezes até antes. É provável que, em seguida, o desespero se acumule e que as expectativas se frustrem. Uma teoria que se concentrasse apenas na renda dos indivíduos em dado momento para explicar sua falta de esperança teria tudo para ser falsa. Ela careceria das noções de dinâmica negativa e de expectativa desolada.

Cutler avança outra hipótese para explicar ainda o efeito da meia-idade: muitos norte-americanos são submetidos a reduções de salário, a uma perda de suas pensões ou de seu plano de saúde. Inversamente, os programas de aposentadoria como Medicare auxiliam os americanos com mais de 65 anos a manter o padrão de vida. Talvez a segurança financeira incite esses indivíduos a levar uma vida mais saudável. Entretanto, Cutler reconhece que essa explicação é muito difícil de testar cientificamente. Seria necessário poder investigar a satisfação de vida e examinar suas variações conforme a faixa etária.

Por fim, ele faz uma última observação relativa a um tema cada vez mais central: nos Estados Unidos, muitas mortes prematuras começam por uma dor. Pode ser dor nas costas ou nas articulações, favorecida pela obesidade. Uma dor moral ligada a uma depressão, ou uma dor mental provocada pela angústia. A dor em sentido amplo parece particularmente frequente entre os estadunidenses. Antes da comercialização ampla dos opioides, essas dores quase não tinham tratamento médico. Cutler suspeita que muitos de seus compatriotas beberam ou fumaram em excesso para aliviar suas dores.

Em um trabalho posterior, Case e Deaton confirmam "o mistério da dor americana".[6] Os mais velhos relatam menos dores ao longo da vida do que aqueles de meia-idade. Essa variação é ainda mais verdadeira no caso das pessoas sem graduação. Esses trabalhos e os de Samuel Preston abordados mais adiante corroboram um fato central na equação dos problemas de saúde nos Estados Unidos: americanos demais sentem dores.

AS OVERDOSES COM OPIOIDES E OS SUICÍDIOS

As overdoses com opioides parecem ser um caso à parte. Inédito tanto histórica quanto geograficamente. Nenhum país em momento algum conseguiu provocar uma tal epidemia de mortes medicamentosas voluntárias e involuntárias, duradoura a ponto de se tornar endêmica. As mortes por overdose opioide quadruplicaram entre 2000 e 2014.[7] O tratamento midiático e jurídico dessa nova enfermidade americana foi proporcional à sua importância.[8] Os norte-americanos ainda não resolveram esse problema, mesmo que tenham reagido.[9]

As overdoses com opioides e os suicídios são eventos que coincidem parcialmente e que delimitam três casos conforme ocorram juntos ou em separado. Primeiramente, as overdoses involuntárias com opioides. Não se trata de suicídios. A pessoa se torna dependente dos opioides e aumenta seu consumo até atingir acidentalmente um limite de overdose. Em segundo lugar, os suicídios com opioides. Eles dizem respeito geralmente a uma pessoa já dependente e que tenta se suicidar tomando mais opioides do que o habitual. Em terceiro, os suicídios por outros meios. Esses três casos foram muitas vezes estudados juntos porque sua proximidade torna a demarcação às vezes confusa. Agregando-os, o número acumulado de mortes por suicídio *e* por overdose não intencional passou de 41.364 em 2000 para 110.749 em 2017.[10] Esse peso excede a mortalidade ligada à diabetes desde 2010. Overdoses e suicídios têm muitas vezes a ver com a dor, primeiro motivo de prescrição de opioides, embora eles nem sempre sejam eficazes para tratá-la. Ela fragiliza os seres humanos, afeta o sistema neuronal, o que aumenta sua vulnerabilidade à tentação do suicídio. Em escala individual, o sobrerrisco é baixo. Mas quando se tem centenas de milhares de consumidores de opioides, o impacto passa a ser significativo.

O tema combinado suicídios/overdoses levanta duas questões maiores sem solução. A primeira é a do mecanismo primitivo ou dominante: trata-se de um problema de oferta ou de procura? Será que essas mortes acontecem sobretudo porque os opioides são acessíveis demais? Ou porque os norte-americanos têm tantas dores e problemas que são levados a tomá-los? As opiniões divergem. A primeira hipótese é a da oferta causal. Isso lembra o que Keynes denominou "lei de Say", ou "lei dos mercados":[11] a oferta cria sua própria procura – os opioides são acessíveis, os americanos os tomam, quer precisem ou não. Essa hipótese é plausível devido a precedentes de epidemias de drogas ligadas ao lançamento de novos produtos no mercado. A oferta de *crack* ou de heroína, por exemplo, já foi associada a picos de consumo e de overdoses. Os Estados Unidos do século XXI se assemelham a esses casos. Os opioides passaram a estar mais disponíveis antes que seu consumo patológico aumentasse. A coincidência provavelmente traduz uma parcela de causalidade. Mas, como dizem os especialistas em saúde mental da Universidade de Michigan, "é impossível estimar a parcela do aumento da oferta que seria uma resposta a uma demanda".[12]

A segunda hipótese, provavelmente associada à primeira, é a da procura. Ela viria dos desesperados. O desespero aumenta o desejo de suicídio ou de opioides. As drogas seriam um expediente para enfrentar melhor a falta de perspectiva. Elas exercem um duplo papel: fragilizam, agravando os sinais da depressão, e fornecem um recurso para se suicidar. Elas aumentam a tentação e a concretizam. Essa hipótese também é muito difícil de verificar e quantificar. Conforme os especialistas de Michigan, o problema da oferta requer uma resposta legislativa e regulamentar, ao passo que o tratamento da procura é social e econômico. Se os dois mecanismos coexistem, então os dois tipos de medidas públicas são necessários. Reduzir a oferta dificultará o aceso às substâncias, mas não resolverá o problema da dor americana.

A segunda questão importante é a da porcentagem de mortes intencionais em relação às acidentais. A resposta não é evidente, pois a demarcação entre suicídio e acidente nem sempre é clara. Menos de um terço dos mortos havia deixado uma carta que atestasse sua intenção de acabar com a própria vida. Mas nem sempre os suicidas escrevem uma carta antes de dar fim à própria vida, e isso não pode então ser um critério que permita distinguir o suicídio do acidente. Por outro lado, quem tomou uma overdose e é reanimado não dá, em geral, uma resposta clara quando perguntado sobre sua intenção. Parece que alguns não sabiam realmente se queriam ou não que essa dose fosse fatal. O julgamento alterado pelo efeito opioide torna delicada a interpretação *a posteriori* da pretensão do ato.

Samuel Preston sugeriu que a mortalidade americana devido ao consumo de drogas seria bem superior ao que apresentam os dados oficiais.[13] Ele nos lembra que as drogas aumentam igualmente o risco de se morrer de outra doença. Segundo suas estimativas, que incluem as mortes indiretas, a droga matou 141.695 norte-americanos em 2016. É mais do que o dobro do número de óbitos cuja causa oficial foi uma overdose. Ele estimou que se a droga tivesse sido eliminada nos Estados Unidos, a mortalidade dos 15-65 anos teria continuado a baixar após 2010.

DECLÍNIO ECONÔMICO E RETROCESSO SANITÁRIO ESTÃO PARCIALMENTE RELACIONADOS

Outros pesquisadores estudaram a saúde americana por meio de uma abordagem tanto ampla quanto longa. A partir de dados mais extensos, abrangendo um período de tempo maior, Steven Woolf e Heidi Schoomaker chegaram a conclusões semelhantes, embora suas interpretações sejam levemente diferentes e sem dúvida complementares às de Case e Deaton. Para a população de 25-64 anos, seus estudos mostraram que a mortalidade devido a certas causas (drogas e doenças hipertensivas) havia começado a aumentar na década de 1990. A partir de 2010, é a mortalidade geral dessa população que aumenta, isto é, sem distinção de causa.[14] Em relação à expectativa de vida, os autores estimaram que ela começou a aumentar menos desde os anos 1980,[15] que ela alcançou um teto em 2010-2011, para diminuir após 2014. Esses trabalhos confirmam que a deterioração da saúde americana vem de longe. Em resumo, os problemas começaram a se instalar nos anos 1980.[16] A partir da década de 1990, certas causas de morte já aumentavam, mas não eram suficientemente detectadas nem tratadas. Só no século XXI, sobretudo após 2010, é que a mortalidade de uma ampla faixa etária aumenta. Quanto à expectativa de vida geral, é a partir de 2015 que se observa um declínio.

É preciso tempo para melhorar a saúde de um país, mas também tempo para deteriorá-la, e mais tempo ainda para que isso seja percebido. Quando a expectativa de vida baixa, já é tarde. Sabe-se que o mal está feito e que não é reversível a curto prazo.

Woolf e Schoomaker também estudaram as disparidades geográficas, destacando a incrível capacidade dos norte-americanos para produzir extremos. Seguindo a relação quase constante entre riqueza e saúde, as desigualdades de duração de vida nos Estados Unidos repercutem nas desigualdades econômicas. De fato, a expectativa de vida continuou aumentando em certos estados ricos, principalmente os da costa do Pacífico, ao passo que diminuiu em outros. Segundo esses autores, as zonas rurais registram as maiores altas de mortalidade dos 25-64 anos, indiferentemente das causas, em oposição às zonas urbanas. Esse efeito geográfico é bem conhecido e não é específico dos Estados Unidos. Durkheim havia registrado mais suicídios na cidade do que no campo no século XIX. Hoje em dia, é o contrário. De modo global, as outras patologias autoinfligidas são mais frequentes no meio rural do que na cidade nos países industrializados, o que os Estados Unidos comprovaram.

Para Woolf e Schoomaker, os óbitos por opioides dariam conta de apenas 15% da variação de expectativa de vida entre os Estados Unidos e os outros países comparáveis. O tabagismo e a obesidade são dois outros enormes problemas de saúde pública americanos, mas ainda assim eles não explicam provavelmente tudo. Não se sabe exatamente se o tabagismo – que diminuiu bastante, como vimos – continua exercendo forte influência na expectativa de vida ou no aumento da mortalidade dos jovens. Já a obesidade, endêmica nos Estados Unidos (antiga, constante e sem sinal de declínio), contribui com certeza para a deterioração da saúde, provavelmente via hipertensão e doenças renais.

Woolf e Schoomaker ressaltaram, do mesmo modo, as causas das causas, isto é, as condições que penalizam a saúde de certos estadunidenses. Três tipos de indícios sugerem uma causalidade parcial entre as circunstâncias econômicas e a deterioração da saúde norte-americana. O primeiro é a cronologia. O declínio da saúde, mesmo concentrado em certos grupos, começou na década de 1990. Nesse período, a economia americana se transformou muito: empregos foram destruídos em vários setores industriais e operários ficaram sem trabalho; a classe média foi especialmente atingida; alguns salários estagnaram e as desigualdades de renda aumentaram. Segundo, as pessoas mais vulneráveis economicamente nesse contexto (as mulheres e os brancos com nenhuma ou com pouca instrução) são as mesmas que sofreram importante alta de mortalidade. Em terceiro lugar, há uma correspondência geográfica evidente. O aumento de mortalidade se concentrou nas regiões que passaram por dificuldades econômicas, como as zonas rurais ou o famoso Meio Oeste industrial. Inversamente, nos Estados com economia mais sólida, como os da costa do Pacífico, o Texas e Nova York, a mortalidade não aumentou muito.

Mais uma vez, esses dados sugerem o impacto da economia sobre a saúde dos americanos, mas condicionado pela psicologia humana. Dois mecanismos cognitivos operam aqui. Não é a realidade que conta, mas sua percepção – esse é um viés cognitivo importante. Pouco importa que a situação seja ruim ou não; se for percebido que existe uma desvantagem econômica, isso gera desespero e, portanto, um sobrerrisco para a saúde. Em segundo lugar, os seres humanos têm intrinsecamente uma visão dinâmica da existência. Seu estado momentâneo não é sua primeira preocupação, mas ficam frustrados se percebem que esse estado é inferior ao que poderia ser, ou se não acreditam na perspectiva de uma melhoria. Mais do que os salários ou o patrimônio, é a convicção de uma estagnação futura que pode ter desesperado muitos americanos. Parece inconteste que, no grupo dos brancos não hispânicos de meia-idade, muitos sentiram uma perda de *status* social.

Samuel Preston mais uma vez deu sua contribuição para essa discussão que se tornou central nos Estados Unidos. Para começar, ele também insistiu no papel da obesidade. Incorporando o índice de massa corporal[17] máximo ao longo da vida em um modelo epidemiológico, concluiu que a obesidade havia penalizado os progressos relacionados à mortalidade: 23% do aumento relativo da mortalidade deve-se à obesidade.[18] A alta do índice de massa corporal observada entre 1988 e 2011, nos Estados Unidos, provavelmente reduziu a expectativa de vida aos 40 anos em quase 1 ano em 2011. Preston estima que esse aumento da obesidade gerou cerca de 186 mil mortes a mais por ano em relação ao que se teria observado com uma taxa de obesidade estável. Concluiu que as mortes de desespero provavelmente não explicam a totalidade do aumento da mortalidade nos Estados Unidos do século XXI. Há também a mortalidade cardiovascular, que parou de diminuir, e a mortalidade por câncer, que desacelerou sua queda, duas causas de morte intimamente ligadas à obesidade.

Preston considerou a seguir um vínculo parcial entre as mortes por obesidade e as mortes de desespero, uma espécie de síntese entre os trabalhos dos outros pesquisadores e os seus. Esse vínculo parcial atraiu sua atenção para a dor. Ele sugeriu que a dor é até agora um mecanismo pouco estudado do vínculo entre obesidade e mortalidade. A obesidade é mortal de inúmeras formas, mas a dor não é um mecanismo geralmente evocado. Em um trabalho posterior, Prestou considerou que o aumento da obesidade entre 1992 e 2016 pode explicar 10% a 30% das dores conforme os casos.[19] Seus métodos permitem eliminar a possibilidade de uma causalidade inversa, na qual a dor tivesse provocado a obesidade. Como a dor não mata diretamente, deve-se perguntar se essa dor induzida pela obesidade poderia suscitar o uso de opioides. Parece ser o caso. Em um terceiro trabalho cobrindo o período de 2000-2015, Preston e seus colegas observaram que a obesidade é estatisticamente associada a novas prescrições de opioides. Quanto maior a obesidade, maior a associação estatística. As dores articulares, as dores nas costas e as dores neuromusculares são os motivos mais frequentes para recorrer aos opioides.

Na verdade, Preston acredita que a obesidade tem um papel importante na desvantagem americana. Uma parte do aumento da mortalidade pela obesidade se deve provavelmente à dor e aos opioides. Mas a maior parte passa por outras doenças, como a diabetes e as doenças cardiovasculares. Para ele, pode-se imaginar ou conceber que a obesidade é uma quarta figura do desespero que provoca um excesso de mortalidade além dos suicídios, dos opioides e do álcool. Porém, para se ter mais certeza, essa interpretação necessita uma melhor compreensão do que leva as pessoas a ficarem obesas.[20]

A DETERIORAÇÃO BRITÂNICA

O Reino Unido é outro grande exemplo da possibilidade de um retrocesso da saúde da população. Sua história brilhante não evitou uma deterioração no século XXI. O retrocesso inglês tem um perfil diferente do americano. Não atinge as mesmas pessoas e se deve a causas diferentes, embora também se assente em fatores sociais e econômicos. O primeiro sinal captado foi um aumento da mortalidade. De 2014 para 2015, o número de óbitos na Inglaterra e no País de Gales aumentou mais de 5%. Foram cerca de 28 mil mortes a mais, totalizando 530 mil mortes em 2015. Foi o maior aumento de mortalidade observado de um ano para outro desde 1968. Depois, em 2017, um relatório do Institute for Health Equity concluiu por uma desaceleração da melhora da expectativa de vida – uma diminuição da alta – desde 2010. As mulheres ganhavam um ano de vida a cada cinco anos, agora não ganham mais do que um ano a cada dez anos. Já os homens passaram de um ganho de um ano a cada três e meio para um ano a cada seis. *Grosso modo*, o progresso foi dividido por dois, uma desaceleração inédita desde 1890. Esses diferentes alertas foram negados pelas autoridades inglesas que foram questionadas pelos pesquisadores. Como resposta, os governos mostraram dados, como a diminuição do tabagismo, que pretensamente refutariam as críticas dos pesquisadores.

Danny Dorling, geógrafo e pesquisador em Oxford, estudou sistematicamente a saúde dos britânicos. Vários de seus trabalhos permitem estabelecer o retrocesso vital do Reino Unido. Entre suas descobertas, Dorling mostrou que não são as mesmas faixas etárias dos norte-americanos as afetadas por esse retrocesso.[21] Primeiramente, a mortalidade infantil aumentou, passando de 3,6 por mil para 3,9 por mil entre 2014 e 2017. Em segundo lugar, a mortalidade em idade avançada também aumentou, sobretudo das mulheres. Os americanos acertaram o centro, os ingleses, as extremidades. Em todo o Reino Unido, a expectativa de vida baixou em 2015, depois estagnou durante vários anos. Dorling também confirma que as desigualdades de saúde se agravaram.

Várias vezes, ele apontou o subfinanciamento crônico do sistema de saúde britânico, assim como a fragilidade de sua proteção social. A pobreza relativa do atendimento dos ingleses se mostrou cruamente durante a pandemia de covid-19, embora fosse denunciada há mais de uma década pelos médicos e observadores. O caso inglês, comparado ao norte-americano, mostra que existem vários métodos eficazes para deteriorar a saúde de uma população. Algumas condições são similares, mas os mecanismos e os efeitos diferem parcialmente. Os ingleses não agiram do mesmo modo que os americanos para estancar a melhoria de sua saúde. Lembremos mais uma vez a fórmula de Tolstoi: a felicidade é única, mas a infelicidade é heterogênea.

O impacto do clima na saúde humana

> A mudança climática ligada ao aquecimento global é o problema de saúde pública mais urgente no mundo.
>
> *The British Medical Journal, 2006*

Não há dúvida de que o clima sempre teve um impacto na vida dos seres humanos. Isso não somente é presumível, como também foi demonstrado empiricamente. Muitos trabalhos permitiram coletar dados históricos relativos a essa questão, confirmando que os homens e sua sociabilidade sempre estiveram submetidos à influência das condições climáticas.

Para demonstrar a existência de uma relação entre os climas do passado e os humanos do passado, precisamos aproximar as duas ciências que os têm como objeto de estudo, isto é, a Paleoclimatologia e a Arqueologia. A Paleoclimatologia, como sua etimologia sugere, é a ciência dos climas do passado. A Arqueologia busca reconstituir a vida dos seres humanos da Pré-História e da Antiguidade através do estudo de resíduos materiais humanos e não humanos. Ao cruzar os dados sobre a dinâmica climática com os que refletem a vida das populações, os pesquisadores puderam supor relações, até mesmo de causalidade, entre eles.

Trata-se apenas de hipóteses, pois os estudos que combinam dados climáticos e humanos apresentam, no mínimo, duas fontes de incerteza. Em primeiro lugar, por serem estudos retrospectivos, ou seja, seus dados são muito antigos e, portanto, incompletos e frágeis. Sendo assim, sua interpretação está sujeita a erros. Em segundo lugar, uma vez que se debruçam sobre o passado, esses estudos não são *experimentais*, e sim *observacionais*. Como não é possível fazer um experimento no passado, a única opção é a observação. Como em toda disciplina científica, a natureza observacional desses estudos dificulta a inferência causal, isto é, a capacidade de presumir uma relação de causa e efeito.

Para compensar essas duas limitações – o caráter retrospectivo e o observacional – e supor um elo causal entre as condições climáticas e a história humana, os pesquisadores se apoiam em pelo menos três fundamentos. O primeiro é a temporalidade. Uma vez que os pesquisadores identifiquem que um evento climático e uma reação humana ocorreram simultaneamente, eles podem presumir que há uma conexão entre os dois. O segundo fundamento é a plausibilidade dos processos. No diálogo entre a Paleoclimatologia e a Arqueologia, há uma tentativa de compreensão mútua e construção de cenários que se sustentem. O impacto de um determinado clima sobre os humanos da época tem de ser plausível. Os pesquisadores precisam ter muita imaginação e fazer analogias a partir do conhecimento existente. Eles nunca têm todas as peças do quebra-cabeça, mas buscam obter uma perspectiva geral de um dado período. O terceiro fundamento é a coerência. As diferentes observações históricas reconstituídas devem concordar entre si. Elas precisam dizer mais ou menos o mesmo. O fato de histórias parecidas se repetirem – não se pode esperar uma reprodução idêntica dos fatos, uma vez que as cadeias de eventos são demasiadamente complexas – é uma razão a mais para acreditar nessa relação de causalidade. Freud dizia que "o acúmulo põe fim à impressão de acaso". Quando se estuda o passado, a coerência entre as diferentes observações históricas substitui a reprodutibilidade permitida pela experimentação, que, como vimos, não é possível.

O CLIMA SEMPRE TEVE UM IMPACTO SOBRE A SAÚDE

Ao reunir evidências históricas de que as condições climáticas tiveram um impacto perceptível sobre os seres humanos, os cientistas demonstram concretamente que o clima foi um fator determinante na vida humana. É possível que algumas de suas reconstruções sejam apenas parcialmente verídicas, e mesmo que algumas contenham fatos incorretos demais para serem tidas como válidas. Ainda assim, inúmeras observações históricas mostram claramente os efeitos que as alterações climáticas podem ter tido sobre os seres humanos pré-históricos e pré-industriais.

Peter de Menocal é paleoceanógrafo e trabalha na universidade de Colúmbia em Nova York. Ele trata os sedimentos do fundo dos oceanos como arquivos climáticos. Esses sedimentos se acumulam lenta e continuamente, fornecendo, assim, dados históricos detalhados sobre a circulação oceânica e as mudanças climáticas. Peter de Menocal descreveu a resposta de algumas sociedades humanas às mudanças climáticas naturais ao longo da história.[1] Ele cita o exemplo da civilização acadiana, que se estabeleceu na Mesopotâmia por volta de 2300 a.C. O império de Sargão da Acádia se fixou em uma planície natural, ampla e relativamente plana, entre dois rios: o Tigre e o Eufrates. A Acádia conseguiu conectar as terras agrícolas isoladas do norte da Mesopotâmia, região produtiva por ser chuvosa, às rotas de irrigação agrícola nas cidades do sul. Sabe-se que a prosperidade resultante dessa conexão durou cerca de um século. Também se sabe que, em seguida, a civilização entrou em colapso rapidamente. Evidências arqueológicas comprovam o abandono das planícies agrícolas do norte e o afluxo maciço de refugiados no sul. Na tentativa de restringir essa migração, os sumérios chegaram a construir um muro de 180 quilômetros de comprimento, chamado *Muriq-Tidnim* ("que repele os nômades").

Ao estudar os sedimentos de águas profundas do golfo de Omã, os pesquisadores conseguiram reconstituir a história climática da região. Desse modo, demonstraram que o colapso dos acádios ocorreu ao mesmo tempo que as mudanças climáticas. No nordeste da atual Síria, foi observado um acúmulo de cerca de um metro de lodo transportado pelo vento. Esse é um primeiro elemento que sugere uma mudança abrupta nas condições climáticas, nesse caso, a aridez. Existem outros sinais da seca que afetou a região, como o aumento dos depósitos de quartzo eólico em um lago onde nasce o rio Tigre. Qual pode ter sido a causa dessa seca abrupta na Mesopotâmia? Não se sabe ao certo, mas ela é atribuída ao amplo resfriamento do Atlântico Norte. A temperatura das águas de superfície nos polos e nos trópicos diminuiu entre 1° e 2°C. As nascentes do Tigre e do Eufrates são alimentadas pela água da chuva que cai sobre o Mediterrâneo no inverno. Hoje se sabe que, quando ocorre uma queda na temperatura da superfície do Atlântico Norte, há uma redução no abastecimento de água. É possível estabelecer uma ligação indireta, mas verdadeira, entre esse resfriamento e os períodos de seca que ocorreram na Mesopotâmia.

Os acádios parecem ainda assim ter tomado precauções. Dados arqueológicos mostram que desenvolveram técnicas de armazenamento de grãos e gestão de água para enfrentar a curto prazo as variações das chuvas. No entanto, sua sociedade era muito complexa para a época e os dados sugerem que eles não conseguiram se adaptar à seca duradoura, o que fez com que praticamente desaparecessem.

OS TRÊS MECANISMOS: FOME, INFECÇÃO, DISTÚRBIOS SOCIAIS

Embora pareça plausível e presumível dizer que o clima tenha influenciado não apenas a *vida*, mas também a *saúde* dos humanos, por muito tempo essa hipótese permaneceu apenas na teoria. Como vimos, algumas poucas causas estavam por trás dos problemas de saúde e da morte ao longo dos tempos pré-históricos e da maior parte da história. Os problemas nutricionais, as infecções microbianas e a mortalidade violenta dizimaram a maioria dos seres humanos desde os tempos pré-históricos. Tudo isso impediu qualquer melhora significativa da saúde e manteve a longevidade média em um nível dramaticamente baixo. Hoje temos acesso a dados históricos que sugerem, e até mesmo provam, que o clima esteve muitas vezes por trás dessas três causas de doença e morte.

Foram comparados mais uma vez dois tipos de dados: sobre a saúde dos seres humanos pré-industriais e sobre o clima dos períodos correspondentes. O epidemiologista australiano Anthony McMichael (1942-2014) descreveu e analisou essa relação em vários artigos, e até mesmo em um livro, que ele próprio não pôde concluir devido à sua morte repentina.[2] As inúmeras evidências históricas reconstruídas por McMichael correspondem a diferentes escalas temporais: longo prazo, médio prazo, curto prazo e até mesmo evento pontual. Mais importante ainda, McMichael nos explica que o clima pode afetar a saúde humana através de três processos, a saber, os efeitos diretos (primeiro processo) e dois tipos de efeitos indiretos. Entre os efeitos diretos, estão a temperatura e os eventos extremos. Podemos citar como exemplo as ondas de calor, as inundações após fortes chuvas ou outros eventos extremos, como os furacões. Em geral, são esses que nos vêm primeiro à mente, pois são os mais visíveis. Atualmente, são os efeitos climáticos mais percebidos pelas pessoas, embora não sejam os mais significativos em termos de impacto. Por outro lado, segundo McMichael, sabemos pouco sobre o papel que eles desempenharam na saúde dos homens pré-históricos, pois existem poucos dados antigos sobre esse processo direto.

A maior parte dos dados históricos diz respeito aos efeitos indiretos do clima sobre a saúde, com dois resultados possíveis: o desequilíbrio do meio ambiente ou a dificuldade da coexistência entre os humanos. O desequilíbrio do meio ambiente gera diversos tipos de riscos: pode diminuir o rendimento das safras, tendo como consequências a subnutrição e o comprometimento da qualidade da água. O clima pode influenciar diretamente os micróbios ou afetar seus vetores, insetos ou animais intermediários. E isso aumenta a possibilidade do risco de doenças microbianas.[3] Por último, como terceiro processo, o clima pode exercer um efeito social negativo, ou seja, uma desorganização da vida humana. A hostilidade climática, por si só, pode causar deslocamentos de populações, distúrbios, violência. Também pode provocar uma grave deterioração da ordem social devido a outros problemas já mencionados, que são a escassez de alimentos e as doenças microbianas. Essa ruptura social de diversos graus também afeta a saúde mental.

Essa descrição um tanto grosseira permite identificar alguns fatos recorrentes na história das relações entre o clima e a saúde. Em primeiro lugar, o clima tem, na maioria das vezes, um efeito indireto sobre a saúde da população, causando ou acentuando três tipos de problemas que se relacionam entre si: deficiência nutricional, infecções e distúrbios sociais. Não é por acaso que essas são as três causas dominantes da mortalidade na pré-história e na história pré-industrial. O clima passa então a se assemelhar aos determinantes sociais: é o determinante inicial ou a causa das causas.

Os três impactos podem ocorrer ao mesmo tempo, como consequência de uma mesma mudança climática, ou um de cada vez, com o surgimento do primeiro provocando o segundo e assim por diante. Por exemplo, uma baixa nas colheitas enfraquece o nível nutricional de uma população, tornando-a mais vulnerável às infecções microbianas habituais (endêmicas) ou temporárias (epidêmicas). Esse estresse populacional, por si só, pode causar distúrbios sociais. Por outro lado, uma queda de temperatura, principalmente se for brusca, pode contribuir para o surgimento de uma epidemia, que também afeta a saúde da população pela deterioração do estado nutricional e perturbação da ordem social. A adversidade climática sempre representou o risco de uma dinâmica sanitária negativa, com problemas que se complicam mutuamente.

AS ORIGENS CLIMÁTICAS DA PESTE DE JUSTINIANO

McMichael utiliza alguns exemplos para ilustrar a relação histórica entre as mudanças climáticas e a saúde humana. Esses casos costumam ser parecidos, mudam apenas o período e a geografia. Inicialmente, há uma mudança no clima cuja escala de tempo varia, podendo durar décadas, séculos ou mais. Essa mudança desestabiliza um sistema natural, gerando dificuldade de alimentação, uma epidemia ou ambos. Como consequência, há distúrbios sociais e até políticos. O problema mais grave e recorrente parece ser a seca, que prejudica a colheita de alimentos. Mais importante do que o aumento ou a diminuição da temperatura é a disponibilidade de água. Segundo Anthony McMichael, "a junção da seca com a fome e a carestia foi o principal impacto climático negativo grave sobre a saúde nos últimos 12 mil anos".[4]

Muitas mudanças climáticas que afetaram seriamente a saúde humana ocorreram a longo prazo. Um dos exemplos antigos mais citados ocorreu durante o Dryas recente. O evento é um clássico dos climatologistas. Aconteceu há 12.900 anos e corresponde a um resfriamento que interrompeu um longo período de aquecimento que, por sua vez, ocorreu após a glaciação. O motivo exato é desconhecido, e várias hipóteses foram levantadas. Por muito tempo se considerou que o estopim teria sido a liberação massiva e abrupta de água no Atlântico como consequência do derretimento da calota de gelo canadense, mas é possível que haja uma explicação mais complexa do que essa. O que se sabe, com certeza, é que a temperatura diminuiu 4°C a 5°C em pouco tempo, mas a mudança durou muitos séculos. Nesse período, as sociedades humanas começavam a se estabelecer em diferentes regiões do mundo e tinham acesso regular a fontes de alimento. Isso é comprovado por dados arqueológicos do norte da atual Síria e do vale do Nilo. Após o choque provocado pelo resfriamento do Dryas recente, apenas algumas dessas sociedades teriam sobrevivido. Restos de ossos que podem ser examinados nessas regiões mostram uma proporção excepcionalmente alta de mortes violentas, muitas vezes relacionadas a resíduos de armas. Enquanto isso, no norte da atual Síria, à medida que os alimentos diminuíam, a maioria dos assentamentos humanos foi abandonada.

Não foram apenas as mudanças climáticas de longo prazo que causaram impacto. As mudanças mais curtas, que duram apenas alguns anos, também impactaram dramaticamente a saúde, inclusive em nível global. A peste de Justiniano é um exemplo disso. Essa foi a primeira pandemia de peste, causada por uma bactéria que hoje chamamos de *Yersinia pestis*. Tudo começou em 542, com uma epidemia em Constantinopla. Em três meses, matou cerca de 100 mil dos 500 mil habitantes da cidade. A pandemia então se espalhou para o sudeste da Europa e o leste do Mediterrâneo, indo e voltando periodicamente até meados do século VIII. Estima-se que ela matou metade da população mundial, isto é, entre 30 e 50 milhões de pessoas no total.[252] Documentos históricos indicam que a epidemia foi introduzida em Constantinopla por ratos infectados e cheios de pulgas. Esses ratos foram trazidos nos barcos que transportavam grãos de Pelúsio, no Egito. Sabe-se que uma epidemia de peste fora registrada em Pelúsio em 541, isto é, no ano anterior. Além disso, há dados filogenéticos – provenientes do estudo das relações de parentesco entre espécies – que provam que a cepa bacteriana da peste de Justiniano realmente teve origem no leste da África. Portanto, acredita-se que os ratos infectados possam ter viajado, também de barco, primeiro da Etiópia para Pelúsio. Dados arqueológicos mostram que os ratos-pretos colonizaram o norte e o nordeste da África séculos antes, tendo migrado certamente de sua terra natal, na Índia, via comércio marítimo.

No entanto, as condições climáticas normais a montante não deveriam ter permitido que os ratos sobrevivessem ou que as pulgas se reproduzissem em sua jornada para Constantinopla. A temperatura na região do Nilo após a temporada de colheita, especialmente no Deserto da Núbia, é muito alta e muito seca, sendo incompatível com a sobrevivência dos animais responsáveis pela doença. Da mesma forma, a costa do mar Vermelho está entre as mais quentes do mundo, chegando a mais de 40°C em julho e mais de 30°C em janeiro. A faixa de temperatura que a biologia das pulgas pode tolerar, principalmente para reprodução, é de aproximadamente 20°C a 30°C. A maioria das epidemias, aliás, ocorreu em áreas onde a temperatura média anual varia entre 24°C e 27°C. Portanto, condições de "frio" fora do comum eram necessárias para que os ratos e suas pulgas infectantes pudessem chegar a Constantinopla e exercer seu potencial epidêmico.

Foi justamente o que aconteceu. Um evento provocou um resfriamento global abrupto. Sabe-se que, em 535, ocorreu uma grande erupção vulcânica, provavelmente em Rabaul, Papua-Nova Guiné. Erupções vulcânicas podem provocar um resfriamento na Terra se forem grandes e localizadas em certas latitudes. Elas liberam partículas que se espalham ao redor do globo e difundem os raios solares, ou seja, os refletem, limitando a quantidade de radiação que entra na atmosfera.

A erupção do 535 causou uma diminuição quase imediata da temperatura, de cerca de 3°C, que se acredita ter durado em torno de dez anos. Não só a temperatura, mas todo o clima também se desestabilizou. Houve inundações na Arábia e neve na Mesopotâmia. Sabe-se também que as colheitas foram ruins em muitos países, que populações passaram fome e que havia distúrbios sociais. Registros históricos coletados na Suécia, China ou Ásia Central confirmam essas perturbações sociais.

Portanto, é plausível que as condições especialmente frias do final dos anos 530, associadas à umidade provavelmente mais alta, tenham dado aos ratos e suas pulgas a oportunidade de sair de Pelúsio e sobreviver até chegar à Turquia. As instalações de armazenagem dos cereais nos barcos certamente possibilitaram a preservação e mesmo o crescimento populacional dos ratos que deles se alimentavam. Alguns ratos infectados provavelmente morreram na viagem, mas não todos, e as pulgas são capazes de sobreviver por períodos mais longos, desde que em local abrigado. Na sequência, não deve ter sido difícil para os ratos que restaram, as pulgas e as bactérias cruzarem o mar Mediterrâneo e infectarem os constantinopolitanos.

Esse exemplo ilustra as possíveis relações entre o clima e a saúde humana. McMichael analisou outros, com escalas temporais diferentes. Ele propõe algumas conclusões gerais sobre a vulnerabilidade das sociedades humanas às mudanças climáticas. As alterações climáticas que ocorrem ao longo de décadas ou séculos têm prejudicado a saúde da população através da seca e, por consequência, da fome e da desestabilização social. As epidemias parecem ter sido mais frequentemente associadas a episódios mais curtos – alguns anos – de mudança de temperatura, escassez de alimentos, distúrbios sociais. Constatou-se também que as sociedades humanas se tornaram mais resilientes a ciclos climáticos curtos e recorrentes, especialmente fenômenos como El Niño. Por outro lado, elas foram mais duramente atingidas, às vezes chegando à extinção, pelas mudanças climáticas mais longas.

O sistema climático é complexo, mas seus modos de agressão são básicos e pouco diversificados. Ele agride sobretudo de maneira indireta e passa por intermediários que são quase sempre os mesmos. Não é muito criativo, mas fatos provam que isso não importa, pois não é preciso sofisticação para gerar devastação. Para além de eventos extremos, bastou diminuir ou aumentar a temperatura em um grau ou mesmo meio grau. Essas variações mínimas produziram quase sistematicamente efeitos semelhantes e massivamente eficazes: seca e falta de alimentos, ressurgimento de micróbios, distúrbios entre humanos. Muitas vezes, o impacto se multiplica visto que esses problemas se complicam mutuamente. Um problema gera outro e, uma vez iniciados, o clima já cumpriu seu papel. Seu resultado final, no entanto, depende da reação dos seres humanos. Essa é outra característica fundamental do impacto das mudanças climáticas na saúde: os homens não controlam tudo, mas não são completamente impotentes. Os pré-históricos e pré-industriais careciam de conhecimento e recursos, mas reagiam às mudanças do clima com sua flexibilidade. Veremos mais adiante que, na atualidade, o que ocorre conosco é o oposto disso. Temos uma compreensão muito melhor do sistema climático, somos capazes de, até certo ponto, antecipar as mudanças e seus impactos, mas nossas sociedades são menos flexíveis.

Além disso, o passado aparentemente não nos fornece informações de maneira uniforme. A revisão histórica de McMichael destaca três zonas de assimetria, áreas em que os dados são mais incompletos de um lado do que do outro. Em primeiro lugar, temos o tipo de efeito. Como dissemos, sabemos mais sobre os efeitos indiretos das mudanças climáticas do que sobre os efeitos diretos. Quase não há informações históricas sobre o impacto humano imediato das ondas de calor antes do século XX. Com certeza ocorreram e forçosamente afetaram a saúde, mas não se têm dados para descrevê-las. Por outro lado, existem alguns dados sobre as mortes e as dificuldades associadas aos períodos de frio extremo. Em segundo lugar, temos mais informações sobre quedas do que sobre aumentos de temperatura. Os períodos de resfriamento parecem ter sido mais frequentes do que os de aquecimento, ou então foram mais bem reconstituídos. Eles também foram provavelmente mais abruptos e mais prejudiciais para a saúde humana. Em terceiro lugar, os dados históricos não são muito claros no que diz respeito aos benefícios de um período climático favorável para a saúde humana. Sabe-se que houve períodos bons e ruins. Acredita-se que um clima estável sempre foi mais favorável para a vida humana, mas não se pode comprovar isso. Não podemos quantificar ou mesmo fazer estimativas sobre o impacto positivo de um clima favorável sobre a nutrição, sobrevivência infantil ou longevidade adulta.

A PREOCUPAÇÃO HUMANA COM O CLIMA

As observações históricas sintetizadas por McMichael dizem respeito a épocas em que a atividade humana não tinha impacto sobre o clima. Os seres humanos sofriam com o clima ou se beneficiavam dele, mas não o influenciavam. Era uma relação unidirecional. Muito provavelmente eles tinham consciência de sua dependência, se não sua submissão, ao clima. Sabe-se também que, pelo menos desde o século XVI, os homens muitas vezes tiveram a ilusão de ter controle sobre o clima. Ironicamente, eles se preocuparam com isso antes que realmente fosse o caso.

Jean-Baptiste Fressoz e Fabien Locher, ambos pesquisadores do Centro Nacional da Pesquisa Científica da França (CNRS), conseguiram rastrear as crenças e os conhecimentos históricos dos humanos sobre o clima dos últimos quatro ou cinco séculos.[6] Várias lições emergem nitidamente de seus trabalhos. A primeira é que, ao que tudo indica, sempre houve preocupações positivas e negativas com o clima durante o período estudado. O termo em si parece ter sido pouco empregado, mas os debates trataram efetivamente de fenômenos climáticos. O clima podia despertar tanto sentimentos de preocupação quanto de segurança, mas, em todo o caso, era tema das discussões. A segunda lição é que, pelo menos na Europa, havia uma crença de que as atividades humanas podiam influenciar o clima e às vezes o faziam. Essa crença estava ao mesmo tempo certa e errada. Por um lado, era verdade, pois atualmente foi comprovado que a atividade humana exerce uma pressão sobre o sistema terrestre capaz de modificar o clima. Por outro, estava errada porque os processos evocados não estavam corretos: naquela época, as pessoas degradavam o meio ambiente, mas não afetavam o clima. Já sabiam poluir, mas nada além disso. Eram pouco numerosas e suas atividades emitiam muito pouco CO_2 para que houvesse um impacto climático.

Fressoz e Locher explicam que é sobretudo quando a história é dinâmica que os humanos acreditam em sua capacidade de afetar o clima. A conquista das Américas, o imperialismo do século XIX ou as revoluções foram períodos férteis nesse sentido. O clima era um tema de particular interesse, pois os humanos o entendiam como um fator determinante de suas sociedades. Ele condicionava as colheitas e, portanto, a estabilidade das sociedades. De acordo com os documentos históricos coletados, os humanos acreditavam que a floresta era um instrumento de gerenciamento do sistema climático. Ela era um capital essencial por ser ao mesmo tempo fonte de energia e infraestrutura. A floresta era vista como o instrumento a ser usado para regular o clima.

É admirável constatar que os humanos tinham uma intuição bastante forte de que o clima era uma questão global. Buffon já levantava essa questão. A interdependência dos elementos climáticos em escala planetária foi parcialmente compreendida. Os autores também destacaram a posição pioneira da França, onde a preocupação climática é, acima de tudo, um produto político em um "país paralisado pela angústia". Fressoz e Locher atribuem essa particularidade ao capitalismo liberal que se desenvolveu no país no século XIX.

Após séculos de ansiedade, contudo, houve um cansaço e também uma espécie de alívio. Para os dois pesquisadores, as sociedades europeias parecem ter se livrado de sua obsessão climática a partir do final do século XIX. Existem muitas explicações para isso. Em primeiro lugar, a situação econômica. As sociedades se tornaram menos suscetíveis às agressões do clima. A globalização da agricultura e o desenvolvimento dos trens permitiram o acesso a alimentos variados praticamente a qualquer momento. A possibilidade de se alimentar adequadamente passou a não depender das estações. As fontes de energia e materiais também se diversificaram. O carvão e o aço relativizaram a importância da madeira e, portanto, das florestas. Parece lógico, os humanos teriam se preocupado menos com o clima a partir do momento em que se tornaram menos dependentes dele.

A segunda razão está atrelada ao nível de conhecimento. A teoria dos germes teve consequências indiretas na percepção do clima. Ao mostrar que tantas doenças humanas não estavam diretamente relacionadas aos miasmas, isto é, ao ar, e sim aos germes, a ciência, sem querer, absolveria o clima. Na realidade, hoje se sabe que há relação entre o clima e os germes. A visão de que o clima desempenhava um papel determinante também foi deixada de lado diante de outros avanços científicos. É o caso da genética, que direcionou o foco da saúde para o indivíduo. Descobertas posteriores mostrarão que a expressão gênica está submetida à influência do ambiente, um conceito comprovado chamado de epigenética. Influenciados por esses "novos meios de explicar que contornam o clima", os seres humanos desenvolveram uma forma de indiferença relativa a ele. Fressoz e Locher estimam que esse período de abstração tenha durado cerca de um século. É como se os humanos tivessem esquecido a pressão que exercem sobre o meio ambiente e sua dependência das condições climáticas. Ambos os lados dessa relação com o clima foram reprimidos. Segundo Fressoz e Locher, esses cem anos corresponderam à "fabricação industrial e científica de uma forma de apatia" diante das atividades humanas.

O CLIMA HUMANO

A influência dos homens sobre o clima acabou aparecendo. Hoje, sabe-se como isso aconteceu e quais foram os grandes pioneiros dessa história. Eunice Newton, Joseph Fourier e John Tyndall definiram o conceito de *efeito estufa*. Eles explicaram que os gases de efeito estufa se comportavam como uma capa que impede a saída dos raios solares que entraram na atmosfera. O efeito estufa retém a energia que deveria retornar ao espaço. A consequência automática é o aquecimento. No início, não se deu muita atenção à sua teoria, pois as emissões de CO_2 e outros gases do efeito estufa[7] eram mínimas. O aumento da temperatura era ínfimo e incerto. No entanto, a pressão dos seres humanos sobre a Terra foi aumentando constantemente, marcando uma mudança de época que só foi identificada e nomeada mais tarde. Estamos falando do Antropoceno.

É o período em que estamos vivendo agora. Uma mudança climática sem precedentes está ocorrendo e o planeta está se aquecendo. Em 2019, a temperatura média já havia aumentado cerca de 1°C com relação ao nível pré-industrial, sendo 0,8°C desde a década de 1970. Devido a efeitos amplificadores, esse aumento de temperatura pode chegar a 3°C em certas regiões do mundo, como o noroeste do Canadá. Oito dos dez anos mais quentes já registrados pertencem à década de 2010-2020. A causa básica dessa mudança é sempre a mesma: combustíveis fósseis. Estamos falando de 171 mil quilos de carvão por segundo, 1,16 milhão de litros de gás por segundo e 186 mil litros de petróleo por segundo.[8] A chamada intensidade de carbono do sistema de energia não mudou desde 1990.

Trata-se de uma mudança climática sem precedentes históricos, não só por ser a primeira a ser provocada pelo homem, mas também por sua magnitude e velocidade. Ela é claramente prejudicial e já produziu certo nível de insegurança sanitária. Há vários anos vem exercendo pressões que limitam a ampliação da saúde humana. No entanto, esse aspecto, em um primeiro momento desconhecido, foi em seguida negado e, finalmente, negligenciado. Há uma forte tentação de acreditar que os humanos industriais serão capazes de resistir melhor porque têm mais informações e equipamentos do que as civilizações anteriores. Essa crença, contudo, está equivocada. Do ponto de vista climático, a transição será mais difícil porque a mudança será maior e mais abrupta. Do ponto de vista humano, a população sob ameaça é mais numerosa, mais doente e menos flexível. McMichael explica por que somos, na verdade, mais vulneráveis hoje. A produção de alimentos já sofre pressão. É comum que agricultura se concentre no litoral, o que a torna vulnerável ao aumento do nível do mar. As populações são mais densas e urbanas, as cidades são mais complexas. Finalmente, outras mudanças ambientais causadas pelo homem contribuirão para os impactos das mudanças climáticas na saúde. Alguns autores estudaram a história das reações das populações às mudanças climáticas anteriores.[9] Eles observam que a mobilidade e a adaptação são elementos-chave para a preservação das sociedades. Ora, nossas experiências recentes, inclusive a pandemia de covid-19, nos mostraram que temos pouca mobilidade e uma capacidade limitada de adaptação.

Se o agressor é mais perigoso e a vítima mais vulnerável, os processos de agressão não mudaram. Eles são semelhantes aos que o clima sempre produziu, isto é, efeitos diretos e indiretos, que podem ser naturais ou sociais. O impacto mais imediato e direto é a temperatura. Trata-se de um aumento da temperatura média e um aumento do calor extremo, isto é, das ondas de calor. As ondas de calor aumentam em termos de frequência, duração e intensidade, ou seja, do pico de temperatura. A América do Norte e a Europa devem ser particularmente afetadas pelo aumento das ondas de calor no século XXI. Em 2018, foi quebrado o recorde de humanos com mais de 65 anos expostos a ondas de calor. Registraram-se 220 milhões de "ocorrências", isto é, 11 milhões a mais do que em 2015, ano do recorde anterior. A Índia, o norte da Europa e o Japão contribuíram para que 2018 atingisse esse recorde. A tendência se manterá. Os cientistas estimam que os calores extremos aumentem de cinco a dez vezes até 2060.

O calor aumenta os riscos de acidente vascular cerebral, insuficiência renal, agravamento da insuficiência cardíaca. No geral, as mortes após uma onda de calor são atribuídas a paradas cardíacas banais, ignorando o papel inicial do calor. Isso pode nos levar a subestimar o impacto do aumento da temperatura na saúde. Um método conceitualmente simples de corrigir essa subestimação consiste em calcular a mortalidade registrada durante uma onda de calor e compará-la com a mortalidade esperada. A diferença entre os dois é o excesso de mortalidade. Presume-se que ele seja atribuído à anormalidade térmica. Foi assim que se pôde determinar que a onda de calor de 2003 causou 70 mil mortes na Europa e que a de 2010, na Rússia, estava associada a 15 mil mortes adicionais. Essas mortes excedentes são as mortes climáticas. Mais recentemente, na França, as duas ondas de calor do verão de 2019 estiveram associadas a um excedente de mortalidade, que quase poderia ser descrito como específico, de 1.500 pessoas nas regiões em que ocorreram. Isso corresponde a um aumento de mais de 9% das mortes. Essa mortalidade atingia principalmente os franceses com mais de 75 anos, mas todas as faixas etárias a partir dos 15 anos foram afetadas. As ondas de calor de 2020 teriam sido piores de acordo com os dados já disponíveis.

O calor também agrava os transtornos mentais, como a depressão e o risco de suicídio. Pessoas com transtornos psicóticos, como esquizofrenia, ou aquelas que abusam de substâncias, têm maior probabilidade de morrer durante os períodos de calor. As pessoas com demência ficam mais suscetíveis a serem hospitalizadas ou morrerem durante ondas de calor. Finalmente, o calor excessivo afeta a cognição humana. Ele retarda nosso pensamento e nossa aprendizagem, altera nosso sono, diminui nossa capacidade de escuta e nossa paciência.

Quanto mais velho ou doente uma pessoa for, maior será sua vulnerabilidade ao calor excessivo. Pessoas com diabetes, doenças cardiovasculares, respiratórias ou insuficiência renal são mais frágeis. O isolamento social, a pobreza e os transtornos mentais são também fatores de risco que se acumulam. Em geral, a Europa é considerada o continente mais vulnerável ao aumento da temperatura porque sua população é mais velha, tem mais doenças crônicas e é muito urbana. Afinal, é nas cidades que a temperatura aumenta mais e por mais tempo.

OS EFEITOS INDIRETOS DAS MUDANÇAS CLIMÁTICAS

As mudanças climáticas afetam principalmente a saúde por meio de seus efeitos indiretos. Elas degradam os elementos fundamentais que constituem o nosso ambiente, isto é, o ar, a água e os alimentos. O aumento da temperatura potencializa os efeitos tóxicos da poluição do ar. O agravamento de doenças asmáticas e de outras doenças respiratórias se torna mais frequente. O mesmo ocorre com as alergias respiratórias, cuja frequência no mínimo triplicou em menos de 30 anos. O impacto sobre o sistema cardiovascular também aumenta.

A quantidade de água disponível é um problema que cresce em um número cada vez maior de regiões do mundo. A qualidade da água, em particular sua limpeza, também se torna difícil de manter devido a precipitações mais fortes e inundações. O risco de infecções microbianas transmitidas por água contaminada está aumentando e é provável que continue assim. Existe toda uma gama de micróbios transmitidos pela água que devem se tornar mais frequentes: *Campylobacter*, cólera, leptospirose e vírus como norovírus ou enterovírus. Muitos desses patógenos são responsáveis por doenças diarreicas, por vezes graves e difíceis de tratar.

Finalmente, a mudança climática atual prejudica a alimentação humana em razão de vários processos. Em primeiro lugar, há a subnutrição, que é uma das maiores preocupações relacionadas às mudanças climáticas. Há três processos envolvidos: a diminuição no rendimento da colheita, o aumento nas perdas e a redução do valor nutricional dos alimentos. Os eventos meteorológicos já discutidos explicam esses fenômenos, principalmente as secas e as inundações. A América do Sul e o Sudeste Asiático são as regiões do mundo mais afetadas. Espera-se que a capacidade global de produção de alimentos diminua alguns percentuais a cada década, enquanto a demanda aumenta dezenas de percentuais no mesmo intervalo de tempo.[10]

As mudanças climáticas aumentam o risco de doenças microbianas não só através da água e dos alimentos, mas também da modificação dos ecossistemas dos vetores, que são principalmente os insetos e os ácaros. A alteração das condições de temperatura, umidade e precipitação pode acarretar uma expansão de sua geografia e uma mudança em seu desenvolvimento. O clima também interfere na probabilidade de esses vetores atacarem os seres humanos, ou seja, picá-los ou mordê-los. Todos esses processos aumentam o risco de transmissão de doenças aos humanos. A exposição a doenças transmitidas por vetores está aumentando em um mundo cada vez mais aquecido. Os insetos transmitem malária, dengue, chikungunya, doença de Lyme ou zika. Modelos preveem um aumento na distribuição dessas doenças em regiões antes poupadas. Estamos falando de um avanço da malária na Etiópia ou na Colômbia, da propagação da doença de Lyme na América do Norte (incluindo o Canadá, onde ela nunca existiu), do risco de chikungunya no centro e norte da Europa.

A MORTALIDADE POR CAUSAS VIOLENTAS

O clima também afeta seriamente a saúde ao modificar os sistemas sociais, ou seja, a convivência dos seres humanos. Uma equipe de pesquisadores mostrou recentemente como a ocorrência inesperada de temperaturas anormalmente altas era associada a um aumento nas mortes por causas violentas.[11] Já sabíamos que a mortalidade por causas violentas é afetada pela sazonalidade, mas o papel específico da temperatura não tinha sido estudado com tanta precisão. Os pesquisadores coletaram 38 anos de dados (1980-2017) sobre as causas de morte nos Estados Unidos. Elas foram analisadas por sexo e idade. Durante o período estudado, houve cerca de 6 milhões de mortes violentas, mais de dois terços delas de homens. As causas dessas mortes foram classificadas em seis categorias: transportes, quedas, afogamentos, agressões, suicídios, outras. Paralelamente, foram coletados dados de temperatura em quatro medições diárias, com resolução geográfica de 30 quilômetros. Os pesquisadores geraram, dessa forma, estimativas mensais por condado norte-americano. As temperaturas eram consideradas anormais se desviassem da média local durante o período de estudo. Sobressaíram-se muitas associações estatísticas entre o aumento das temperaturas e a mortalidade por causas violentas.

A partir desses dados sobre o passado, os pesquisadores construíram um modelo para medir até que ponto as temperaturas anormais afetariam a mortalidade violenta no futuro. Eles estimaram que um ano excepcionalmente quente de +1,5°C estaria associado a 1.601 mortes adicionais. Quase 85% dessas mortes adicionais seriam de homens, mais frequentemente entre a adolescência e a meia-idade. Esse aumento de mortes por afogamento, acidentes, agressão e suicídio seria apenas parcialmente compensado por uma diminuição nos acidentes com quedas fatais de idosos no inverno. Nossos pesquisadores estimaram que esse excesso de 1.601 mortes aumentaria para 2.135 no caso de o aquecimento atingir 2°C.

A maioria dessas mortes térmicas adicionais viria de acidentes de trânsito, e a morte por suicídio ficando logo atrás. Os afogamentos não seriam as mortes mais frequentes, mas sim as que mais aumentariam. Quando está mais quente, as pessoas se sentem mais inclinadas a nadar e, portanto, têm maior probabilidade de se afogar. A mortalidade excessiva por afogamento, observada e prevista, afetaria os homens de maneira desproporcional. Essa desigualdade reflete, sem dúvida, uma diferença de comportamento e, mais especificamente, de escolha do local para banho: mais da metade das mortes por afogamento de homens ocorre em corpos de água naturais, contra menos de um quarto de mulheres.

Os mecanismos que aumentam a mortalidade por acidentes parecem ser mais variados. Primeiro, não dirigimos tão bem quando está muito calor. Em seguida, verificou-se que os humanos consomem mais álcool em altas temperaturas. Finalmente, registrou-se que o tráfego nas estradas aumenta quando está mais quente. Há também mais pedestres e, portanto, mais alvos de acidentes.

Não está claro exatamente por que o número de mortes por agressão ou suicídio cresce com o aumento da temperatura, mas vários processos parecem plausíveis. Por um lado, os humanos saem mais quando o tempo está quente, o que os torna mais propensos a se encontrarem e se confrontarem. As temperaturas mais altas também podem favorecer os sentimentos de raiva. Em resumo, o que esse estudo diz é que, ao que tudo indica, um mundo mais quente também será mais violento.

A FALTA DE ESPECIFICIDADE

Não há doença exclusivamente climática ou, pelo menos, nenhuma doença que esteja especificamente ligada ao impacto humano sobre o clima. As mudanças climáticas atuam como um agravante do estresse ambiental. Não se trata apenas de mais um risco ambiental. As mudanças climáticas são um metaproblema. Todas as doenças ou ameaças que elas produzem já existiam, mas sua frequência e gravidade estão aumentando. Essa falta de especificidade abre espaço para dúvidas e, claro, para negação. As pessoas que não querem acreditar que existam mudanças climáticas, ou que essas mudanças são nocivas, justificam que existe uma variabilidade climática natural. É verdade que sempre houve ciclos climáticos. No entanto, esses ciclos se estendem por séculos ou, mais frequentemente, por milênios, e não podem ser perceptíveis na escala de uma vida humana.

A falta de especificidade levou à criação de uma disciplina que os pesquisadores chamam de "ciência da atribuição". Ela consiste em calcular a probabilidade de que um evento extremo tenha ocorrido ou sido amplificado pelas mudanças climáticas. Procura-se determinar até que ponto uma mudança de tendência pode ser atribuída às mudanças climáticas. Pode se tratar de uma onda de calor, uma inundação ou um incêndio. A ciência da atribuição estimou, por exemplo, que três eventos não teriam acontecido, em 2016, na ausência de mudanças climáticas causadas pelo homem: o recorde mundial de temperatura, uma onda de calor marinha nas altas latitudes do Alasca e um episódio de calor extremo na Ásia.

No geral, os estudos de atribuição conseguiram provar relativamente bem que as mudanças climáticas aumentam as ondas de calor. Eles têm mais dificuldade em demonstrar que outros eventos extremos, como os incêndios ou mesmo os megaincêndios australianos, seriam atribuídos a elas. Sempre houve incêndios na Austrália, incluindo os chamados incêndios catastróficos. Os exemplos históricos mais dramáticos são A Sexta-feira Negra de 1939, a Quarta-feira de Cinzas de 1983 e o Sábado Negro de 2009. Todos estavam relacionados a uma seca particularmente longa e intensa. Os incêndios de janeiro de 2020 parecem, contudo, ter causado um impacto ainda maior nas pessoas. A intuição geral os atribuiu às mudanças climáticas, embora os pesquisadores ainda tenham de trabalhar nessa hipótese nos próximos anos. Esses incêndios extremos são muito mais complexos do que as ondas de calor. Os pesquisadores costumam dizer que o fogo é o sistema físico e social mais complexo que existe. Para atribuir a culpa dos últimos incêndios na Austrália (ou na Califórnia) às mudanças climáticas, eles estão atualmente estudando a falta de resfriamento noturno – fato relativamente recente –, que poderia explicar o comportamento do incêndio.

O FUTURO DO CLIMA DA TERRA

As previsões das mudanças climáticas são confiáveis. É garantido que teremos certo grau de mudança climática e, portanto, de impacto na saúde. Independentemente do que fizermos, a transição que está ocorrendo deve continuar pelo menos até 2030. O sistema climático é afetado pela inércia. Levou muito tempo para desestabilizá-lo, mas também levará para restabelecê-lo, mesmo que apenas parcialmente. A transição atual vive das emissões do passado, que condenaram o mundo a muitas décadas de desequilíbrio e aquecimento. Estima-se que os próximos 20 anos estão em grande parte definidos. Muitos problemas já são inevitáveis e é por isso que precisamos estar preparados. A mudança climática segue por conta própria. Ela não precisa mais dos seres humanos para continuar. Ela complica a si mesma. Há muitos efeitos de limiar que podem ser modelados e reais, mas não visíveis. Esses efeitos de limiar fazem com que assim que um limite seja atingido, outras mudanças ocorram com mais força. As acelerações deixam de ser lineares.

Se, por um lado, as mudanças climáticas estão garantidas por certo período de tempo, as previsões dos cientistas permanecem incertas. Sua precisão é limitada. Essa previsão é mais difícil do que para qualquer outro risco ambiental porque o clima é um sistema globalizado em constante mudança. Existem quatro fontes de incerteza para os pesquisadores. Primeiro, há o que eles chamam de condições iniciais. Esses são, na verdade, os dados atuais, eles próprios incertos. Os modelos são alimentados com essa incerteza – dizemos que são inicializados – antes de executar uma simulação. A segunda incerteza vem das futuras emissões de gases de efeito estufa. Esses dados são desconhecidos e dependem de nossas sociedades e escolhas políticas. O ano de 2020 ilustra essa questão, uma vez que as consequências da pandemia reduziram as emissões globais de CO_2 em cerca de 7%.[12] A terceira causa de incerteza vem de possíveis erros, não nos dados, mas nos modelos. Os pesquisadores estão buscando entender como o clima vai reagir à "pressão externa" que nossas emissões representam, mas eles não conseguem dizer ao certo. Por último, existe a variabilidade climática natural, extremamente difícil de prever e que talvez seja a maior e mais negligenciada incerteza.

Logo, há coisas que os modelos climáticos dos cientistas não conseguem nos dizer. Por exemplo, eles têm uma resolução de 100 km^2 e, portanto, não podem nos informar sobre os problemas que podem ocorrer em escala regional. O mesmo evento climático não tem as mesmas consequências dependendo da sua localização e da população afetada. É muito delicado fazer a extrapolação de uma experiência local para outro contexto. Os modelos têm uma segunda limitação com a qual precisamos lidar: tampouco são capazes de captar bem os extremos. O problema é que muitas vezes são esses eventos que têm maior impacto. Em geral, os cientistas podem nos garantir que a Terra continuará a aquecer, mas isso não nos diz o suficiente sobre o rumo que esse aquecimento tomará. Como dizem os pesquisadores: "A ciência por trás do aquecimento global é inequívoca, estimar que a temperatura aumenta no final do século não diz nada sobre a trajetória entre o presente e o futuro a longo prazo."[13]

O que os humanos podem fazer no presente e no futuro próximo é se adaptar. É tarde demais para atenuar o que acontecerá conosco nos próximos 20 anos. Já sabemos que sofreremos as consequências do que está acontecendo agora. Em contrapartida, os esforços para reduzir as emissões de CO_2 podem minimizar o impacto posterior das mudanças climáticas, que seria ainda pior sem uma ação de nossa parte. Os cientistas acreditam que as consequências das mudanças climáticas para a saúde são relativamente tratáveis até 2050, mas é mais difícil para eles dizer mais do que isso.

Duas observações podem completar o cenário. Primeiro, o efeito das mudanças climáticas na saúde aumenta as desigualdades existentes. Nem a evolução do clima, nem seus danos são homogêneos. Acontece que esses danos são particularmente evidentes nas sociedades mais pobres. O Painel Intergovernamental sobre Mudanças Climáticas (IPCC) prevê que os maiores riscos afetem as populações já atualmente mais atingidas pelo estresse climático. A subnutrição, por exemplo, tende a aumentar em regiões onde a segurança alimentar é precária. Essas disparidades têm levado muitos observadores a falar de uma dupla injustiça climática (ou ambiental) para resumir uma situação que pode até ser vista como uma quádrupla injustiça: as populações que menos emitem CO_2 (1) são também as mais desfavorecidas em termos de desenvolvimento (2), aquelas que sofrerão mais severamente com as consequências negativas das mudanças climáticas (3) e que terão menos recursos para enfrentá-las (4). Pequenos emissores são desproporcionalmente afetados pela severidade ambiental e menos capazes de resistir a ela. Desestabilizar o clima, emitindo CO_2, é uma boa forma de aumentar as desigualdades globais, incluindo desigualdades na saúde. Isso é especialmente verdadeiro para eventos extremos. Os pequenos Estados das ilhas atlânticas, que não emitiram quase nada e não são responsáveis pelas alterações climáticas, são os mais vulneráveis aos furacões,[14] que estão ficando mais intensos, mais úmidos e, acima de tudo, mais lentos. Por se moverem mais lentamente, eles demoram a passar, o que aumenta seus danos. Essas desigualdades também dizem respeito a incêndios, que podem afetar a todos, mas dos quais nem todos se recuperam da mesma forma. Por muitas razões, a resiliência a incêndios é socialmente determinada.

A segunda observação é que as mudanças climáticas também afetam negativamente os serviços de saúde. Os efeitos são numerosos e traiçoeiros. Hospitais e consultórios médicos estão sujeitos às mesmas tensões que o resto de nosso ambiente natural e social. As possibilidades de problemas são variadas. É difícil armazenar alguns medicamentos em altas temperaturas. Falhas de energia – em caso de evento extremo – comprometem o funcionamento dos centros de saúde.[15] A infraestrutura pode ser danificada, as cadeias de abastecimento podem ser alteradas. Essas vulnerabilidades já são visíveis em um mundo apenas um grau mais quente. Por exemplo, demonstrou-se que furacões nos Estados Unidos prejudicam o prognóstico de pacientes com câncer de pulmão porque eles não podem mais comparecer às sessões de radioterapia com a frequência necessária.[16]

O risco climático é um risco ambiental à parte. Ele apresenta as mesmas características da maioria dos outros riscos ambientais, como sua origem humana ou sua falta de especificidade. Contudo, pelo menos quatro características o diferenciam dos outros. Em primeiro lugar, é um risco que abrange muitos outros riscos ambientais naturais ou humanos. Ele agrava os riscos que existiam sem ele, aumentando os efeitos da poluição, multiplicando os eventos extremos, propiciando a propagação de micróbios ou alterando a água e os alimentos. Em segundo lugar, o risco climático tem uma relação sem precedentes com a geografia. Não há risco ambiental mais globalizado do que esse. Ele conecta todos os humanos, mesmo que sua distribuição seja heterogênea. O CO_2 emitido em um extremo do mundo exerce o mesmo efeito estufa no outro extremo. Antes das mudanças climáticas, o impacto de outros riscos ambientais era bastante local. Terceiro, a relação com o tempo também é atípica. Isso se deve à imensidão desmedida da maquinaria climática. A teoria do efeito estufa foi concebida no século XIX, quando sua realidade era insignificante. Após a década de 1950, o impacto humano na Terra e no clima começou a ser significativo, mas a temperatura não subiu imediatamente. Em 2021, tivemos o aumento de um grau em relação à era pré-industrial. O clima levou muito tempo para mudar, mas o aparecimento de outros riscos ambientais (como poluição química, por exemplo) foi muito mais rápido. No entanto, essa transformação está em andamento e não vai parar imediatamente, se é que algum dia conseguiremos estabilizá-la. Essa é a quarta peculiaridade do risco climático. Ele se torna parcialmente autônomo. Continua a evoluir independentemente das emissões de CO_2 e ficará ainda pior se elas continuarem. A maioria dos demais riscos ambientais é rapidamente reversível uma vez que se eliminem suas causas. Não é o caso das alterações climáticas, para as quais existe um risco real de irreversibilidade. É por isso que o projeto de pesquisa da *Lancet* sobre o clima se autodenominou *The Countdown*: a contagem regressiva.

As infecções emergentes

À medida que o mundo saía da Segunda Guerra Mundial, ele se entregava a um balanço otimista de seu relacionamento com os micróbios. Os serviços públicos de nossas sociedades e, depois, as vacinas preveniram um número considerável de infecções. Os antibióticos estavam derrotando a maioria das demais. Estávamos sempre inventando novos antibióticos e vacinas. Simbolicamente, várias doenças importantes que haviam devastado populações estavam em vias de serem controladas. Os especialistas tiveram a impressão de que o problema estava quase resolvido. A penicilina, a vacinação contra a poliomielite ou a invenção de medicamentos contra a tuberculose contribuíram para essa falsa sensação de segurança iminente.

O FIM DOS MICRÓBIOS?

George Rosen previu o fim das doenças microbianas. Aidan Cockburn, epidemiologista da Universidade Johns Hopkins e conselheiro da Organização Mundial da Saúde, publicou, em 1963, um livro chamado *The Evolution and Eradication of Infectious Diseases*.[1] Ele explicou que, nos últimos 20 anos, o conceito de erradicação de doenças microbianas estava substituindo o de controle, menos ambicioso. Yale e Harvard chegaram a fechar seus departamentos de doenças infecciosas no final da década de 1960.[2] Frank Macfarlane Burnet, virologista australiano que recebeu o Prêmio Nobel de Fisiologia e Medicina em 1960, também previu o fim dos micróbios. Em 1971, ele e David O. White publicaram um livro que dizia: "Escrever sobre doenças infecciosas é quase como escrever sobre algo que ficou no passado... A previsão mais provável sobre o futuro das doenças infecciosas é que ele será muito monótono."[3] Eles acrescentaram de forma ainda mais categórica: "Um dos perigos imemoriais da existência humana chegou ao fim." Robert G. Petersdorf, também especialista internacionalmente reconhecido em doenças infecciosas, pensava mais ou menos o mesmo. Petersdorf estava muito envolvido na formação de jovens médicos americanos e foi um dos mentores de Anthony Fauci, futuro diretor do Instituto Nacional de Alergia e Doenças Infecciosas.[4] Ele escreveu em 1978: "Mesmo com minha grande lealdade pessoal às doenças infecciosas, não posso imaginar que precisemos de mais 309 especialistas em doenças infecciosas, a menos que eles gastem seu tempo cultivando uns aos outros." Três anos depois, os primeiros casos de sarcoma de Kaposi e pneumocistose em homens jovens deram início à pandemia de HIV/aids.

Frank Snowden utilizou a expressão "décadas eufóricas" para caracterizar o período de meados do século XX a 1992.[5] Na realidade, apenas a varíola sumiu permanentemente do mapa.

De acordo com Snowden, dois erros factuais explicam a ilusão de erradicação. Em primeiro lugar, os pesquisadores tiveram uma visão muito estática do mundo microbiano e não levaram em conta a natureza instável dos patógenos. Essa instabilidade explica sua capacidade de evolução. Os especialistas não previram que o vazio deixado pelas doenças erradicadas poderia dar espaço para outras espécies microbianas. A luta contra os micróbios pode passar por fases de intensidade variada, mas nunca para. O segundo erro foi ter interpretado a natureza como tendencialmente benigna. Acreditava-se que a pressão da seleção natural levava os micróbios a se tornarem menos agressivos com o tempo. Havia uma teoria de que a natureza estava evoluindo para o comensalismo, isto é, uma harmonia duradoura entre as espécies, e até mesmo uma relação que produzisse benefícios mútuos. Essa teoria equivocada se baseava no princípio de que os micróbios mais perigosos matam seus hospedeiros, prejudicando sua própria transmissão e, portanto, sua sobrevivência. Sabemos hoje que esse princípio às vezes é verdadeiro, mas nem sempre, e que a realidade é mais sutil. A dengue é um dos melhores exemplos disso. É causada por um vírus que pode se tornar cada vez mais agressivo quando um indivíduo é reinfectado. A segunda dengue costuma ser mais grave do que a primeira.

Além desses dois erros factuais apontados por Snowden, um viés de observação e um viés de raciocínio também confundiram os humanos do século XX. Em primeiro lugar, eles não atentaram suficientemente para o fato de que, desde 1940, o número de novas infecções emergentes estava aumentando constantemente. Algumas patologias importantes estavam em declínio, mas cada década tinha produzido mais doenças microbianas do que a anterior.[6] Em segundo lugar, sem dúvida foram demasiadamente otimistas. Esse excesso de confiança os levou a negligenciar os fatos que contradiziam as previsões otimistas. Os médicos muitas vezes acreditam erroneamente que as tendências sempre se mantêm. Essa esperança também passava pela pressão da opinião pública. Por exemplo, muitas vezes foi anunciado, na descoberta de novos tratamentos, o fim iminente do câncer ou mesmo da doença de Alzheimer, que é ainda mais improvável.[7] Ainda estamos muito longe disso, se é que chegaremos lá. Durante essas décadas eufóricas, os observadores certamente tinham a impressão de que o mais difícil já fora feito e que restava apenas um pequeno esforço para completar a grande missão da erradicação microbiana. Os fatos indicavam que não era bem assim, e algumas pessoas tinham se dado conta disso. Joshua Lederberg, microbiologista que recebeu o Prêmio Nobel de Fisiologia e Medicina em 1958 – aos 33 anos –, buscou alertar o público. Foi ele quem cunhou os termos doenças emergentes e reemergentes. Seu objetivo era sinalizar ao mundo que era preciso sair do êxtase pós-microbiano: "Podemos ter certeza de que novas doenças surgirão, embora seja impossível prever onde e quando".

Lederberg estava certo e vários sinais poderiam confirmar isso. Além do crescente surgimento de novas doenças infecciosas, várias epidemias ou pandemias graves tinham marcado nossa história. Após duas pandemias de gripe (1957 e 1968), a pandemia de HIV/aids causou um choque global com poucos antecedentes históricos. Várias de suas características eram quase impensáveis alguns anos antes. Primeiro, a doença é incurável. Os antirretrovirais permitem que se viva quase normalmente, mas não curam e não eliminam todos os riscos. Em segundo lugar, ela atinge fortemente não apenas os países menos desenvolvidos, mas também os países industrializados. Ela ocorreu até nos Estados Unidos. Em terceiro lugar, e por coincidência simbólica, é uma infecção que provoca a outras infecções. Essas infecções secundárias são oportunistas, ou seja, aproveitam-se da fraqueza imunológica induzida pelo HIV. Infecções oportunistas tinham sido classificadas como raridades, ou mesmo curiosidades médicas. Em quarto lugar, é simplesmente uma das piores pandemias da história. Já causou 35 milhões de mortes e ainda infecta 38 milhões de pessoas em todo o mundo em 2020. Ela ameaça ultrapassar o número de casos de pandemia de peste negra ou mesmo da gripe espanhola.

Menos comentadas, mas igualmente significativas, três epidemias no final do século XX deveriam ter acabado com essa ilusão: a cólera-asiática (1991), a peste na Índia (1994) e o ebola (1995). Os seres humanos não deveriam ter visto essas três epidemias como acidentes, mas entendido seu significado: o mundo tinha se tornado mais patogênico.

OS MECANISMOS DO SURGIMENTO

A história do relacionamento entre humanos e micróbios começou cerca de 12 mil anos atrás. Durante a Revolução Neolítica, os caçadores-coletores deixaram de ser nômades e se fixaram para formar aldeias. Inauguraram, assim, a proximidade com os animais, domesticando-os. Eles também iniciaram o processo de manipulação sistemática da natureza, que, mais tarde, funcionaria em uma escala muito maior. O contato contínuo com os bichos gerou as primeiras endemias animais[8] e criou as primeiras zoonoses, doenças de animais capazes de infectar o ser humano. Na origem das doenças infecciosas humanas, sempre está um animal. Os micróbios que conhecemos e que nos afetam estão na Terra há milênios. Se não diretamente os mesmos, pelo menos seus ancestrais. Por muito tempo, esses micróbios não causaram doenças humanas, muito menos epidemias. Foi a aproximação entre as espécies que possibilitou a passagem de uma para outra. A intimidade entre humanos e animais criou novas oportunidades para mudanças de hospedeiros. As infecções resultantes se multiplicaram e se espalharam. Frequentemente, elas influenciaram o rumo da história e causaram uma quantidade imensa de doenças e mortes.

Podemos perceber de imediato, mas não ainda em detalhes, a triangulação necessária para o surgimento de doenças infecciosas. As histórias desses surgimentos têm três participantes e acontecem em três atos. Os participantes são o micróbio, o hospedeiro e o meio ambiente. O alinhamento entre os três protagonistas é essencial. Sem ele, não há história. Com ele, tudo é possível, mas variável. Quanto mais alinhados, maiores são os problemas. Essa conceituação triangular foi compreendida há mais de um século, e seu esquema é simples e real, mas os detalhes são extremamente complexos. O primeiro protagonista é o micróbio. Todos os tipos de patógenos podem emergir, mas a maioria deles são vírus. São eles que nos causam mais problemas. Os outros agentes – bactérias, parasitas, fungos etc. – representam uma ameaça menor. Os vírus são pacotes compactos de genomas de DNA ou RNA. Esse genoma está associado a proteínas e, às vezes, a lipídios. Os vírus em si não são organismos vivos. Eles não sabem viver sozinhos. Eles só conseguem se reproduzir dentro de células vivas que sejam permeáveis a eles. Para que isso ocorra, as células do hospedeiro também devem ter a capacidade de replicar o genoma viral e traduzi-lo em proteínas virais. No nível molecular, os vírus são apenas programas genéticos, mas são capazes de reconduzir a maquinaria de uma célula em seu benefício. Seu único objetivo é fabricar outros exemplares de si mesmos.

Em segundo lugar, o hospedeiro que nos interessa aqui é obviamente humano. Suas características biológicas e comportamentais são decisivas para o surgimento e a continuidade dessas doenças. Essas características influenciam sua capacidade de se infectar e disseminar a doença. A maneira como os humanos se deslocam, convivem uns com os outros, trabalham e dormem juntos pode influenciar o rumo de uma história infecciosa.

Finalmente, a atuação do meio ambiente, em sentido amplo, é de extrema importância. É uma atuação longa e diversificada. Ela se dá no início, quando a infecção é criada através do contato entre animais e humanos. Em seguida, o ambiente exerce seu efeito pró-infeccioso no resto dos elementos, permitindo seu desenrolar. Uma observação importante é que o meio ambiente se torna permissivo a epidemias pelas ações humanas. Talvez sua única característica própria sejam as condições meteorológicas. Todas as outras agem sob a pressão de nossas atividades. Pode se tratar de degradação natural, uso do solo, falta de infraestrutura de serviços públicos.

Voltando ao roteiro típico, ele tem obrigatoriamente três episódios. Na maioria das vezes, o roteiro não acontece porque um dos episódios é um impasse biológico e tudo termina ali. São histórias que não vemos. O primeiro episódio é a mudança de hospedeiro, ou seja, a passagem de animal para humano. Chamamos de *spillover* ou transbordamento. Esse é claramente um dos enigmas mais profundos das doenças emergentes. Não sabemos como os micróbios mudam de espécie para infectar os humanos. Na origem, há frequentemente uma mutação. Os anglo-saxões falam de *fitness valley*, um termo difícil de traduzir, mas que significa que o micróbio deve abrir caminho para conseguir infectar tanto a espécie doadora quanto a receptora. A profundidade do vale corresponde às barreiras das espécies. Quanto mais fundo o vale – retomando a metáfora da expressão em inglês –, mais difícil será cruzar a barreira das espécies. Ou seja, serão necessárias muitas adaptações ao micróbio para passar para o humano. Nos casos em que o vale é raso, significa que há uma série de semelhanças entre o doador e o receptor que favorecem o transbordamento. Portanto, são necessárias menos adaptações.

O segundo episódio é a disseminação entre humanos, tão complexa e mal compreendida quanto a primeira; muitas vezes não ocorre e chega a um impasse. Os germes podem surgir, mas não podem resistir se não forem transmitidos. Podem entrar por quatro vias: trato respiratório, trato digestivo, por um vetor ou por diluição no ambiente, a saber, água e alimentos. Os micróbios devem cooptar alguns de nossos mecanismos biológicos.[9] Se a sequência de eventos não for favorável, o surgimento não durará e não haverá risco de epidemia. Os germes precisam garantir sua transmissão contínua para sobreviver.

Acredita-se que o primeiro episódio da emergência do vírus é relativamente frequente, mas o segundo raramente acontece. Os vírus têm mais facilidade para saltar de animais para humanos do que de um humano para outro, o que nos protege parcialmente por enquanto. Ainda não sabemos bem por que, mas ainda bem que é assim.

Finalmente, mesmo quando o segundo episódio se revelou biologicamente viável, a epidemia não está garantida. O surgimento aconteceu, mas a continuidade precisa de mais. A ocorrência de uma epidemia depende então de dois determinantes principais: o comportamento humano e o efeito do meio ambiente. O comportamento humano é um fator que explica cada uma das epidemias e pandemias do passado. É também dele que as futuras epidemias dependerão. Quando os humanos se reúnem e se deslocam, ou têm relações íntimas, aumentam o risco, ou até o tornam exponencial. O crescimento populacional e a densidade populacional são fatores que os tornam expostos. Quanto mais próximos os humanos estão uns dos outros, mais a transmissão se torna possível, independentemente do processo. Essa foi a principal razão para o excesso de mortalidade na cidade em comparação com o campo, uma característica historicamente estável, só recentemente revertida. A maioria dos casos de epidemia se concentrou nas cidades, que por vezes se tornaram sua marca histórica: a peste de Atenas, a cólera de Londres... A sexualidade é outra atividade que pode ter desempenhado um papel importante. Ela foi o acelerador da pandemia de HIV/aids, dado que o vírus existia desde o final do século XIX ou início do século XX. Finalmente, quando os humanos se deslocam, os micróbios se deslocam com eles e encontram novos clientes. O traçado geográfico das epidemias segue quase constantemente as viagens dos seres humanos. A peste negra (1347-1348) e a pandemia de cólera de 1832 se espalharam ao longo das rotas de comércio marítimo ou terrestre. No caso da cólera, da Índia para a Europa e depois ainda mais a oeste. Embora não soubéssemos da existência de micróbios, visto que ainda acreditávamos no miasma, já estava claro que a cólera estava acompanhando as diligências e os navios. Ela regredia no inverno e avançava no verão, quando viajar ficava mais fácil. A pandemia de gripe de 1889 também viajou de leste a oeste, da Ásia à Europa. Para se dispersar por todo o mundo, ela pegou o trem e, em seguida, o barco. Em 1957, a pandemia de gripe embarcou num navio e, 11 anos depois, testemunhamos o desenvolvimento da primeira pandemia (também gripal) por avião.

O segundo determinante da disseminação infecciosa é ambiental. É aqui que encontramos os fatores mencionados anteriormente. Nosso impacto no ambiente condiciona a probabilidade de que uma epidemia se potencialize. A estrutura das sociedades, a pobreza, os conflitos, os distúrbios sociais são apenas exemplos de características ambientais que podem influenciar nossas histórias contagiosas. O desmatamento contribuiu para o surgimento do vírus zika. A rede de autoestradas ajudou a espalhar o HIV – ele se transmitia através da prostituição praticada em caminhões.

Nesses episódios, o micróbio fica do lado errado e assume o papel de vilão, o que é verdade. Mas são os humanos que têm mais influência, pois desempenham seu papel enquanto exercem sua autoridade sobre o terceiro protagonista, isto é, o meio ambiente. A distribuição da doença está marcada por nosso rastro. Os germes são produtos da natureza, mas as epidemias são produtos humanos. A era das pandemias tem nossa assinatura.

A ERA DAS PANDEMIAS

O século XXI é pandêmico. Já houve quatro eventos e outros apenas por pouco não ocorreram. H1N1 (2009), chikungunya (2014),

Zika (2015) e covid-19 (2020) representam quatro pandemias em 11 anos, uma delas de grandes proporções. Não acaba aí. O surgimento repetido do vírus ebola na África desde 2014 corresponde a uma quase pandemia. A SARS (Síndrome Respiratória Aguda Grave) ligada a um coronavírus anterior, o SARS-CoV-1, quase causou uma pandemia. Apenas a resposta combativa da saúde pública permitiu seu desaparecimento, o que não funcionou no caso do SARS-CoV-2. Essa aceleração não tem equivalente histórico conhecido. Os virologistas preveem que as pandemias deixem de ser choques isolados para se tornarem banalidades estatísticas.

Esse conjunto de epidemias/pandemias não deveria nos surpreender. As epidemias não são acidentes naturais. O acaso não tem grande influência sobre essa questão. É claro que há um pouco de imprevisto envolvido, mas ele desempenha um papel menor em toda a escala. As epidemias e pandemias são o resultado de uma rede de causalidades majoritariamente humanas. Tudo foi feito para garantir que as epidemias e pandemias se multipliquem no mundo industrial de hoje. Nas palavras de David Morens e Anthony Fauci, ambos afiliados aos National Institutes of Health: "À medida que as sociedades se tornam maiores e mais complexas, criamos uma variedade infinita de oportunidades para que agentes infecciosos geneticamente instáveis surjam em nichos ecológicos vagos que continuamos criando."[10] O colapso da biodiversidade é um processo que explica essa aceleração. Os humanos contribuíram para a extinção de espécies por milhares de anos, mas as taxas de desaparecimento de animais são de cem a mil vezes mais altas do que costumavam ser.[11] Os especialistas antecipam uma continuação dessa aceleração na mesma medida. Quando as espécies se extinguem, os vírus que viviam às suas custas ficam sob pressão, sendo forçados a se adaptar e, portanto, mudar de hospedeiro. Os vírus que conseguem fazer isso têm uma vantagem evolutiva. Assim, o declínio das espécies selvagens acelera o aumento dos vírus humanos.

Dois fatos adicionais são fonte de angústia: estamos mais vulneráveis e mais desarmados. Nossa vulnerabilidade decorre do impressionante reservatório de doenças crônicas que conseguimos acumular em algumas décadas. Essas doenças não apresentam apenas suas próprias complicações, mas tornam os pacientes mais vulneráveis a outras doenças que eles podem vir a contrair. A pandemia de covid-19 é o pior exemplo disso. O SARS-CoV-2 nos desafia porque mata quase especificamente humanos industriais. Sua mortalidade é desproporcionalmente concentrada em idosos, obesos, diabéticos, hipertensos. Em segundo lugar, nosso desamparo é óbvio. Por um lado, a inovação tem sido insuficiente quando se trata de antimicrobianos. Por outro lado, a resistência aos medicamentos já disponíveis só piorou. Há mais antimicrobianos saindo gradualmente do mercado do que novos entrando, pois não são mais eficazes nem interessantes comercialmente. Essa equação é claramente desfavorável para nós. A resistência antimicrobiana é um fenômeno tão antigo quanto os próprios antimicrobianos. Alexander Fleming já havia antecipado isso em 1945. Ao receber o Prêmio Nobel pela descoberta da penicilina, aconselhou que ela fosse prescrita com cuidado porque as bactérias sensíveis a ela nem sempre o seriam. Desde essa previsão, o problema se tornou infinito. A resistência antimicrobiana é uma ameaça que nunca poderá ser eliminada. Enquanto os humanos inventarem antimicrobianos, os patógenos desenvolverão resistência.

Podemos limitar essa resistência, mas não evitá-la completamente, pois existem dois tipos de causas. A primeira é natural. Trata-se da capacidade intrínseca dos micróbios de sofrer mutação. Essas mutações regularmente lhes dão vantagens evolutivas contra os elementos que ameaçam sua sobrevivência, um verdadeiro darwinismo em escala microscópica. Os antimicrobianos têm um papel nisso, mas sabemos que essas mutações também ocorrem sem a pressão dos medicamentos, já que os micróbios lutam naturalmente. Estudos de bactérias isoladas de amostras de *permafrost* mostraram que genes de resistência já existiam há 30 mil anos.[12]

O segundo fator de resistência antimicrobiana é de origem humana. Trata-se do uso indevido desses medicamentos. Ele existe desde sua concepção. Como acontece com todos os medicamentos, sempre há uma discrepância entre o que deveria acontecer e o que realmente acontece. A prescrição real nunca é a prescrição ideal na escala populacional. Todos os governos e todas as comunidades médicas e científicas estão permanentemente buscando alcançar o uso ideal dos produtos farmacêuticos e o fazem tanto por razões econômicas quanto médicas. No caso de doenças infecciosas, a administração incorreta de antimicrobianos sem dúvida favoreceu o surgimento de agentes patógenos resistentes. Tanto a falta quanto o excesso de antimicrobianos podem gerar essa resistência. Os antibióticos não criaram a resistência aos antibióticos, mas sua prescrição incorreta impulsionou o processo. O contexto mais típico é o da prescrição excessiva, ou seja, a prescrição de antibióticos antibacterianos em patologias virais, como bronquites ou determinadas otites. Os antibióticos não permitem, nem mesmo facilitam, a cura dessas doenças, na maioria das vezes benignas. No entanto, eles acabam ajudando as bactérias resistentes a surgirem, o que não se vê de imediato. A tuberculose é um exemplo contrário de subconsumo. Seu tratamento é longo e rigoroso e se destina a populações pouco assistidas. Embora geralmente devam seguir o tratamento por 6 a 12 meses, os pacientes geralmente o interrompem o mais cedo, assim que os sintomas melhoram. Ao fazer isso, sem saber estão isolando as cepas bacterianas que desenvolvem resistência com mais facilidade.

O setor agrícola também contribui para a resistência microbiana. Acredita-se que o uso veterinário de antibióticos represente três quartos do mercado nos Estados Unidos. Na maioria das vezes, eles são usados para impulsionar o crescimento dos animais, o que envolve doses menores do que as terapêuticas. Os animais não têm infecções, mas se acredita que reduzir a quantidade de bactérias ao redor os ajuda a crescer e engordar. Essas doses relativamente baixas são, novamente, aquelas que mais aumentam o risco de resistência.

A PREVISÃO IMPOSSÍVEL

As sociedades humanas conseguiram gerar muitas epidemias, mas ainda não foram capazes de prevê-las ou contê-las. De acordo com Morens e Fauci, "temos sido amplamente incapazes de prevenir e controlar muitas das infecções emergentes".[13] Hoje, os seres humanos sabem reunir as condições necessárias para o surgimento de novas doenças microbianas, mas não conseguem prevê-las. Como Anthony Fauci disse em outro artigo, as tentativas de adivinhar qual micróbio causaria o próximo surto na maioria das vezes acabaram ficando mais próximas da adivinhação do que da ciência: nem HIV, SARS ou zika foram previstos, tampouco o SARS-CoV-2. Nossos recursos tecnológicos são ineficazes na prevenção e detecção do surgimento de um patógeno problemático. Nem os humanos nem as máquinas sabem como impedir sua disseminação uma vez que essas doenças tenham surgido. No fim das contas, os humanos podem sair mais ou menos vencedores, mas no início os micróbios saem ganhando porque são rapidamente adaptáveis. Às vezes, temos apenas sorte. A principal razão pela qual o coronavírus da Síndrome Respiratória do Oriente Médio (MERS) não causou uma pandemia foi sua transmissão ineficiente entre humanos. Mesmo para doenças conhecidas como a gripe, não parece possível prever a transição da endemia normal para a pandemia. Estima-se que houve 20 pandemias de gripe em mil anos e todas elas pegaram os humanos de surpresa. O vírus zika foi um caso típico de pandemia que ninguém previu. É um vírus da família dos flavivírus, conhecido há décadas, sem jamais ter causado epidemia em humanos. Em 2015, a infecção pelo zika se espalhou repentinamente de forma pandêmica pelos trópicos. Milhões de pessoas foram infectadas e milhares de bebês foram perdidos ou começaram a vida com cérebros menores. Provavelmente foi uma mutação que permitiu que o vírus zika se tornasse mais patogênico do que era.

O descompasso entre a certeza de que novas infecções surgirão e nossa incapacidade de evitá-las produz a fórmula mais angustiante possível. Sabemos que teremos problemas, mas também que não há muito o que possamos fazer. Vencer uma doença é apenas um alívio momentâneo, pois significa principalmente esperar pela próxima. Se quisermos reduzir as repercussões das doenças e seu impacto, precisamos ser criativos o suficiente para criar um mundo onde os humanos se tornem menos dominantes.

Conclusão

"Minha história da grande saída é um relato positivo." É com essa frase que começa o posfácio do livro de Angus Deaton, *A Grande Saída*. Deaton recorreu à imagem da saída para justificar a obsessão dos seres humanos em escapar dos problemas de saúde e da pobreza. O livro foi publicado em 2013 e não se sabe se ele o escreveria hoje. Mas é evidente que a melhoria da saúde humana nos últimos 270 anos é impressionante. Ela se materializa muito nitidamente por um aumento da longevidade após milênios de paralisia. A duração de vida média triplicou. A regularidade da curva é enganosa: sugere uma continuidade, quando, na verdade, se apoiou em causas descontínuas. Retomando os quatro determinantes da saúde – biologia, Medicina, meio ambiente e comportamento –, fica claro que a melhoria da saúde humana se deu por um jogo cambiante de determinantes.

Esquematizando, uma primeira parte majoritária da curva, de 1750 a 1950, apoiou-se essencialmente em medidas públicas. Essas medidas conseguiram, acima de tudo, tornar o ambiente menos perigoso e mais generoso. Menos perigoso, ao reprimir os micróbios. Mais generoso, ao propor uma água limpa e uma alimentação mais abundante. Fogel mostrou como a melhoria do aporte nutricional havia sido decisiva. Enfim, a invenção da vacinação contra a varíola lançou o projeto de erradicação de uma doença assustadoramente incapacitante e dramaticamente fatal.

Todos os quatro fatores de melhoria – saneamento, água potável, nutrição e vacinação – têm um vínculo com o determinante ambiental. Tangem todos a uma lógica de massa, uma lógica que salvou primeiro, não intencionalmente, as crianças. Os outros determinantes não serviram de grande coisa nesse primeiro período de saída. Graças a medidas básicas de saúde pública, os seres humanos já tinham mais do que dobrado sua longevidade. De passagem, o rendimento dessas políticas públicas fora excelente. Partindo de muito baixo, ir atrás de anos de vida não custara muito. Comparativamente ao que gastamos hoje para nos manter vivos, os primeiros ganhos em saúde eram baratos. O efeito de escala tinha um papel nisso. S. Jay Olshansky, professor na Escola de Saúde Pública da Universidade de Chicago, considera que os ganhos de expectativa de vida obtidos até a metade do século XX foram relativamente fáceis, mas que precisamos nos acostumar à ideia de que isso não vai acontecer mais, pois a história nem sempre se repete.

Aliás, ela não se repetiu. Após a Segunda Guerra Mundial, quase tudo mudou, mas não a rapidez da curva de longevidade. As crianças haviam sido protegidas e puderam crescer. O mundo industrial se viu com adultos doentes ou em vias de adoecer. A saúde pública havia contribuído muito e a Medicina começava a poder fazê-lo. A equação era diametralmente diferente, e a reação foi adequada. Os sistemas de saúde se sofisticaram, assim como a Farmácia, assumindo as patologias cardiovasculares e o câncer, com resultados lentos, mas certos. Os homens industriais continuaram sua saída. Sua longevidade aumentou, mas isso não é tudo, pois a quantidade anos de vida não é a única variável que importa. O atendimento que receberam também ajudou as pessoas a viverem melhor e a se sentirem melhor. O rendimento dos gastos de saúde baixou, mas o crescimento econômico deu conta disso.

Para discorrer sobre esse rendimento decrescente, Olshansky fala de entropia da tábua de mortalidade.[1] Na entropia, quanto mais um sistema evolui, menos capaz fica de evoluir mais. Quanto maior a entropia, maior é a energia dispersada e, portanto, menos utilizável se torna. A entropia pressupõe que passar de 83 para 84 anos de expectativa de vida demanda um esforço extraordinário, bem maior do que passar de 80 a 81. Mas a tecnologia e a economia facilitaram o combate contra essa restrição entrópica.

★

Porém, a evolução das sociedades industriais criou dois enormes metaproblemas: um novo risco ambiental (poluições e mudanças climáticas) e um risco comportamental. Primeiramente, depois de desinfectar seu ambiente, os seres humanos o contaminaram. E as emissões de CO_2 desencadearam mudanças climáticas cujos efeitos são hoje evidentes ainda que estejam só no início. Em segundo lugar, o fumo, o álcool, a alimentação e o sedentarismo se somaram, até se multiplicaram, para aumentar a produção de doenças crônicas. Elas foram generosamente toleradas: ao invés de tentar suprimi-las, preferiu-se tratar suas complicações.

Esse desenvolvimento da saúde e da doença após 1950 mostra que o jogo entre determinantes se tornou mais complexo. O risco microbiano foi substituído pelos outros riscos ambientais. O risco comportamental mudou de dimensão. Um fato novo é que o limite entre os determinantes ambientais e comportamentais ficou impreciso. Alguns comportamentos que eram considerados como inerentes ao modo de vida não resultam mais apenas de uma escolha pessoal.[2] São influenciados pelo ambiente alterado por atividades humanas. A obesidade é um exemplo disso. Sua concepção tradicional a atribuía a um excesso alimentar (comportamento) e/ou a uma predisposição (biologia). Hoje se sabe que a exposição química infantil aumenta o risco de obesidade. Portanto, também deve ser considerada uma enfermidade ambiental.

Por outro lado, com o aumento da longevidade, a biologia teve mais oportunidades para exercer seus efeitos. Quanto mais as populações envelhecem, mais a biologia se torna um fator de risco de mortalidade; primeiro, porque tem mais tempo e, depois, porque entra na zona de risco. As manifestações da biologia aceleram exponencialmente após os 70 anos. Os outros determinantes passam a ser menos influentes. O modo como se viveu importa menos quando já se é velho. A biologia do envelhecimento é um fenômeno independente de quase tudo, salvo do tempo. Por fim, a Medicina assumiu um lugar que jamais tivera, não exclusivamente, mas majoritariamente positivo. No total, a equação da saúde mundial é agora terrivelmente complexa.

Sua evolução recente trouxe à tona três novidades marcantes. Em primeiro lugar, parece estar havendo um retrocesso. Sempre houve falhas que mitigaram a imagem global, mas, desde a metade do século XVIII, o resultado final vinha sendo uma progressão. Não é mais o caso. O retrocesso é, de início, quantitativo: os números são ruins. A mortalidade aumentou em alguns países ricos, e a longevidade baixou. O número de doenças crônicas tem aumentado além do que o envelhecimento justificaria. Em resumo, os riscos e suas consequências estão aumentando. Alguns observadores salientam que a longevidade continuou subindo em muitos países menos desenvolvidos, mas eles negligenciam o reservatório de doenças crônicas que criaram. O efeito estatístico disso talvez não seja imediato, mas é quase certo que sobrevirá. O retrocesso é também qualitativo. É o aspecto de nossos problemas que faz com que a saúde humana pareça regredir. Os velhos perigos estão reaparecendo, e os problemas climáticos e infecciosos são novamente dominantes. Nós nos tornamos fisicamente mais fortes, mas biologicamente mais fracos.[3] O quadro mundial da saúde humana não pode ser facilmente resumido, pois é todo imbricado, mas ele acumula os sinais que testemunham retrocesso. Durante várias décadas, a ilusão funcionou, pois a Medicina e a Farmácia se desenvolviam bem e a longevidade continuava melhorando graças a elas.

Um problema adicional é que os diferentes riscos interagem entre si para se fortalecer contra nós. Os anglo-saxões têm uma expressão para designar esse tipo de fenômeno, que chamam de *perfect storm*, tempestade perfeita. O termo é utilizado quando estão reunidos todos os ingredientes para alterar, e até inverter, uma situação estabelecida. Também poderíamos falar de "grande colapso".[4] Todos os riscos que os seres humanos espalharam estão se voltando ao mesmo tempo contra eles.

Segunda novidade, a lei dos ganhos invertidos. O termo foi inventado por autores que buscavam criticar o mercado farmacêutico.[5] Eles consideravam que o equilíbrio entre as vantagens e as desvantagens dos medicamentos tendia a se inverter com a extensão de seu uso. Nos testes clínicos positivos, os fármacos fazem mais bem do que mal. Mas assim que são comercializados, a ausência de controle e a má utilização inverteriam suas contribuições. Eles denominaram esse fenômeno "lei dos ganhos invertidos". A saúde mundial do século XXI comporta os sinais de uma nova lei dos ganhos invertidos. Muitos fatores de início explorados a nosso favor se tornaram fatores de estresse. Os seres humanos quase esterilizaram seu meio ambiente, mas o reinfectaram e até o envenenaram. Os recursos naturais eram pouco utilizados e, agora, estão em vias de esgotamento. Alimentos, sobretudo a carne, eram bastante escassos no século XVIII, o que contribuiu muito para a mortalidade prematura. Hoje em dia, comemos animais em excesso e 1 bilhão de adultos sofrem de sobrepeso em 2021. A Medicina era inoperante. Agora, às vezes tende a ir longe demais. Tudo o que faltava passou a ser excessivo, após um período de certo equilíbrio.

Por fim, última novidade, as relações entre a economia e a saúde não são mais as mesmas. Por muito tempo, a ligação entre atividade econômica e saúde populacional dependeu da perspectiva temporal. Elas eram concorrentes em um instante *t*, mas se comportavam como associadas a longo prazo. Sempre havia uma competição momentânea entre a saúde e a economia, pois esta produz externalidades negativas para aquela. Arbitragens eram necessárias, mas a economia quase sempre venceu, o que é compreensível, salvo nas grandes mudanças já descritas (Chadwick, Kefauver). Quando se queria dar uma mão para a saúde, era preciso investir ou definir normas que aumentassem os custos e atingissem provisoriamente a economia. Porém, a longo prazo, as relações eram mutuamente positivas. A saúde sustentava a economia, e a prosperidade era uma condição do desenvolvimento humano, inclusive biológico. A economia permitiu aos seres humanos morar melhor, alimentar-se melhor, proteger-se melhor e cuidar-se melhor. Esquematizando, a economia e a saúde se auxiliavam em alternância para se elevar mutuamente. Os dados mostram que essa lei de economia da saúde a longo prazo perdeu a validade. O crescimento econômico não é mais prenúncio de saúde melhor. Esgotando e tornando o meio ambiente tóxico, mudando o clima, a economia superexpõe os seres humanos. Impondo-lhes enfermidades, ela os torna vulneráveis. Não é uma conspiração, pois não há conspiradores. A economia permanece uma peça central da solução, mas precisa se reestruturar.

*

A pandemia de covid-19 é uma ilustração severa de como anda e desanda o mundo. Não é uma catástrofe natural, como um terremoto. Seu alcance simbólico e, portanto, psicológico é enorme, mas sua significância também é total. A pandemia de covid-19 é um produto do Antropoceno. Ela nos fala de nós. No mínimo cinco verdades se tornaram evidentes em menos de um ano. Primeiro, a de suas causas, que nada têm de acidentais. A pandemia viral é um fenômeno muito pouco aleatório e fortemente determinado. Ela poderia ter surgido em outro lugar ou poderia ser outro vírus (mais perigoso). Mas é indubitável que tem relação com o modo como nos relacionamos com o meio ambiente. A intimidade com os animais selvagens e a destruição da biodiversidade, cujas causas e características foram meticulosamente documentadas,[6] são importantes fatores de risco de aparecimento dos agentes patogênicos.

Em segundo lugar, a pandemia mostra duas constantes da história humana diante dos riscos sanitários: o negacionismo e o esquecimento. Antes que os riscos se concretizem, tendemos a subestimá-los. Depois que acontecem, nos esforçamos para reprimi-los.

Em terceiro lugar, a pandemia nos provoca, mirando em nossas fragilidades. O mundo está velho e não goza de boa saúde. Ora, o SARS-CoV-2 mata muito mais os idosos e os enfermos. É provável que nunca uma doença microbiana tenha discriminado tanto as pessoas mais velhas e obesas como esta. A relação de mortalidade por covid-19 entre as pessoas de mais de 80 anos e a população geral é da ordem de 1 a 100, até 1 a 200.

Em quarto lugar, os seres humanos descobriram como suas sociedades carecem de flexibilidade. As populações são maiores e mais concentradas do que nunca. As infraestruturas são complexas. As pessoas dependem umas das outras. Os isolamentos decididos pelos governos provocaram quedas inéditas de produção fora dos períodos de guerra. As consequências já observáveis da pandemia e das medidas governamentais permitem adivinhar qual seria o impacto de choques repetidos e prolongados.

Em quinto e último lugar – e esta é uma nota positiva –, a pandemia também mostrou o que era possível fazer. Todos ficamos impressionados com a adaptação extraordinariamente eficaz do complexo médico-industrial. Os hospitais e o pessoal da saúde se reconfiguraram, e os sistemas não quebraram. A indústria reorientou suas atividades para lançar programas de desenvolvimento de vacinas às centenas. Várias vacinas oferecendo muita proteção foram validadas em menos de um ano, embora se afirmasse que isso era impossível.

*

Neste ponto de um livro de História que se conclui no presente, há duas tentações: a previsão e a prescrição. A primeira é um interdito clássico dos historiadores.[7] A prescrição é uma das funções do médico.

É impossível saber o que vai acontecer e seria imprudente se entregar a preconizações que, por outro lado, não precisam ser originais. Normas já foram redigidas. Várias instituições como a OMS ou grupos de pesquisa já se debruçaram rigorosamente sobre recomendações para recuperar a saúde mundial. Há consenso entre essas entidades. As ações que devem ser tomadas são conhecidas, e os problemas podem ser solucionados. Pode-se prudentemente supor que a resposta à pandemia de covid-19 reajustará o mundo como outras epidemias anteriores, pois o diagnóstico é implacável. A pandemia nos força a encará-lo. É plausível que o choque de conscientização desencadeie o movimento sanitário mundial de que precisam os seres humanos. Os princípios de tal movimento são conhecidos: reprimir a poluição, acelerar a transição energética e abandonar as energias fósseis, isolar as habitações, rever a urbanidade, impor os transportes elétricos e a mobilidade física, regular a agricultura e a utilização do solo, reduzir o consumo de carne. Os recursos são disponíveis. Quer se trate de energia ou de alimentação, os preços de mercados dos produtos não saudáveis só são baixos porque não incorporam os custos sanitários que eles engendram. Se os ganhos econômicos gerados pela melhora da saúde fossem levados em conta, ficaria claro que a transição proposta por esse movimento sanitário seria mais barata do que a ausência de transição.[8]

Se o mundo optasse por recomeçar nesse sentido, ele teria quatro vantagens principais. Primeiramente, a genealogia dos grandes problemas mundiais mostra sem nenhuma ambiguidade sua filiação comum. Os grandes flagelos são primos que têm os mesmos parentes. A poluição, as mudanças climáticas, as infecções emergentes e as doenças crônicas têm as mesmas origens. Essas causas compartilhadas são praticamente todas externas à indústria da saúde. Certos grupos científicos falaram até de "sindemia" – sinergia das epidemias – para qualificar a confluência da subnutrição, da obesidade e das mudanças climáticas.[9] Esse parentesco tem uma implicação profunda: o tratamento das poucas causas responsáveis permitiria corrigir todos os problemas ao mesmo tempo. Os cientistas falam de cobenefícios. A eliminação dos transportes fósseis melhoraria a qualidade do ar e preservaria o clima, tanto quanto estimularia a atividade física. A diminuição do consumo de carne reduziria a emissão de CO_2, o desmatamento e sanearia a alimentação.

A segunda vantagem é consequência da primeira. Podemos recuperar o rendimento perdido dos gastos de saúde. Nossos recursos não são elásticos. Jamais poderemos gastar tanto dinheiro quanto desejarmos com a saúde. Os gastos de saúde concorrem sempre com outras despesas nacionais importantes, como a educação, a justiça e a segurança. No entanto, sabemos que o rendimento de nossos gastos se deteriorou constantemente, pelo menos desde a Segunda Guerra Mundial. Seguindo as recomendações mencionadas e outras intervenções de saúde pública, os investimentos obteriam um retorno bem melhor. A Medicina explica apenas 10% a 20% da saúde.[10] Os 80% a 90% restantes repousam nos determinantes ambientais e comportamentais, eles próprios inseridos em determinantes sociais. Entraríamos então em *feedback* positivo, pois uma saúde melhor criaria mais valor e daria recursos para alocar à saúde e assim por diante.

Em terceiro lugar, um novo movimento sanitário nos aproximaria de um objetivo definido por S. Jay Olshansky: visar a melhoria da saúde mais do que o aumento da duração da vida.[11] Ele defende a ideia de que não deveríamos ser obcecados por nossa longevidade, mas nos concentrarmos no que a vida contém. O envelhecimento e a morte são inevitáveis, mas muitas enfermidades podem ser evitadas ou retardadas. Marginalizando-as, poderíamos viver melhor e nos sentir melhor. O resultado automático seria certamente um aumento da longevidade, mas que não seria um fim em si. Nossos órgãos não são feitos para funcionar mais tempo do que a expectativa de vida atual impõe. Eles se cansam e seu desempenho diminui. Alguns componentes poderiam provavelmente nos fazer viver mais tempo,[12] mas o funcionamento final dos seres humanos é puxado para baixo pelos órgãos que falham. Quando manifestam suas falhas, são os elementos fracos que decidem a sequência. A Medicina se esforçou para compensar muitas falhas, o que lhe permite com frequência adiar a degradação e a morte. Mas se certas doenças declinam, outras precisam substituí-las. Essas patologias que surgem são dependentes do envelhecimento e mais difíceis de tratar. A saúde sempre abre um espaço às doenças, que só esperam por isso. Aumentando sua longevidade, os seres humanos descobriram a diversidade possível das enfermidades. A luta contra as doenças cardiovasculares e contra o câncer abre espaço para as doenças neurológicas degenerativas, como a doença de Alzheimer, a mais conhecida delas. Olshansky não prega que abandonemos a luta contra o câncer ou as doenças do coração, mas sugere que teríamos a ganhar se voltássemos a nos concentrar na melhoria da saúde ao invés da longevidade.

A última vantagem é que esse movimento sanitário mundial traria sentido e perspectiva. É claro que a inércia em jogo torna ilusória uma concretização rápida dos esforços, mas isso não é novidade. Desde que os homens começaram a viver mais tempo, cada geração preparou a saúde da seguinte. Mais recentemente, as últimas gerações tramaram os grandes problemas mundiais de saúde que estamos tentando absorver. Parece estar surgindo uma mudança de mentalidade, capaz de provocar uma resposta adaptada. Os trabalhos de estudiosos das Ciências Humanas sugerem que a adesão de "apenas" 25% da opinião pública pode ser suficiente para renovar as normas sociais.[13] Um movimento sanitário mundial não resolveria todos os problemas, pois uma parte das dificuldades já está programada. Envolvendo-nos nesse movimento, não poderíamos garantir tudo às crianças. Mas poderíamos prometer ao avô de Gabrielle que tudo está sendo feito para que o mundo proponha uma melhor saúde para sua neta.

Notas

Capítulo "Da Pré-História ao período pré-industrial: 30 anos de expectativa de vida"
1. Angus Deaton, *La Grande Évasion. Santé, Richesse et origine des inégalités*, PUF, 2015. No Brasil, *A grande saída: saúde, riqueza e as origens da desigualdade*, Rio de Janeiro, Intrínseca, 2017.
2. Os termos "micróbio", "germe", "agente patogênico" e "agente infeccioso" são sinônimos exatos. Serão empregados indiferentemente neste livro.
3. A Epidemiologia é a ciência da saúde populacional. Etimologicamente (*epidemos-logos*), é a ciência do que está acima da população, o que a atinge. Não é a ciência das epidemias.
4. Niall Boyce, "Bills of Mortality: tracking disease in early modern London", *The Lancet*, 2020.
5. Alfredo Morabia, "Epidemiology's 350th Anniversary: 1662-2012", *Epidemiology*, 2013.

Capítulo "1750-1830: uma tênue melhora na saúde"
1. George Rosen, *A History of Public Health*, MD Publication, 1958.
2. Jacques Vallin, *Annales de démographie historique*, Société de démographie historique e EHESS, 1989.
3. ["Medir é saber".] Segundo o físico britânico William Thomson, ou lord Kelvin (1824-1907).
4. A França registrou entre 550 mil e 600 mil mortes anuais nos últimos anos, ou seja, cerca de dez vezes menos. O ano de 2020 foi uma exceção devido à pandemia de covid-19 (654 mil mortos).
5. Louis Henry, Didier Blanchet, "La population de l'Angleterre de 1541 à 1871", *Population*, 1983.
6. Atualmente, a mortalidade é inferior a 4 por mil antes de 1 ano de idade.
7. Aquilino Morelle, Didier Tabuteau, *La Santé publique*, PUF, col. "Que sais-je ?", 2017.
8. Michel Foucault, *Naissance de la biopolitique. Cours au Collège de France, 1978-1979*, EHESS/Gallimard/Seuil, 2004.
9. Henri Bergeron, Patrick Castel, *Sociologie politique de la santé*, PUF, 2018.
10. Michel Foucault, op. cit.
11. George Rosen, op. cit.
12. Chantal Julia, Alain-Jacques Valleron, "Louis-René Villermé (1782-1863), a pioneer in social epidemiology: re-analysis of his data on comparative mortality in Paris in the early 19th century", *Journal of Epidemiology and Community Health*, 2010.
13. Elizabeth Fee, in George Rose, op. cit.
14. Guillotin defendeu de fato o uso da guilhotina, mas para abreviar os sofrimentos dos condenados à morte.

Capítulo "A imunização voluntária"
1. Roger Dachez, *Histoire de la médecine. De l'Antiquité à nos jours*, Tallandier, 2012.
2. Frank Snowden, *Epidemics and Society. From the Black Death to the Present*, Yale University Press, 2019.
3. Scott H. Podolsky, Aaron S. Kesselheim, "Regulating homeopathic products – A century of dilute interest", *The New England Journal of Medicine*, 2016.
4. Frank Snowden, op. cit.

[5] Daniel Bernoulli "Essai d'une nouvelle analyse de la mortalité causée par la petite vérole, et des avantages de l'inoculation pour la prévenir", *Histoire de l'Académie royale des sciences*, vol. III (2), Imprimerie nationale, 1766.
[6] Audrey, L. Gassman et al., "FDA regulation of prescription drugs", *The New England Journal of Medicine*, 2017.
[7] Em 1774, Benjamin Jesty, um fazendeiro inglês, havia efetuado um procedimento parecido. Ele havia inoculado sua mulher e seus dois filhos com material de uma pústula de vaca com *cowpox*. Eles jamais teriam contraído a varíola depois disso, mas Jesty não publicou sua experiência e não teria tentado reproduzi-la. Ignora-se se Jenner tomara conhecimento do caso familiar tratado por Jesty.
[8] Edward Jenner, "On the origin of the vaccine inoculation", *D.N. Shury*, 1801.
[9] Roger Dachez, op. cit.

Capítulo "1830-1880: a industrialização contra a saúde"

[1] Chantal Julia, Alain-Jacques Vallernon, art. cit.
[2] Louis René Villermé, "Rapport sur un ouvrage intitulé: 'Recherches statistiques sur la ville de Paris et le département de la Seine (volume In-8)', et considérations sur la mortalité dans la même ville", *Bulletins de la Société médicale d'émulation*, 1822: 1e41.
[3] Friedrich Engels, *Die Lage der arbeitenden Klasse in England*, Wigand, 1887.
[4] Rudolf Virchow, *Mittheilungen über die in Oberschlesien herrschende Typhus-Epidemie*, Reiner, 1848.
[5] Chantal Julia, Alain-Jacques Valleron, art.cit.
[6] Roger Dachez, op. cit.
[7] Simon Szreter, "The population health approach in historical perspective", *American Journal of Public Health*, 2003.
[8] Richard H. Steckel, Roderick Floud (dir.), *Health and Welfare during Industrialization*, University of Chicago Press, 1997.
[9] Richard H. Steckel, Roderick Floud, op. cit.
[10] David Weir, "Economic welfare and physical well-being in France, 1750-1990", in Richard H. Steckel e Roderick Floud (dir.), *Health and Welfare during Industrialization*, University of Chicago Press, 1997.
[11] Christopher J. Ruhm, "Are recessions good for your health?", *Quaterly Journal of Economics*, 2000.

Capítulo "1850-1914: os grandes avanços"

[1] David M. Morens, "Snow and the Broad Street pump: a rediscovery", *The Lancet*, 2000.
[2] Bill Bynum, "The McKeown thesis", *The Lancet*, 2008.
[3] Thomas McKeown, R. G. Brown, "Medical evidence related to English population changes in the eighteenth century", *Population Studies*, 1955.
[4] Thomas McKeown, R. G. Record, "Reasons for the decline of mortality in England and Wales during the nineteenth century", *Population Studies*, 1962.
[5] Thomas McKeown, *The Modern Rise of Population*, Academic Press, 1976.
[6] James Colgrove, "The McKeown thesis: a historical controversy and its enduring influence", *American Journal of Public Health*, 2002.
[7] E. Sigsworth, "A provincial hospital in the eighteenth and early nineteenth century", *The College of General Practitioners, Yorkshire Faculty Journal*, 1966.
[8] Simon Szreter, "Rethinking McKeown: the relationship between public health and social change", *American Journal of Public Health*, 2002.
[9] Bill Bynum, art. cit.
[10] Richard H. Steckel, "In memory of Robert William Fogel", *Economics and Human Biology*, 2014.
[11] R. Floud, R. W. Fogel, Barris, S. C. Hong, *The Changing Body: Health, Nutrition, and Human Development in the Western World Since 1700*, Cambridge University Press, 2011.
[12] R. W. Fogel, "Nutrition and the decline in mortality since 1700: some preliminary findings", in Engerman, S. L, Gallman, R. E. (dir.), *Longterm Factors in American Economic Growth*, University of Chicago Press, 1986.
[13] Robert W. Fogel, Nathaniel Grotte, "Major findings from *The Changing Body: Health, Nutrition, and Human Development in the Western World since 1700*", *Journal of Economic Asymmetries*, 2011.
[14] R. Floud, R. W. Fogel, B. Harris, S. C. Hong, op. cit.
[15] Frank Snowden, op. cit.
[16] Steve M. Blevins, Michael S. Bronze, "Robert Koch and the 'golden age' of bacteriology", *International Journal of Infectious Diseases*, 2010.

[17] Roger Dachez, op. cit.
[18] Michel Deveaux, *De Céline à Semmelweis. Histoire d'une thèse, histoire d'une œuvre*, L'Harmattan, 2015.
[19] Louis-Ferdinand Céline, *Semmelweis*, Gallimard, 1952.
[20] Um pouco mais tarde, Pasteur estudará o caso da cerveja a pedido dos industriais, que tinham problemas de rendimento por causa de um terceiro tipo de fermentação.
[21] Frank Snowden, op. cit.
[22] Como cientista, Pasteur era estreitamente ligado a várias indústrias; é uma das características notáveis de sua carreira. Seus trabalhos eram sempre puramente científicos, mas sua aplicação contava para ele. Pasteur teve muita influência sobre indústrias de primeira importância para a economia francesa de sua época.
[23] Um fungo e um vírus.
[24] Roger Dachez, op. cit.
[25] Louis Pasteur, *Écrits scientifiques et médicaux*, Flammarion, 1994.
[26] Somente em 1962 o vírus da raiva foi observado pela primeira vez em um microscópio eletrônico.
[27] Louis Pasteur, op. cit.
[28] Louis Pasteur, op. cit.
[29] Frank Snowden, op. cit.
[30] Steve M. Blevins et al., art. cit.
[31] Os solos contaminados eram chamados de "campos malditos".
[32] Em 2018, a tuberculose matou 1,5 milhão de pessoas no mundo.
[33] Pouco após a comunicação de Koch sobre a descoberta do bacilo tuberculoso, decidiu-se esterilizar as roupas e os lençóis e foi proibido cuspir em público.
[34] Robert Koch, "The etiology of tuberculosis", *Reviews of Infectious Diseases*, 1882.
[35] Havia quatro: o micróbio deve ser achado em todos os organismos dos infectados, mas nunca naqueles dos não infectados; o micróbio deve ser isolado a partir de um organismo doente e deve poder ser cultivado; o micróbio cultivado deve provocar a doença quando introduzido em um organismo saudável; o micróbio deve poder ser reisolado a partir do organismo inoculado que ficou doente e deve ser o mesmo que o micróbio original.
[36] Koch pronunciou "Monsieur" [senhor] em francês.
[37] Robert Koch, "On the anthrax inoculation" (1882), in *Essays of Robert Koch*, Greenwood Press, 1987.
[38] George Rosen, op. cit.
[39] Koch tentou desenvolver um tratamento contra a tuberculose a partir de extratos do bacilo. Ele o havia chamado de tuberculina. No fim, esse tratamento se mostrou ineficaz.
[40] O terceiro problema histórico da cirurgia é a hemorragia, que foi controlado pelas técnicas de hemóstase.
[41] George Rosen, op. cit.
[42] Lister publicou dois artigos importantes na *Lancet*, em 1864 e 1867, registrando seus resultados.
[43] Stanley A. Plotkin, Susan L. Plotkin, "The development of vaccines: how the past led to the future", *Nature Reviews Microbiology*, 2011.

Capítulo "1918-1919: a gripe espanhola mata entre 2% e 5% da população mundial"

[1] A gripe espanhola não tinha nada de especificamente espanhol, mas foi chamada assim porque a Espanha foi o primeiro país a publicar livremente informações sobre a doença: sendo neutra durante a guerra, não era tolhida pelo segredo militar.
[2] J. K. Taubenberger, J. C. Kash, D. M. Morens, "The 1918 influenza pandemic: 100 years of questions answered and unanswered", *Science Translational Medicine*, 2019.
[3] John M. Barry, *La Grande Grippe. Comment la grippe espagnole est devenue la pandémie la plus meurtrière de l'histoire*, Alisio, 2020. Note-se que o livro foi publicado em sua versão original em 2004 e que, sem dúvida, foi oportunamente traduzido para o francês em decorrência da pandemia de covid-19.
[4] John M. Barry, "The site of origin of the 1918 influenza pandemic and its public health implications", *Journal of Translational Medicine*, 2004.
[5] Jeffery Tautenberger et al., art. cit.
[6] Hoje em dia, estima-se que a mortalidade média da gripe se situa em torno de 1/1.000.
[7] Kathleen L. Collins et al., "Truth and transparency in a time of crisis", *JCI Insight*, 2020.
[8] John M. Barry, "Pandemics: avoiding the mistakes of 1918", *Nature*, 2009.
[9] John M. Barry, Cécile Viboud et al., "Cross-protection between successive waves of the 1918-1919 influenza pandemic: epidemiological evidence from US Army camps and from Britain", *Journal of Infectious Diseases*, 2008.

[10] David M. Morens, Jeffery K. Taubenberger, "The mother of all pandemics is 100 years old (and going strong)!", *American Journal of Public Health*, 2018.
[11] As citocinas são moléculas que exercem um papel imune. A tempestade de citocinas se tornou "popular" na pandemia de covid-19. Rapidamente se descobriu que muitas das mortes ligadas ao SARS-CoV-2 eram causadas por uma tempestade de citocinas que provocava uma inflamação maior e outras complicações mortais. Aliás, a eficácia de certos medicamentos tendo como alvo o sistema imunológico foi demonstrada em determinados pacientes, corrigindo a tempestade antes do pico. Ver, por exemplo, Olivier Hermine et al., "Effect of tocilizumab vs usual care in adults hospitalized with COVID-19 and moderate or severe pneumonia", *JAMA Internal Medicine*, 2020.
[12] A nasofaringe, também denominada rinofaringe ou ainda *cavum*, é a parte superior da faringe, sob a base do crânio, acima do véu do palato. É o foco habitual de numerosos germes, que são comensais, isto é, vivem normalmente ali, em equilíbrio não patológico com o organismo humano. Por vezes, esse equilíbrio se rompe e ocorre uma infecção na região.
[13] Z. M. Sheng et al., "Autopsy series of 68 cases dying before and during the 1918 influenza pandemic peak", *Proceedings of the National Academy of Sciences*, 2011.
[14] Outras lesões mais graves e que correspondem a complicações da pneumonia bacteriana foram descritas, com base em evidências, como pleurisias ou abcessos.
[15] Séverine Ansart et al., "Mortality burden of the 1918-1919 influenza pandemic in Europe", *Influenza and Other Respiratory Viruses*, 2009.
[16] A primeira vacina contra a gripe data de 1936.
[17] David M. Morens, Jeffery K. Taubenberger, op. cit.
[18] Martin C. J. Bootsma, Neil M. Ferguson, "The effect of public health measures on the 1918 influenza pandemic in U.S. cities", *Proceedings of the National Academy of Sciences*, 2007, e também Richard J. Hatchett et al., "Public health intervention and epidemic intensity during the 1918 influenza pandemic", *Proceedings of the National Academy of Sciences*, 2007.
[19] Howard Markel et al., "Nonpharmaceutical interventions implemented by US cities during the 1918-1919 influenza pandemic", *Journal of the Medical American Association*, 2007.
[20] Observe-se que, no trabalho anteriormente citado, Barry e Viboud levantavam outras hipóteses além do efeito dos isolamentos para explicar as diferenças de mortalidade entre as cidades americanas durante a segunda onda. Um efeito de imunidade ou uma variação de virulência viral podiam também ser explicações possíveis.
[21] As cidades americanas atingidas mais tarde também o foram mais suavemente. Essa vantagem poderia estar ligada a medidas melhores de isolamento, pois elas tiveram mais tempo para se preparar, mas também é possível que o vírus tenha sofrido uma mutação no sentido de se atenuar.
[22] Siddharth Chandra et al., "The evolution of pandemic influenza: evidence from India, 1918-19", *BMC Infectious Diseases*, 2014.
[23] Barbara Jester et al., "Readiness for responding to a severe pandemic 100 years after 1918", *American Journal of Epidemiology*, 2018.
[24] Vincent Feré, "L'Europe du XIXe siècle se préoccupait moins d'hygiène et de santé", *Commentaire*, primavera de 2021.
[25] Alfred W. Crosby, *American's Forgotten Pandemic, The Influenza of 1918*, Cambridge University Press, 1976.
[26] J. K. Taubenberger et al., art. cit.
[27] *Polymerase chain reaction.*
[28] Instituto Nacional da Saúde e da Pesquisa Médica da França.
[29] J. K. Taubenberger et al., "Initial genetic characterization of the 1918 Spanish influenza virus", *Science*, 1997.
[30] Esses nove fragmentos pertenciam a quatro dos oito genes do vírus influenza A.
[31] https://www.cdc.gov/flu/pandemic-resources/reconstruction-1918-virus.html.
[32] A. H. Reid et al., "Origin and evolution of the 1918 'Spanish' influenza virus hemagglutinin gene", *Proceedings of the National Academy of Sciences*, 1999.
[33] J. K. Taubenberger et al., art. cit.
[34] Terrence M. Tumpey et al., "Characterization of the reconstructed 1918 Spanish pandemic virus", *Science*, 2005.
[35] O genoma humano contém 50 mil genes e cerca de 3 bilhões de pares de bases.

Capítulo "1945-1970: a transição de modelo"

[1] Havia entre 650 e 700 mil óbitos anuais na França, em geral, entre as duas Guerras Mundiais.

[2] Entre 1950 e hoje, ela passou aproximadamente de 63 a cerca de 80 anos para os homens e de 69 a 85 anos para as mulheres.
[3] Referimo-nos aqui aos corticoides, igualmente chamados de "anti-inflamatórios esteroides", "cortisona" em linguagem comum. Os corticoides tiveram um impacto enorme em muitas doenças inflamatórias, infecciosas ou cancerosas. Ainda são amplamente utilizados. Um dos primeiros medicamentos a reduzir a mortalidade nas formas graves de covid-19 foi a dexametasona.
[4] A randomização consiste em sortear o tipo de tratamento recebido (que pode ser um placebo) em um ensaio clínico comparativo. É o melhor método para garantir que os dois grupos de doentes são comparáveis e que as diferenças de resultados se devem realmente a diferenças de tratamento e não a uma diferença de início entre os dois grupos.
[5] Também chamada de oxitetraciclina.
[6] Samuel H. Preston, "The changing relation between mortality and level of economic development", *Population Studies*, 1975.
[7] Segundo Preston, não foram as mesmas causas que ajudaram os países menos desenvolvidos a melhorar sua longevidade. Ele evocou o papel do controle dos insetos, do saneamento, de uma educação populacional sobre as medidas básicas de saúde e dos esforços de proteção materna e infantil.
[8] John C. Caldwell, "Mortality um relation to economic development", *Bulletin of the World Health Organization*, 2003.
[9] Lant Pritchett, Lawrence H. Summers, "Wealthier is Healthier", *Journal of Human Resources*, 1996.

Capítulo "As doenças cardiovasculares"

[1] David S. Jones, Jeremy A. Greene, "The decline and rise of coronary heart disease: understanding public health catastrophism", *American Journal of Public Health*, 2013.
[2] Weldon J. Walker, "Coronary mortality: what is going on?", *Journal of the American Medical Association*, 1974.
[3] R. J. Havlik; M. Feinleib (dir.), *Proceedings of the Conference on the Decline in Coronary Heart Disease Mortality*, Department of Health, Education, and Welfare, 1979.
[4] David S. Jones, "CABG at 50 (or 107?) – The complex course of therapeutic innovation", *The New England Journal of Medicine*, 2017.
[5] Ainda hoje, quando ocorre uma complicação pós-operatória, os cirurgiões buscam avaliar se cometeram algum erro ou se essa intercorrência procede do próprio paciente (ou da sua falta de sorte).
[6] Alexis Carrel, "On the experimental surgery of the thoracic aorta and heart", *Annals of Surgery*, 1910.

Capítulo "O combate aos cânceres"

[1] Siddhartha Mukherjee, *L'Empereur de toutes les maladies*, Flammarion, 2013.
[2] Brent R. Stockwell, *The Quest for the Cure, The Science and Stories Behind the Next Generation of Medicines*, Columbia University Press, 2011.
[3] H. B. Othersen Jr., "Ephraim McDowell: the qualities of a good surgeon", *Annals of Surgery*, 2004.
[4] A outra grande complicação era a hemorragia.
[5] Vincent T. DeVita Jr., Steven A. Rosenberg, "Two hundred Years of cancer research", *The New England Journal of Medicine*, 2012.
[6] "Mielo" é a raiz etimológica de "medula".
[7] A aminopterina é hoje mais conhecida pelo nome de metotrexato.
[8] Sidney Farber et al., "Temporary remissions in acute leukemia in children produced by folic acid antagonist, 4-aminopteroyl-glutamic acid (Aminopterin)", *The New England Journal of Medicine*, 1948.
[9] O DNA foi descrito pela primeira vez por Watson e Crick em 1953.
[10] Jean-David Zeitoun et al., "Post-marketing research and its outcome for novel anticancer agents approved by both the FDA and EMA between 2005 and 2010: A cross-sectional study", *International Journal of Cancer*, 2018.
[11] "Que ajuda", em latim; não é só a quimioterapia que pode ser adjuvante. A radioterapia também pode sê-lo, após a cirurgia de certos tipos de câncer.
[12] Bernard Fischer et al., "L-phenylalanine mustard (L-PAM) in the management of primary breast cancer", *The New England Journal of Medicine*, 1975. E também G. Bonadonna et al., "Combination chemotherapy as an adjuvant treatment in operable breast cancer", *The New England Journal of Medicine*, 1976.
[13] Um novo estudo americano que havia avaliado a adição de um único fármaco de quimioterapia – um produto denominado "mostarda" – e um estudo italiano comportando uma associação de três medicamentos. Essa associação terapêutica fora concebida pelo Instituto Nacional do Câncer americano, mas havia

sido testada no de Milão. Nenhum centro americano se candidatara a participar do estudo, pois nenhum consentia em testar uma poliquimioterapia em situação adjuvante. As desvantagens da quimioterapia eram conhecidas, mas não suas vantagens. O risco tóxico parecia alto demais em relação ao benefício esperado, que ainda era incerto já que não demonstrado. Essa reticência se reforçava mais porque, entre as mulheres a serem tratadas, uma proporção significativa iria se curar de qualquer forma. Muitas mulheres iriam passar por um tratamento pesado por nada. Os dois estudos foram nitidamente positivos.

[14] David Boccara et al., "Treating breast conservation therapy defects with Brava and fat grafting: technique, outcomes, and safety profile", *Plastic and Reconstructive Surgery*, 2018.

[15] Jérémie H. Lefèvre et al., "Does a longer waiting period after neoadjuvant radio-chemiotherapy improve the oncological prognosis of rectal cancer: Three years's follow-up results of the Greccar-6 randomized multicenter trial", *Annals of Surgery*, 2019.

[16] Alguns tipos raros são muito específicos de uma causa única, por exemplo, o mesotelioma, um câncer da membrana dos pulmões (a pleura), ligado à exposição ao amianto. É um câncer cujo tratamento é complexo e difícil, cujo prognóstico é extremamente ruim. Pouquíssimos pacientes sobrevivem a um mesotelioma.

[17] O câncer de fígado também pode ser causado por vírus, sobrecarga de gordura ou de ferro, por exemplo.

[18] https://www.cdc.gov/tobacco/data_statistics/sgr/history/index.htm.

[19] Segundo Robert Proctor, historiador americano, a maioria dos dados e dos conhecimentos incluídos no relatório do *Surgeon General* já estava disponível dez anos antes de sua publicação, mas o *lobby* da indústria do fumo o atrasou, custando milhões de mortes.

[20] Austin Bradford Hill, "The environment and disease: association or causation", *Proceedings of the Royal Society of Medicine*, 1965. Bradford Hill é um pioneiro da metodologia clínica e do raciocínio em Medicina e em Epidemiologia. Ele publicou nove critérios para ajudar a inferir ou não a natureza causal de uma associação estatística, influentes até hoje.

[21] Vincent T. DeVita Jr. et al., art cit.

[22] John P. A. Ioannidis et al., "Endgame: engaging the tobacco industry in its own elimination", *European Journal of Clinical Investigation*, 2013.

[23] John P. A. Ioannidis, Prabha Jha, "Does the COVID-19 pandemic provide an opportunity to eliminate the tobacco industry?", *Lancet Global Health*, 2021.

[24] Edward R. Melnick, John P. A. Ioannidis, "Should governments continue lockdown to slow spread of Covid-19?", *The British Medical Journal*, 2020.

[25] Nadia Howlader et al., "The effect of advances in lung-cancer treatment on population mortality", *The New England Journal of Medicine*, 2020.

[26] Na realidade, isso é verdadeiro para o subtipo majoritário, que é o câncer pulmonar chamado de "não pequenas células", em oposição ao câncer do pulmão de pequenas células (CPPC), frequentemente mais grave e para o qual os tratamentos quase não progrediram. Além disso, os pesquisadores desse mesmo trabalho observaram que a mortalidade e a incidência estavam alinhadas para o câncer pulmonar de pequenas células, o que os levou a concluir logicamente que não houve avanço para esse subtipo da doença.

[27] B. J. Drucker et al., "Effect of a selective inhibitor of the Abl tyrosine kinase on the growth of BCR-ABL positive cells", *Nature Medicine*, 1996.

[28] B. J. Drucker et al., "Efficacy and safety of a specific inhibitor of the BCR-ABL tyrosine kinase in chronic myeloid leukemia", *The New England Journal of Medicine*, 2001.

[29] B. J. Drucker et al., "Five-year follow-up of patients receiving imatinib for chronic myeloid leukemia", *The New England Journal of Medicine*, 2006.

[30] Os exames anatomopatológicos tradicionais permitem descrever as células, mas não veem as moléculas. É uma questão de escala de observação.

[31] Richard L. Schilsky et al., "Progress in cancer research, prevention and care", *The New England Journal of Medicine*, 2020.

[32] Hans-Olov Adami et al., "Time to abandon early detection cancer screening", *European Journal of Clinical Investigation*, 2019.

[33] Silvia Stringhini, Idris Guesous, "The shift from heart disease to cancer as the leading cause of death in high-income countries: a social epidemiology perspective", *Annals of Internal Medicine*, 2018.

Capítulo "1960-2020: a indústria dos medicamentos"

[1] Já tinha acontecido um escândalo sanitário devido a uma intoxicação mortal de uma centena de crianças por causa de um antibiótico, fato que havia provocado a primeira reforma da FDA para obrigar os laboratórios a provarem a segurança dos medicamentos. Quanto à eficácia, foi preciso esperar o próximo escândalo.

[2] Essa primeira parte da proposta de lei consistia de outros pontos. Ela ambicionava regular a publicidade dos medicamentos e garantir a visibilidade do nome da molécula e não somente seu nome comercial.
[3] "Drug Industry Antitrust act", 87º Congresso, Sessão 1, 1961.
[4] "The Kefauver hearings: the drug industry finally has its day and does quite well", *Science*, 1961.
[5] Daniel Carpenter, *Reputation and Power*, Princeton University Press, 2010.
[6] Daniel Carpenter, "Can expedited FDA drug approval without expedited follow-up be trusted", *JAMA Internal Medicine*, 2014.
[7] Existem vários sinônimos, principalmente "biomedicamentos", "bioterapias" ou "agentes biológicos".
[8] As empresas anteriores eram chamadas de "companhias farmacêuticas". Na prática, a divisão é esquemática demais, principalmente porque muitas *biotechs* fabricam, na verdade, pequenas moléculas, isto é, medicamentos químicos, mesmo que, para isso, possam recorrer a procedimentos de biotecnologia. Inversamente, todas as companhias farmacêuticas desenvolveram uma P&D (Pesquisa e Desenvolvimento) biotecnológica e comercializam medicamentos biológicos.
[9] Chamados de efeitos secundários, efeitos indesejáveis ou efeitos adversos.
[10] Em inglês: *no reasonable expectation*.
[11] A Agência Europeia de Medicamentos fixou em 5/10.000 o patamar de frequência de uma doença para poder chamá-la de órfã e reconhecer como órfãos seus medicamentos.
[12] O princípio ativo é a molécula original que provoca o efeito terapêutico desejado. É o cerne do medicamento. O revestimento, que dá o gosto, a cor e que determina certos aspectos do comportamento do medicamento, são os excipientes. Entre um medicamento original e um genérico, o princípio ativo é o mesmo, mas os excipientes podem variar.
[13] Mas poderia ser também perfeitamente entre dois genéricos contendo a mesma quantidade do mesmo princípio ativo.
[14] As proporções variam conforme os países, mas, esquematicamente, são em geral invertidas: 80% dos medicamentos vendidos com prescrição são genéricos, mas representam apenas 20% das despesas medicamentosas. Os medicamentos não genéricos são minoria, mas bem mais caros, e representam portanto uma proporção majoritária das despesas com medicamentos.
[15] Existem exceções notáveis que foram bem descritas pelos historiadores, especialmente o caso da insulina.
[16] Atul Gawande, "Two hundred Years of surgery", *The New England Journal of Medicine*, 2012.
[17] Bernard Munos, "Lessons from 60 years of pharmaceutical innovation", *Nature Reviews Drug Discovery*, 2009.
[18] Quando escreveu esse artigo, Munos trabalhava para o laboratório Lilly.
[19] Aaron S. Kesselheim, Jerry Avorn, "The most transformative drugs of the past 25 years: a survey of physicians", *Nature Reviews Drug Discovery*, 2013.
[20] Também mais conhecido pelo nome comercial de Viagra®.
[21] O nome comercial na França é Tahor®. No Brasil, é Lipitor®.
[22] Termo utilizado pelos autores do estudo.
[23] Referimo-nos às autorizações americanas de lançamento no mercado – *Biologics License Application* (BLA), expedidas pela FDA. O número de autorizações europeias é similar, embora possa ocorrer, por vezes, um descompasso de alguns meses.
[24] Em oposição ao sistema nervoso periférico. O sistema nervoso central compreende o encéfalo e a medula espinhal. Ele é dividido em substância branca e substância cinza. A esclerose múltipla afeta praticamente só a substância branca.
[25] Em inglês, o acrônimo NEDA, para *no evidence of disease activity*.

Capítulo "Viver três vezes mais. A que preço?"

[1] Oskar Burger et al., "Human mortality improvement in evolutionary context", *Proceedings of the National Academy of Sciences*, 2012.
[2] Vaupel fala de *"lifespan equality"*.
[3] James F. Fries, "Aging, natural death, and the compression of morbidity", *The New England Journal of Medicine*, 1980.
[4] Os CDC são equivalentes à Direção Geral da Saúde, do Ministério da Saúde na França.
[5] Segundo a definição básica, o sexo é biológico, já o gênero é social. A diferença da longevidade entre os homens e mulheres se deve provavelmente ao mesmo tempo a uma vantagem biológica e uma vantagem social. Isso não significa que as sociedades atuais tratem melhor as mulheres do que os homens, mas o fato é que uma parte da vantagem feminina de longevidade não é biologicamente determinada e se deve a outras causas, elas próprias ligadas às condições sociais.

6   As mulheres têm mais doenças autoimunes, principalmente reumatológicas. A poliartrite reumatoide é três vezes mais frequente nelas. Quanto ao lúpus, que é uma doença autoimune muito mais rara, a razão é quase de 1 a 10. A imunidade parece favorecer as mulheres de maneira geral, visivelmente contra as infecções, mas um efeito perverso dessa superimunidade poderia ser um risco mais elevado de doença autoimune.
7   Desde 2015, e sem levar em conta o ano de 2020, os Estados Unidos gastam cerca de 17% da sua riqueza nacional em saúde. É de longe o país que mais gasta, tanto em valor absoluto quanto em porcentagem, ao passo que a expectativa de vida não é a mais alta: recentemente até baixou três anos seguidos.
8   Por razões pouco claras, a implantação do Affordable Care Act, também chamado de Obamacare, não foi associada a um aumento significativo das despesas de saúde nos Estados Unidos. Inúmeros opositores políticos de Barack Obama previam um aumento problemático das despesas, ao passo que, graças a essa lei, 20 milhões de norte-americanos puderam rapidamente ter acesso a uma cobertura que não tinham. As despesas seguiram sua tendência "natural" e, particularmente, não sofreram aumento.
9   Pode-se propor a seguinte tradução: "Incerteza e economia social do atendimento médico". O *welfare state* é o Estado-Providência.
10 QALY é o acrônimo de *Quality-Adjusted Life Years*, "anos de vida ajustados pela qualidade". Os QALY, ainda que sempre criticados, permanecem a unidade de medida de referência da contribuição médica de um novo tratamento. Eles ponderam a quantidade de vida pela qualidade para considerar essas duas dimensões principais do valor médico.
11 William J. Baumol, *The Cost Disease, Why Computers Get Cheaper and Health Care Doesn't*, Yale University Press, 2013.
12 Podem ser disparidades de despesas entre regiões em um país, para uma população e indicadores comparáveis.
13 Donald M. Berwick, "Elusive waste: The Fermi paradox in US health care", *Journal of the American Medical Association*, 2019.

Capítulo "As desigualdades de saúde"

1   Raj Chetty et al., "The association between income and life expectancy in the United States, 2001-2014", *Journal of the American Medical Association*, 2016.
2   Angus Deaton, "On Death and money. History, facts and explanations", *JAMA*, 2016.
3   A divergência observada era relacionada às doenças cardiovasculares, ao câncer, às doenças respiratórias e às demências nos idosos. Nos demais, isto é, os mais jovens, ela se devia aos excessos medicamentosos e aos suicídios.
4   Charles V. Chapin et al., "Deaths among taxpayers and non-taxpayers income tax, Providence, 1865", *American Journal of Public Health*, 1924.
5   Sandro Galea et al., "Win-win: reconciling social epidemiology and causal inference", *American Journal of Epidemiology*, 2019.
6   A randomização consiste em sortear o tratamento ou exposição que será proposto aos indivíduos entre os grupos comparados. O acaso reparte as ações de modo estatisticamente uniforme, o que garante a comparabilidade dos grupos. É o melhor método para poder concluir pela superioridade de um tratamento em caso de diferença de resultados entre os grupos.
7   Gary W. Evans, Michelle A. Schamberg, "Childhood poverty, chronic stress, and adult working memory", *Proceedings of the National Academy of Sciences*, 2009.
8   Os dados provêm de uma base que elenca as trajetórias individuais dos habitantes. Nesse trabalho, trata-se de dados que não cobrem todo o país, mas que são provavelmente representativos. São muito precisos. Contêm sobretudo informações sobre as migrações dos indivíduos, contrariamente à maioria dos estudos demográficos.
9   Tommy Bengtsson et al., "When did the health gradient emerge? Social class and adult mortality in Southern Sweden, 1813-2015", *Demography*, 2020.

Capítulo "As doenças crônicas, primeira causa mundial de óbito"

1   É o caso do câncer de fígado ou do colo do útero, por exemplo.
2   Abdel R. Omran, "The epidemiologic transition. A theory of the epidemiology of population change", *The Milbank Memorial Fund quarterly*, 1971.
3   Joseph L. Dieleman, et al., "US spending on personal health care and public health, 1996-2013", *Journal of the American Medical Association*, 2016.

4. Theresa Marteau et al., "Changing human behavior to prevent disease: the importance of targeting automatic processes", *Science*, 2012.
5. Mark Peplow, "Can the history of pollution shape a better future?", *Nature*, 2020.
6. François Jarrige, Thomas Le Roux, *La contamination du monde, Une histoire des pollutions à l'âge industriel*, Seuil, 2017.
7. E é também uma das maiores causas das mudanças climáticas em andamento.
8. Lei do Ar Limpo.
9. Environmental Protection Agency, ou EPA.
10. Em português, "Carga Global de doenças".
11. *Disability-Adjusted Life Years*.
12. Mais exatamente, fala-se de distúrbios do comportamento semelhantes aos déficits de atenção com ou sem hiperatividade.
13. Um estudo internacional estimou que uma criança europeia perdia, em média, 2,5 pontos de QI apenas devido à sua exposição aos pesticidas organofosforados (Martine Bellanger et al., "Neurobehavioral deficits, diseases, and associated costs of exposure to endocrine-disrupting chemicals in the European Union", *The Jornal of Clinical Endocrinology and Metabolism*, 2015).
14. Annette Prüss-Ustün et al., "Diseases due to unhealthy environments: um updated estimate of the global burden of disease attributable to environmental determinants of health", *Journal of Public Health*, 2017.

Capítulo "A saúde humana em retrocesso"

1. Anne Case, Angus Deaton, "Rising morbidity and mortality in midlife among White non-Hispanic Americans in the 21st century", *PNAS*, 2015.
2. Nos Estados Unidos, as estatísticas étnicas são autorizadas, sendo, aliás, amplamente exploradas pelos pesquisadores.
3. Steven H. Woolf, Laudan Aron, "Failing health in the United Health", *The British Medical Journal*, 2018.
4. Anne Case, Angus Deaton, "Mortality and morbidity in the 21st century", *Brookings Papers on Economic Activity*, 2017.
5. Susan B. Glasser, Glenn Thrush, "What's going on with America's people?", *Politico*, set.-out. 2016.
6. Anne Case, Angus Deaton, Arthur A. Stone, "Decoding the mystery of American pain reveals a warning for the future", *Proceedings of the National Academy of Sciences*, 2020.
7. Hawre Jalal et al., "Changing dynamics of the drug overdose epidemic in the United States from 1979 through 2016", *Science*, 2018.
8. Chloé Hecketsweiler, "'J'ai expliqué à un médecin qu'il n'y avait pas de dose plafond': comment les opiacés ont drogué les États-Unis", *Le Monde*, 31 jan. 2020.
9. Em 2018, o volume nacional de prescrições de opioides caiu 40% em relação a seu pico de 2011. É provável que isso tenha uma repercussão positiva, reduzindo o risco futuro de overdoses, mas isso também sugere que certos americanos precisarão sofrer dores suplementares. Ver Michael L. Barnett, "Opioid prescribing in the midst of crises – Myths and realities", *The New England Journal of Medicine*, 2020.
10. Amy S. B. Bohnert, Mark A. Ilgen, "Understanding links among opioid use, overdose, and suicide", *The New England Journal of Medicine*, 2019.
11. Em seu *Traité d'économie politique*, Jean-Baptiste Say (1767-1832) desenvolveu a teoria de que a oferta cria a procura. Foi John Meynard Keynes (1883-1946) quem a chamou depois de "lei de Say", ou "lei dos mercados".
12. Amy S. B. Bohnert, Mark. Ilgen, art. cit.
13. Dana A. Glei, Samuel H. Preston, "Estimating the impact of drug use on US mortality, 1999-2016", *PLOS One*, 2020.
14. Isso não quer dizer que todos os casos de morte tenham aumentado depois de 2010, mas que, a partir desse ano, o efeito matemático das causas de morte que aumentavam ficava na média geral.
15. De passagem, Woolf e Schoomaker confirmaram que a década em que a expectativa de vida mais aumentara foi a de 1970, o que converge com os dados abordados no capítulo sobre a revolução cardiovascular.
16. Steven H. Woolf, Laudan Aron, "The US health disadvantage relative to other high-income countries: findings from a National Research Council/Institute of Medicine report", *Journal of the American Medical Association*, 2013. E também Peter A. Muennig et al., "America's declining well-being, health, and life expectancy: not just a white problem", *American Journal of Public Health*, 2018.
17. O índice de massa corporal, ou IMC, é o indicador mais utilizado para quantificar o sobrepeso ou obesidade de uma pessoa. Ele é calculado ao se dividir o peso em kg pela altura em centímetros quadrados, seja P/A^2, onde P = peso e A= altura.

[18] Samuel H. Preston et al., "The role of obesity in exceptionally slow US mortality improvement", *Proceedings of the National Academy of Sciences*, 2018.
[19] Andrew C. Stokes et al., "Increases in BMI and chronic pain for US adults in midlife, 1992 to 2016", *SSM Pop Health*, 2020.
[20] Entrevista com Samuel Preston, janeiro de 2021.
[21] Lucinda Hiam et al., "Things fall apart: the British health crisis, 2010-2020", *British Medical Bulletin*, 2020.

Capítulo "O impacto do clima na saúde humana"

[1] Peter B. de Menocal, "Cultural responses to climate change during the late Holocene", *Science*, 2001.
[2] Anthony McMichael, *Climate Change and the Health of Nations. Famines, Fever, and the Fate of Populations*, Oxford University Press, 2017.
[3] São as chamadas doenças microbianas sensíveis ao clima.
[4] Anthony McMichael, "Insights from past millennia into climatic impacts on human health and survival", *Proceedings of the National Academy of Sciences*, 2012.
[5] David M. Morens, Anthony Fauci, "Emerging pandemic diseases: how we got to COVID-19", *Cell*, 2020.
[6] Fabien Locher, Jean-Baptiste Fressoz, *Les Révoltes du ciel. Une histoire du changement climatique XVe-XXe siècle*, Seuil, 2020.
[7] O CO_2 corresponde a cerca de 85% dos gases de efeito estufa.
[8] Nick Watts et al., "The 2019 report of the Lancet Countdown on health and climate change: ensuring that the health of a child born today is not defined by a changing climate", *The Lancet*, 2019.
[9] Michael D. Petraglia et al., "Human responses to climate and ecosystem changes", *Proceedings of the National Academy of Sciences*, 2020.
[10] No quesito qualidade das safras de grandes cereais, como o trigo ou o arroz, sabe-se agora que o aumento da concentração de CO_2 diminui o nível de proteínas, bem como de micronutrientes como a vitamina B.
[11] Robbie M. Parks et al., "Anomalously warm temperatures are associated with increased injury deaths", *Nature Medicine*, 2020.
[12] Enola Richet, "La chute historique des émissions de CO_2 en 2020 ne devrait pas se prolonger", *Le Monde*, 11 dez. 2020.
[13] Hannah Nissan, Declan Conway, "From advocacy to action: projecting the health impacts of climate change", *PLOS Medicine*, 2018.
[14] J. M. Shultz et al., "Double environmental injustice — Climate change, Hurricane Dorian, and the Bahamas", *The New England Journal of Medicine*, 2020.
[15] Renee N. Salas, "The climate crisis and clinical practice", *The New England Journal of Medicine*, 2020.
[16] Leticia M. Nogueira et al., "Association between declared hurricane disasters and survival of patients with lung cancer undergoing radiation treatment", *Journal of the American Medical Association*, 2019.

Capítulo "As infecções emergentes"

[1] Aidan Cockburn, *The Evolution and Eradication of Infectious Diseases*, Johns-Hopkins Press, 1963.
[2] Frank Snowden, *Epidemics and Society. From the Black Death to the Present*, Yale University Press, 2019.
[3] Franck Macfarlane Burnet, David O. White, *Natural History of Infectious Diseases*, Cambridge University Press, 1971.
[4] Fauci foi diretor do Instituto por mais de 40 anos e aconselhou seis presidentes durante crises de saúde pública durante sua gestão. Ficou conhecido no mundo todo durante a pandemia de covid-19.
[5] Data do primeiro relatório da Academia Nacional de Ciências dos Estados Unidos sobre infecções emergentes, intitulado "Infecções emergentes: Ameaças microbianas à saúde dos Estados Unidos".
[6] Kate E. Jones et al., "Global trends in emerging infectious diseases", *Nature*, 2008.
[7] Amélie Yavchitz et al., "Misrepresentation of randomized controlled trials in press releases and news coverage: a cohort study", *PLOS Medicine*, 2012.
[8] Chamadas de enzootias.
[9] Trata-se de processos imunológicos, genéticos e celulares.
[10] David M. Morens, Anthony Fauci, art. cit.
[11] Aditya K. Khetan, "Covid-19: why declining biodiversity puts us at greater risk for emerging infectious diseases, and what we can do", *Journal of General Internal Medicine*, 2020.
[12] Vanessa M. D'Costa et al., "Antibiotic resistance is ancient", *Nature*, 2011.
[13] David M. Morens, Anthony S. Fauci, art cit.

"Conclusão"

1. S. Jay Olshansky, Bruce A. Carnes, "Inconvenient truths about human longevity", *Journal of Gerontology*, 2019.
2. Peter D. Sly et al., "Health consequences of environmental exposures: causal thinking in global environment epidemiology", *Annal of Global Health*, 2016.
3. Por meio das doenças crônicas.
4. Em referência ao *big crunch* dos anglo-saxões.
5. Howard Brody, Donald W. Light, "The inverse benefit law: how drug marketing undermines patient safety and public health", *American Journal of Public Health*, 2011.
6. Stéphane Foucart, *Et le monde devint silencieux. Comment l'agrochimie a détruit les insectes*, Seuil, 2019.
7. Eles dizem frequentemente "profecia". O outro interdito de um historiador é o anacronismo, que consiste em interpretar o passado com os códigos culturais do presente.
8. Diarmid Campbell-Lendrum, Annette Prüss-Ustün, "Climate change, air pollution and noncommunicable diseases", *Bulletin of the World Health Organization*, 2019.
9. Boyd A. Swinburn, et al., "The global syndemic of obesity, undernutrition, and climate change: The Lancet Commission report", *The Lancet*, 2019.
10. Sanne Magnan, "Social Determinants of Health 101 for Health Care: five plus five", *National Academy of Medicine*, 2017.
11. S. Jay Olshansky, "From Lifespan to Healthspan", *Journal of the American Medical Association*, 2018.
12. Os pulmões e o fígado, por exemplo, parecem menos vulneráveis ao envelhecimento, contrariamente aos rins, coração, articulações e cérebro.
13. Damon Centola et al., "Experimental evidence for tipping points in social convention", *Science*, 2018.

Bibliografia

CAPÍTULO
"DA PRÉ-HISTÓRIA AO PERÍODO PRÉ-INDUSTRIAL: 30 ANOS DE EXPECTATIVA DE VIDA"

Livro
DEATON Angus, *La Grande Évasion. Santé, richesse et origine des inégalités*, PUF, 2015.

Artigos
BOYCE Niall, "Bills of Mortality: tracking disease in early modern London", *The Lancet*, 2020.
MORABIA Alfredo, "Epidemiology's 350th Anniversary: 1662-2012", *Epidemiology*, 2013.

CAPÍTULO
"1750-1830: UMA TÊNUE MELHORA NA SAÚDE"

Livros
BERGERON Henri, CASTEL Patrick, *Sociologie politique de la santé*, PUF, 2018.
FOUCAULT Michel, *Naissance de la biopolitique. Cours au Collège de France, 1978-1979*, EHESS/Gallimard/Seuil, 2004.
MORELLE Aquilino, TABUTEAU Didier, *La Santé publique*, PUF, col. "Que sais-je ?", 2017.
ROSEN George, *A History of Public Health*, MD Publication, 1958.
VALLIN Jacques, *Annales de démographie historique*, Société de démographie historique et EHESS, 1989.

Artigos
HENRY Louis, Blanchet Didier, "La population de l'Angleterre de 1541 à 1871", *Population*, 1983.
JULIA Chantal, VALLERON Alain-Jacques, "Louis-René Villermé (1782-1863), a pioneer in social epidemiology: re-analysis of his data on comparative mortality in Paris in the early 19th century", *Journal of Epidemiology and Community Health*, 2011.

CAPÍTULO
"A IMUNIZAÇÃO VOLUNTÁRIA"

Livros
DACHEZ Roger, *Histoire de la médecine. De l'Antiquité à nos jours*, Tallandier, 2012.
SNOWDEN Frank, *Epidemics and Society. From the Black Death to the Present*, Yale University Press, 2019.

Artigos
BERNOULLI Daniel, "Essai d'une nouvelle analyse de la mortalité causée par la petite vérole, et des avantages de l'inoculation pour la prevenir", *Histoire de l'Académie royale des sciences*, vol. III (2), Paris, Imprimerie nationale, 1766.
GASSMAN Audrey L., *et al.*, "FDA regulation of prescription drugs", *New England Journal of Medicine*, 2017.
JENNER Edward, "On the Origin of the Vaccine Inoculation", D.N. Shury, 1801.
PODOLSKY Scott H., KESSELHEIM Aaron S., "Regulating homeopathic products – A century of dilute interest", *The New England Journal of Medicine*, 2016.

CAPÍTULO
"1830-1880: A INDUSTRIALIZAÇÃO CONTRA A SAÚDE"

Livros

DACHEZ Roger, *Histoire de la médecine. De l'Antiquité à nos jours*, Tallandier, 2012.
ENGELS Friedrich, *Die Lage der arbeitenden Klasse in England*, Wigand, 1887.
STECKEL Richard H., FLOUD Roderick (dir.), *Health and Welfare during Industrialization*, University of Chicago Press, 1997.
VIRCHOW Rudolf, *Mittheilungen über die in Oberschlesien herrschenden Typhus-Epidemie*, Reiner,1848.

Artigos

JULIA Chantal, VALLERON Alain-Jacques, "Louis-René Villermé (1782-1863), a pioneer in social epidemiology: re-analysis of his data on comparative mortality in Paris in the early 19th century", *Journal of Epidemiology and Community Health*, 2011.
RUHM Christophe J., "Are Recessions Good for Your Health ?", *Quarterly Journal of Economics*, 2000.
SZRETER Simon, "The Population Health Approach in Historical Perspective", *American Journal of Public Health*, 2003.
VILLERMÉ Louis-René, "Rapport sur un ouvrage intitulé : 'Recherches statistiques sur la ville de Paris et le département de la Seine (volume In-8)', et considérations sur la mortalité dans la même ville", *Bulletins de la Société médicale d'émulation*, 1822: 1e41.
WEIR David, "Economic Welfare and Physical Well-Being in France, 1750-1990", *in* Richard H. Steckel et Roderick Floud (dir.), *Health and Welfare during Industrialization*, University of Chicago Press, 1997.

CAPÍTULO
"1850-1914: OS GRANDES AVANÇOS"

Livros

CÉLINE Louis-Ferdinand, *Semmelweis*, Gallimard, 1952.
DACHEZ Roger, *Histoire de la médecine. De l'Antiquité à nos jours*, Tallandier, 2012.
DEVEAUX Michel, *De Céline, Histoire d'une thèse, à Semmelweis, Histoire d'une oeuvre*, L'Harmattan, 2015.
FLOUD R., FOGEL R.W., HARRIS B., HONG S. C., *The Changing Body: Health, Nutrition, and Human Development in the Western World Since 1700*, Cambridge University Press, 2011.
MCKEOWN Thomas, *The Modern Rise of Population*, Academic Press, 1976.
PASTEUR Louis, *Écrits scientifiques et médicaux*, Flammarion, 1994.
ROSEN George, *A History of Public Health*, MD Publication, 1958.
SNOWDEN Frank, *Epidemics and Society. From the black death to the present*, Yale University Press, 2019.

Artigos

BLEVINS Steve M. , BRONZE Michael S., "Robert Koch and the 'golden age' of bacteriology", *Int J Infectious Dis*, 2010.
BYNUM Bill, "The McKeown thesis", *The Lancet*, 2008.
COLGROVE James, "The McKeown thesis: a historical controversy and its enduring influence", *American Journal of Public Health*, 2002.
FOGEL R. W., "Nutrition and the decline in mortality since 1700: some preliminary findings", *in* Engerman, S.L., Gallman, R.E. (dir.), *Longterm Factors in American Economic Growth*, University of Chicago Press, 1986.
FOGEL R. W., GROTTE Nathaniel, "Major Findings from *The Changing Body: Health, Nutrition, and Human Development in the Western World since 1700*", *Journal of Economic Asymmetries*, 2011.
KOCH Robert, "The Etiology of Tuberculosis", *Revies of Infectious Disease*, 1882.
KOCH Robert, "On the anthrax inoculation" (1882) *in Essays of Robert Koch*, Greenwood Press, 1987.
MCKEOWN Thomas, BROWN R. G., "Medical Evidence Related to English Population Changes in the Eighteenth Century", *Population Studies*,1955.
MCKEOWN Thomas, RECORD R. G., "Reasons for the decline of mortality in England and Wales during the nineteenth century", *Population Studies*, 1962.
MORENS David M., "Snow and the Broad Street pump: a rediscovery", *The Lancet*, 2000.
PLOTKIN Stanley A., PLOTKIN Susan L., "The development of vaccines: how the past led to the future", *Nature Reviews Microbiology*, 2011.

SIGSWORTH E., "A provincial hospital in the eighteenth and early nineteenth century", *Yorkshire Faculty Journal*, 1966.
STECKEL Richard H., "In memory of Robert William Fogel", *Economics and Human Biology*, 2014.
SZRETER Simon, "Rethinking McKeown: the relationship between public health and social change", *Am J Public Health*, 2002.

CAPÍTULO
"1918-1919: A GRIPE ESPANHOLA MATA ENTRE 2 E 5% DA POPULAÇÃO MUNDIAL"
Livro
BARRY John M., *La Grande Grippe. Comment la grippe espagnole est devenue la pandémie la plus meurtrière de l'histoire*, Alisio, 2020.
CROSBY Alfred W., *America's Forgotten Pandemic, The Influenza of 1918*, Cambridge University Press, 1976.
TAUBENBERGER J. K., KASH J. C., MORENS D.M., *The 1918 Influenza Pandemic:100 Years of Questions Answered and Unanswered*, Sci Transl Med., 2019.

Artigos
ANSART Séverine, *et al.*, "Mortality burden of the 1918-1919 influenza pandemic in Europe", *Influenza and other respiratory viruses*, 2009.
BARRY John M., "Pandemics: avoiding the mistakes of 1918", *Nature*, 2009.
BARRY John M., "The site of origin of the 1918 influenza pandemic and its public health implications", *Journal of Translational Medicine*, 2004.
BARRY John M., VIBOUD Cécile, *et al.*, "Cross-protection between successive waves of the 1918-1919 influenza pandemic: epidemiological evidence from US Army camps and from Britain", *Journal of Infectious Diseases*, 2008.
BOOTSMA Martin C. J., Ferguson Neil M., "The effect of public health measures on the 1918 influenza pandemic in U.S. cities", *Proceedings of the National Academy of Sciences*, 2007.
CHANDRA Siddharth, *et al.*, "The evolution of pandemic influenza: evidence from India, 1918-19", *BMC Infectious Diseases*, 2014.
COLLINS Kathleen L., *et al.*, "Truth and transparency in a time of crisis", *JCI Insight*, 2020.
FERÉ Vincent, "L'Europe du XIXe siècle se préoccupait moins d'hygiène et de santé", *Commentaire*, 2021.
HATCHETT Richard J., *et al.*, "Public health intervention and epidemic intensity during the 1918 influenza pandemic", *Proceedings of the National Academy of Sciences*, 2007.
HERMINE Olivier, *et al.*, "Effect of Tocilizumab vs Usual Care in Adults Hospitalized With COVID-19 and Moderate or Severe Pneumonia", *Journal of the American Medical Association Internal Medicine*, 2020.
JESTER Barbara, *et al.*, "Readiness for responding to a severe pandemic 100 years after 1918", *American Journal of Epidemiology*, 2018.
MARKEL Howard, *et al.*, "Nonpharmaceutical interventions implemented by US cities during the 1918-1919 influenza pandemic", *Journal of the Medical American Association*, 2007.
MORENS David M., TAUBENBERGER Jeffery K., "The mother of all pandemics is 100 years old (and going strong)!", *American Journal of Public Health*, 2018.
REID A. H., *et al.*, "Origin and evolution of the 1918 'Spanish' influenza virus hemagglutinin gene", *Proceedings of the National Academy of Sciences*,1999.
SHENG Z. M., *et al.*, "Autopsy series of 68 cases dying before and during the 1918 influenza pandemic peak", *Proceedings of the National Academy of Sciences*, 2011.
TAUBENBERGER J. K., *et al.*, "Initial genetic characterization of the 1918 Spanish influenza virus", *Science*, 1997.
TUMPEY Terrence M., *et al.*, "Characterization of the reconstructed 1918 Spanish influenza pandemic virus", *Science*, 2005.

CAPÍTULO
"1945-1970: A TRANSIÇÃO DE MODELO"

Artigos
CALDWELL John C., "Mortality in relation to economic development", *Bulletin of the World Health Organization*, 2003.
PRESTON Samuel H., "The changing relation between mortality and level of economic development", *Population Studies*, 1975.
PRITCHETT Lant, Summers Lawrence H., "Wealthier is Healthier", *Journal of Human Resources*, 1996.

CAPÍTULO "AS DOENÇAS CARDIOVASCULARES"

Livros

HAVLIK R. J., FEINLEIB M. (dir.), *Proceedings of the Conference on the Decline in Coronary Heart Disease Mortality*, Department of Health, Education, and Welfare, 1979.

Artigos

CARREL Alexis, "On the experimental surgery of the thoracic aorta and heart", *Annals of Surgery*, 1910.

JONES David S., "CABG at 50 (or 107?) – The complex course of therapeutic innovation", *New England Journal of Medicine,*, 2017.

JONES David S., GREENE Jeremy A., "The decline and rise of coronary heart disease: understanding public health catastrophism", *American Journal of Public Health*, 2013.

WALKER Weldon J., "Coronary mortality: what is going on ?", *Journal of the American Medical Association*, 1974

CAPÍTULO "O COMBATE AOS CÂNCERES"

Livros

MUKHERJEE Siddhartha, *L'Empereur de toutes les maladies*, Flammarion, 2013.

STOCKWELL Brent R., *The Quest for the Cure, The Science and Stories Behind the Next Generation of Medicines*, Columbia University Press, 2011.

Artigos

ADAMI Hans-Olov, et al., "Time to abandon early detection cancer screening", *European Journal of Clinical Investigation*, 2019.

BOCCARA David, et al., "Treating Breast Conservation Therapy Defects with Brava and Fat Grafting: Technique, Outcomes, and Safety Profile", *Plastic and Reconstructive Surgery*, 2018.

BONADONNA G., et al., "Combination chemotherapy as an adjuvante treatment in operable breast cancer", *The New England Journal of Medicine*, 1976.

BRADFORD HILL Austin, "The environment and disease: association or causation? Proceedings of the Royal", *Society of Medicine*, 1965.

DEVITA Jr Vincent T., Rosenberg Steven A., "Two hundred years of cancer research". *The New England Journal of Medicine,*, 2012.

DRUKER B.J., et al., "Effect of a selective inhibitor of the Abl tyrosine kinase on the growth of Bcr-Ablo positive cells", *Nature Medicine*,1996.

DRUKER B.J., et al., "Efficacy and safety of a specific inhibitor of the BCRABL tyrosine kinase in chronic myeloid leukemia", *The New England Journal of Medicine,*, 2001.

DRUKER B.J., et al., "Five-year follow-up of patients receiving imatinib for chronic myeloid leukemia", *The New England Journal of Medicine*, 2006.

FARBER Sidney, et al., "Temporary Remissions in Acute Leukemia in Children Produced by Folic Acid Antagonist, 4-Aminopteroyl-Glutamic Acid (Aminopterin)", *The New England Journal of Medicine,*, 1948.

FISHER Bernard, et al., "L-phenylalanine mustard (L-PAM) in the management of primary breast cancer", *The New England Journal of Medecine*, 1975.

HOWLADER Nadia, et al., "The effect of advances in lung-cancer treatment on population mortality", *The New England Journal of Medicine*, 2020.

IOANNIDIS John P. A., et al., "Endgame: engaging the tobacco industry in its own elimination", *European Journal of Clinical Investigation*, 2013.

IOANNIDIS John P. A., JHA Prabha. "Does the COVID-19 pandemic provide an opportunity to eliminate the tobacco industry?", *Lancet Global Health*, 2021.

LEFÈVRE Jérémie H., et al., "Does A Longer Waiting Period After Neoadjuvant Radio-chemotherapy Improve the Oncological Prognosis of Rectal Cancer?: Three Years' Follow-up Results of the Greccar-6 Randomized Multicenter Trial", *Annals of Surgery*, 2019.

MELNICK Edward R., IOANNIDIS John P. A., "Should governments continue lockdown to slow the spread of covid-19?", *The British Medical Journal*, 2020.

OTHERSEN Jr. H. Biemann, "Ephraim McDowell: the qualities of a good surgeon", *Annals of Surgery*, 2004.

SCHILSKY Richard L., et al., "Progress in cancer research, prevention and care", *The New England Journal of Medicine*, 2020.

STRINGHINI Silvia, GUESSOUS Idris, "The shift from heart disease to cancer as the leading cause of death in high-income countries: a social epidemiology perspective", *Annals of Internal Medicine*, 2018.
ZEITOUN Jean-David, *et al*, "Post-marketing research and its outcome for novel anticancer agents approved by both the FDA and EMA between 2005 and 2010: A cross-sectional study", *International Journal of Cancer*, 2018.

CAPÍTULO
"1960-2020: A INDÚSTRIA DOS MEDICAMENTOS"

Livro
CARPENTER Daniel, *Reputation and Power*, Princeton University Press, 2010.

Artigos
ALETAHA Daniel, SMOLEN Josef S., "Diagnosis and Management of Rheumatoid Arthritis: A Review", *Journal of the Medical American Association*, 2018.
AVORN Jerry, "Learning about the safety of drugs – a half-century of evolution", *The New England Journal of Medicine*, 2011.
AVORN Jerry, "Two centuries of assessing drug risks", *The New England Journal of Medicine*, 2012.
CARPENTER Daniel, "Can expedited FDA drug approval without expedited follow-up be trusted?" *JAMA Internal Medicine*, 2014.
DARROW Jonathan J., *et al.*, "FDA Approval and Regulation of Pharmaceuticals, 1983-2018", *Journal of the Medical American Association*, 2020.
DRAKEMAN Donald L., "Benchmarking biotech and pharmaceutical product development", *Nature Biotechnology*, 2014.
GASSMAN Audrey L., *et al*, "FDA Regulation of Prescription Drugs", *The New England Journal of Medicine*, 2017.
GAWANDE Atul, "Two hundred years of surgery", *The New England Journal of Medicine*, 2012.
GREENE Jeremy A., PODOLSKY Scott H., "Reform, regulation, and pharmaceuticals – the Kefauver-Harris Amendments at 50", *The New England Journal of Medicine*, 2012.
GREENE Jeremy A., RIGGS Kevin R., "Why is there no generic insulin? Historical origins of a modern problem", *The New England Journal of Medicine*, 2015.
KESSELHEIM Aaron S., AVORN Jerry, "The most transformative drugs of the past 25 years: a survey of physicians", *Nature Reviews Drug Discovery*, 2013.
LIONBERGER Robert, UHL Kathleen, "Generic Drugs: Expanding Possibilities for Clinical Pharmacology", *Clinical Pharmacology & Therapeutics*, 2019.
MUNOS Bernard, "Lessons from 60 years of pharmaceutical innovation", *Nature Reviews Drug Discovery*, 2009.
No authors listed. "The Drug Hearings: Kefauver Continues His Campaign", *Science*, 1960.
SARPATWARI Ameet, KESSELHEIM Aaron S., "Reforming the Orphan Drug Act for the 21st Century", *The New England Journal of Medicine*, 2019.
THOMAS Shailin, CAPLAN Arthur, "The Orphan Drug Act Revisited", *Journal of the Medical American Association*, 2019.
WESTAD Anders, *et al.*, "The multiple sclerosis market", *Nature Reviews Drug Discovery*, 2017.
ZEITOUN Jean-David, *et al.*, "Postmarketing studies for novel drugs approved by both the FDA and EMA between 2005 and 2010: a crosssectional study", *BMJ Open*, 2018.

CAPÍTULO
"VIVER TRÊS VEZES MAIS. A QUE PREÇO?"

Livros
BAUMOL William J., *The Cost Disease, Why Computers get Cheaper and Health Care doesn't*, Yale University Press, 2013.
GAAG Jacques (van der), Perlman Mark, *Health, Economics, and Health Economics. Proceedings of the World Congress on Health Economics*, World Congress on Health Economics, 1980.
NEUMANN Peter J., *et al.*, *Cost-Effectiveness in Health and Medicine*, 2e édition, Oxford University Press, 2016.

Artigos
ARROW Kenneth J., "Uncertainty and the welfare economics of medical care", *The American Economic Review*, 1963.

BENGTSSON Tommy, et al., "When Did the Health Gradient Emerge? Social Class and Adult Mortality in Southern Sweden, 1813-2015", Demography, 2020.
BERWICK Donald M., "Elusive waste: The Fermi paradox in US health care", Journal of the American Medical Association, 2019.
BRAVEMAN Paula A., et al., "Broadening the focus: the need to address the social determinants of health", American Journal of Preventive Medicine, 2011.
BRAVEMAN Paula A., GOTTLIEB Laura, "The social determinants of health: it's time to consider the causes of the causes", Public Health Report, 2014.
BURGUER Oskar, et al.,"Human mortality improvement in evolutionary context, Proceedings of the National Academy of Sciences, 2012.
DRIBE Martin, ERIKSSON Björn, "Socioeconomic status and adult life expectancy in early 20th-century Sweden: Evidence from full-count micro census data", Lund Papers in Economic Demography, 2018.
EVANS Gary W., SCHAMBERG Michelle A., "Childhood poverty, chronic stress, and adult working memory", Proceedings of the National Academy of Sciences, 2009.
FRIES James F., "Aging, natural death, and the compression of morbidity", The New England Journal of Medicine, 1980.
FUCHS Victor R., "The gross domestic product and health care spending", The New England Journal of Medicine, 2013.
FUCHS Victor R., "Major concepts of health care economics", Annals of Internal Medicine, 2015.
FUCHS Victor R., "Major trends in the U.S. health economy since 1950", The New England Journal of Medicine, 2012
FUCHS Victor R., "Social determinants of health. Caveats and nuances", Journal of the American Medical Association, 2017.
GALEA Sandro, et al., "Causal thinking and complex system approaches in epidemiology", International Journal of Epidemiology, 2010.
GALEA Sandro, et al., "Estimated deaths attributable to social factors in the United States", American Journal of Public Health, 2011.
JEMAL Ahmedin, et al., "Mortality from leading causes by education and race in the United States, 2001", American Journal of Preventive Medicine, 2008.
MARMOT Michael, Allen Jessica J., "Social determinants of health equity", American Journal of Public Health, 2014.
MCGINNIS J. M., FOEGE W. H., "Actual causes of death in the United States", Journal of the American Medical Association, 1993.
NEUMANN Peter J., et al., "The changing face of the cost-utility literature, 1990-2012", Value in Health, 2015.
RAWLINS Michael D., "NICE: moving onward", New England Journal of Medicine, 2013.
SAVEDOFF William D., "Kenneth Arrow and the Birth of Health Economics", Bull World Health Organ, 2004.
TORSSANDER Jenny, ERIKSON Robert, "Stratification and mortality– A comparison of education, class, status, and income", European Sociological Review, 2010.

CAPÍTULO
"AS DESIGUALDADES DE SAÚDE"

Artigos
BENGTSSON Tommy, et al., "When Did the Health Gradient Emerge? Social Class and Adult Mortality in Southern Sweden, 1813-2015", Demography, 2020.
CHAPIN Charles V., et al., "Deaths among taxpayers and non-taxpayers income tax, Providence, 1865", American Journal of Public Health, 1924.
CHETTY Raj, et al., "The association between income and life expectancy in the United States, 2001-2014", Journal of the American Medical Association, 2016.
DEATON Angus, "On death and money. History, facts and explanations", Journal of the American Medical Association, 2016.
EVANS Gary W., SCHAMBERG Michelle A., "Childhood poverty, chronic stress, and adult working memory", Proceedings of the National Academy of Sciences, 2009.
GALEA Sandro, et al., "Win-win: reconciling social epidemiology and causal inference", American Journal of Epidemiology, 2019.

CAPÍTULO
"AS DOENÇAS CRÔNICAS, PRIMEIRA CAUSA MUNDIAL DE ÓBITO"

Livro

JARRIGE François, LE ROUX Thomas, *La Contamination du monde. Une histoire des pollutions à l'âge industriel*, Seuil, 2017.

Artigos

BELLANGER Martine, et al., "Neurobehavioral deficits, diseases, and associated costs of exposure to endocrine-disrupting chemicals in the European Union", *The Journal of Clinical Endocrinology and Metabolism*, 2015.

DIELEMAN Joseph L., et al., "US spending on personal health care and public health, 1996-2013", *Journal of the American Medical Association*, 2016.

DIELEMAN Joseph L., et al., "US spending on personal health care and public health, 1996-2013", *Journal of the American Medical Association*, 2016.

MARTEAU Theresa, et al., "Changing human behavior to prevent disease: the importance of targeting automatic processes", *Science*, 2012.

OMRAN Abdel R., "The epidemiologic transition. A theory of the epidemiology of population change", *The Milbank Memorial Fund quarterly*, 1971.

OMRAN Abdel R., "The epidemiologic transition. A theory of the epidemiology of population change", *The Milbank Memorial Fund Quarterly*, 1971.

PEPLOW Mark, "Can the history of pollution shape a better future?", *Nature*, 2020.

PRÜSS-USTÜN Annette, et al, "Diseases due to unhealthy environments: an updated estimate of the global burden of disease attributable to environmental determinants of health", *Journal of Public Health*, Oxford, 2017.

SMITH Richard, "Why a macroeconomic perspective is critical to the prevention of noncommunicable disease", *Science*, 2012.

CAPÍTULO
"A SAÚDE HUMANA EM RETROCESSO"

Artigos

BARNETT Michael L., "Opioid prescribing in the midst of crisis – Myths and realities", *New England Journal of Medicine*,, 2020.

BOHNERT Amy S. B., ILGEN Mark A., "Understanding links among opioid use, overdose, and suicide", *New England Journal of Medicine*,, 2019.

CASE Anne, DEATON Angus, "Rising morbidity and mortality in midlife among white non-Hispanic Americans in the 21st century", *Proceedings of the National Academy of Sciences*, 2015.

CASE Anne, DEATON Angus, "Mortality and morbidity in the 21st century", *Brookings Papers on Economic Activity*, 2017.

CASE Anne, DEATON Angus, STONE Arthur A., "Decoding the mystery of American pain reveals a warning for the future", *Proceedings of the National Academy of Sciences*, 2020.

GLASSER Susan B., THRUSH Glenn, "What's going on with America's white people ?", *Politico*, septembre-octobre 2016.

GLEI Dana A., PRESTON Samuel H., "Estimating the impact of drug use on US mortality, 1999-2016", *PLOS One*, 2020.

HECKETSWEILER Chloé, "'J'ai expliqué à un médecin qu'il n'y avait pas de dose plafond' : comment les opiacés ont drogué les États-Unis", *Le Monde*, 31 janvier 2020.

HIAM Lucinda, et al., "Things fall apart: the British health crisis, 2010-2020", *British Medical Bulletin*, 2020.

JALAL Hawre, et al., "Changing dynamics of the drug overdose epidemic in the United States from 1979 through 2016", *Science*, 2018.

MUENNIG Peter A., et al., "America's declining well-being, health, and life expectancy: not just a white problem", *American Journal of Public Health*, 2018.

PRESTON Samuel H., et al., "The role of obesity in exceptionally slow US mortality improvement", *Proceedings of the National Academy of Sciences*, 2018.

STOKES Andrew C., et al., "Increases in BMI and chronic pain for US adults in midlife, 1992 to 2016", *SSM Pop Health*, 2020.

WOOLF Steven H., Aron Laudan Y., "Failing health in the United Health", *British Medical Journal*, 2018.
WOOLF Steven H., Aron Laudan Y., "The US health disadvantage relative to other high-income countries: findings from a National Research Council/Institute of Medicine report", *Journal of the American Medical Association*, 2013.

CAPÍTULO
"O IMPACTO DO CLIMA NA SAÚDE HUMANA"

Livros
LOCHER Fabien, Fressoz Jean-Baptiste, *Les Révoltes du ciel. Une histoire du changement climatique XVe-XXe siècle*, Seuil, 2020.
MCMICHAEL Anthony, *Climate change and the health of nations. Famines, fever, and the fate of populations*, Oxford University Press, 2017.

Artigos
CAMPBELL-LENDRUM Diarmid, PRÜSS-USTÜN Annette, "Climate change, air pollution and noncommunicable diseases", *Bulletin of the World Health Organization*, 2019.
DUNK James H., et al., "Human Health on an Ailing Planet – Historical Perspectives on Our Future", *New England Journal of Medicine*, 2019.
DUNK James H. , JONES David S., "Sounding the Alarm on Climate Change, 1989 and 2019", *The New England Journal of Medicine*, 2020.
HAINES Andy, EBI Kristie, "The imperative for climate action to protect health", *New England Journal of Medicine*, 2019.
KIZER Kenneth W., "Extreme Wildfires-A Growing Population Health and Planetary Problem", *Journal of the American Medical Association*, 2020.
LANDRIGAN Philip J., et al., "The Lancet Commission on pollution and health", *The Lancet*, 2018.
MCMICHAEL Anthony, "Insights from past millennia into climatic impacts on human health and survival", *Proceedings of the National Academy of Sciences*, 2012.
MENOCAL Peter B. de, "Cultural responses to climate change during the late Holocene", *Science*, 2001.
MORENS David M., Fauci Anthony, "Emerging pandemic diseases: how we got to COVID-19", *Cell*, 2020.
NISSAN Hannah, CONWAY Declan, "From advocacy to action: projecting the health impacts of climate change", *PLOS Medicine*, 2018.
NOGUEIRA Leticia M., et al., "Association between declared hurricane disasters and survival of patients with lung cancer undergoing radiation treatment", *Journal of the American Medical Association*, 2019.
PARKS Robbie M., et al., "Anomalously warm temperatures are associated with increased injury deaths", *Nature Medicine*, 2020.
PATZ Jonathan A., et al., "Climate change: challenges and opportunities for global health", *Journal of the American Medical Association*, 2014.
PATZ Jonathan A., THOMSON Madeleine C., "Climate change and health: moving from theory to practice", *PLOS Medicine*, 2018.
PETRAGLIA Michael D., et al., "Human responses to climate and ecosystem changes", *Proceedings of the National Academy of Sciences*, 2020.
PRÜSS-USTÜN Annette, et al., "Diseases due to unhealthy environments: an updated estimate of the global burden of disease attributable to environmental determinants of health", *Journal of Public Health*, 2017.
PRÜSS-USTÜN Annette, et al., "Environmental risks and non-communicable diseases", *British Medical Journal*, 2019.
RICHET Enola, "La chute historique des émissions de CO2 en 2020 ne devrait pas se prolonger"», *Le Monde*, 11 décembre 2020.
SALAS Renee N., "The climate crisis and clinical practice", *The New England Journal of Medicine*, 2020.
SALAS Renee N. , SOLOMON Caren G., "The Climate Crisis - Health and Care Delivery", *The New England Journal of Medicine*, 2019.
SALAS Renee N., et al., "Prioritizing Health in a Changing Climate", *The New England Journal of Medicine*, 2019.
SHULTZ J. M., et al., "Double environmental injustice – Climate change, Hurricane Dorian, and the Bahamas", *New England Journal of Medicine*, 2020.

SOLOMON Caren G., LAROCQUE Regina C., "Climate change – a health emergency". *The New England Journal of Medicine*, 2019.
WATTS NICK, *et al.*, "The 2019 report of the Lancet Countdown on health and climate change: ensuring that the health of a child born today is not defined by a changing climate", *The Lancet*, 2019.

CAPÍTULO
"AS INFECÇÕES EMERGENTES"

Livros
COCKBURN Aidan, *The Evolution and Eradication of Infectious Diseases*, Johns-Hopkins Press, 1963.
MACFARLANE BURNET Franck, WHITE David O., *Natural History of Infectious Diseases*, Cambridge University Press, 1971.
SNOWDEN Frank, *Epidemics and Society, From the Black Death to the Present*, Yale University Press, 2019.

Artigos
D'COSTA Vanessa M., *et al.*, "Antibiotic resistance is ancient", *Nature*, 2011.
JONES Kate E., *et al.*, "Global trends in emerging infectious diseases", *Nature*, 2008.
KHETAN Aditya K., "Covid-19: why declining biodiversity puts us at greater risk for emerging infectious diseases, and what we can do", *Journal of General Internal Medicine*, 2020.
MARSTON Hilary D., *et al.*, "Antimicrobial resistance", *Journal of the American Medical Association*, 2016.
MARSTON Hilary D., *et al.*, "The Critical Role of Biomedical Research in Pandemic Preparedness", *Journal of the American Medical Association*, 2017.
MORENS David M., FAUCI Anthony S., "Emerging infectious diseases: threats to human health and global stability", *PLOS Pathogens*, 2013.
MORENS David M., FAUCI Anthony, "Emerging pandemic diseases: how we got to COVID-19", *Cell*, 2020.
MORENS David M., *et al.*, "The challenge of emerging and re-emerging infectious diseases", *Nature*, 2004.
MORENS David M., *et al.*, "The Origin of COVID-19 and Why It Matters", *The American Journal of Tropical Medicine and Hygiene*, 2020.
MORENS David M., *et al.*, "Pandemic COVID-19 Joins History's Pandemic Legion", *mBio*, 2020.
PAULES Catharine I., *et al.*, "What Recent History Has Taught Us About Responding to Emerging Infectious Disease Threats", *Annals of Internal Medicine*, 2017.
YAVCHITZ Amélie, *et al.*, "Misrepresentation of randomized controlled trials in press releases and news coverage: a cohort study", *PLOS Medicine*, 2012.

CONCLUSÃO

Livro
FOUCART Stéphane, *Et le monde devint silencieux. Comment l'agrochimie a détruit les insectes*, Seuil, 2019.

Artigos
BRODY Howard, LIGHT Donald W., "The inverse benefit law: how drug marketing undermines patient safety and public health", *American Journal of Public Health*, 2011.
CAMPBELL-LENDRUM Diarmid, PRÜSS-USTÜN Annette, "Climate change, air pollution and non-communicable diseases", *Bulletin of the World Health Organization*, 2019.
CENTOLA Damon, *et al.*, "Experimental evidence for tipping points in social convention", *Science*, 2018.
MAGNAN Sanne, "Social determinants of health 101 for health care: five plus five", *National Academy of Medicine*, 2017.
OLSHANSKY Jay S., "From lifespan to healthspan », *Journal of the American Medical Association*, 2018.
OLSHANSKY S. Jay, CARNES Bruce A., "Inconvenient truths about human longevity", *Journal of Gerontology*, 2019.
SLY Peter D., *et al.*, "Health consequences of environmental exposures: causal thinking in global environmental epidemiology", *Annal of Global Health*, 2016.
SWINBURN Boyd A., *et al.*, "The global syndemic of obesity, undernutrition, and climate change: The Lancet Commission report", *The Lancet*, 2019.

Agradecimentos

Devo muito a muitas pessoas.

Meus primeiros agradecimentos vão para minha editora, Dorothée Cunéo, por seu acompanhamento constante e tão útil. Também agradeço a Philippe Collin, por ter possibilitado o encontro com ela. Obrigado a toda a equipe da editora Denoël, em particular Marie Clerc.

Também agradeço a meus amigos que gentilmente releram o manuscrito inicial em parte ou todo e me deram conselhos: Joy Raffin, Madeleine Cavet-Blanchard, Jeanne Baron, Linda Rehaz, Pierre Blanchard, Eric Braun, Stéphane Mulard, Jean-David Benichou, Jérémie Lefèvre, Stéphane Foucart, Henri Bergeron, Mathieu Laine. O livro ficou melhor graças a eles.

Meu agradecimento a todas as pessoas que consultei durante este trabalho: Patrick Zylberman, William Dab, Jean-Baptiste Fressoz, Emmanuel Blanchard, Guillaume Lachenal.

Um obrigado especial a meu amigo Philippe Ravaud, formidável administrador acadêmico, com que pude discutir detalhadamente o projeto e sua progressão e que me deu ótimos conselhos.

Minha gratidão à minha assistente Angélique Le Corre, cujo auxílio diário é indispensável. E obrigado a Jérôme Lacharmoise, que preparou a iconografia.

Agradeço aos amigos com quem pude discutir sobre este livro e que me deram todo seu apoio: Samantha Jérusalmy, Aurore Briand, Eve Maillard, Léa Riffaut, Julie Sarfati, Mahaut Leconte, Anne Osdoit, Marie Petitcuenod, Cynthia Kamami-Levy, Vincent de Parades, David Boccara, Cyril Touboul, Patrick Papazian, Pierre-Yves Geoffard, Michaël Larrar, Kourosh Davarpanah, William Pambrun, Manuel Lagny, Samuel Levy, Alexandre Regniault, Christian de Perthuis, Lionel Bascles.

Obrigado a Thomas London, que involuntariamente me deu a ideia de ampliar o tema do livro.

Uma lembrança especial vai para Claude Le Pen, falecido em 2020, e para sua família, especialmente Linda e Raphaëlle.

Muito obrigado aos meus pais e à minha família. Obrigado à Ariane e aos meus filhos adorados, Hélène e Alexis.

GRÁFICA PAYM
Tel. [11] 4392-3344
paym@graficapaym.com.br

O autor

Jean-David Zeitoun é doutor em Medicina e em Epidemiologia Clínica e graduado pelo Instituto de Estudos Políticos de Paris (Sciences Po). É autor de mais de uma centena de artigos científicos.